天津财经大学理论经济学一级学科资助

天津财经大学优秀青年学者计划资助

Regional Economic Structure and
Development Strategy of the Western Chinese

马红瀚　著

中国西部区域经济格局与发展战略

经济科学出版社

Economic Science Press

图书在版编目（CIP）数据

中国西部区域经济格局与发展战略／马红瀚著．—北京：
经济科学出版社，2015.8
ISBN 978 - 7 - 5141 - 5979 - 0

Ⅰ. ①中…　Ⅱ. ①马…　Ⅲ. ①西部经济 - 区域经济发展 -
研究　Ⅳ. ①F127

中国版本图书馆 CIP 数据核字（2015）第 184672 号

责任编辑：王冬玲
责任校对：王苗苗
责任印制：邱　天

中国西部区域经济格局与发展战略

马红瀚　著

经济科学出版社出版、发行　新华书店经销
社址：北京市海淀区阜成路甲 28 号　邮编：100142
总编部电话：010 - 88191217　发行部电话：010 - 88191522
网址：www. esp. com. cn
电子邮件：esp@ esp. com. cn
天猫网店：经济科学出版社旗舰店
网址：http：//jjkxcbs. tmall. com
北京万友印刷有限公司印装
710 × 1000　16 开　13. 5 印张　250000 字
2015 年 8 月第 1 版　2015 年 8 月第 1 次印刷
ISBN 978 - 7 - 5141 - 5979 - 0　定价：38. 00 元
（图书出现印装问题，本社负责调换。电话：010 - 88191502）
（版权所有　侵权必究　举报电话：010 - 88191586
电子邮箱：dbts@ esp. com. cn）

目录

导　言

第一节　研究背景与意义

一、本书的研究背景

区域经济格局与区域经济发展战略是区域经济学中互相影响、互为依托的两个问题。在历史沿袭、自然禀赋、区位条件等因素影响下形成的区域经济格局是国家制定区域经济发展战略的出发点，而区域经济发展战略的演变又会对区域经济格局的演变和形成起着重要的引导和决定作用。

（一）西部地区的落后是中国区域经济格局演变的结果

西部地区在中国区域经济发展中落后地位的形成，是多方面因素共同作用的结果。在自身发展缓慢这个内部因素之外，中国区域经济格局的演变也是不容忽视的外部因素。在很长的历史时期内，西部地区作为中华文明的发源地在中国区域经济格局中都占据着举足轻重的中心地位。汉唐时代，横跨欧亚的丝绸之路贯通西部，东学西渐的局面初步形成，西部地区的繁荣到达顶峰。但是，从隋唐末年到五代十国，在封建王朝的内部政治斗争和与少数民族战争的影响下，西部地区和北方的生产力破坏严重，中国经济重心随着政治中心的变更开始向东南方向移动。同时，东南部地区温暖湿润的自然环境和相对安定的社会环境也为经济重心的转移创造了良好的条件。到了宋朝尤其是南宋，出现了"国家根本，仰给东南"的局面。明清时期，虽然政治中心在北方，但在经济方面仍然是财政赋役"无不仰给于江南"。近代以来，在殖民主义和官僚资本主义的影响下，全国生产力布局更是主要集中于外来力量易于控制、对外贸易方便的东部和南部沿海地区。1949年，上海、天津、青岛、广州、北平、南京、无锡七个城市的工业产值占整个关内工业产值的80%以上，而面积占全国45%的西北和内蒙古广大地区工业产值仅占全国工业产值的3%，面积占全国25%的西南和西藏地区工业产值也仅为全国的6%。广大的西部地区没有开建铁路，公路通车里程也很短，不少地区的自然经济几乎与外界隔绝。[①]

经过一千多年的漫长发展，中国区域经济格局发生了根本性的改变。经济重心从西部地区转移到了东南部地区，东强西弱、南重北轻的中国区域经济格局基本形成。在这个不可逆转的历史过程中，西部地区逐渐失去了从远古到汉唐一直拥有的全国经济主导地位。伴随着经济重心的转移和东南部地区的迅速发展，西部地区的落后地位逐渐形成。

（二）区域经济发展战略的演变是新中国区域经济格局演变的主导因素

受苏联的影响，新中国成立以后长期实行了高度集中的计划经济体制，政府成为国民经济运行的主导力量。1992年以后，虽然社会主义市场经济体制改革不断取得重大进展，但由于政治体制改革滞后于经济体制改革，政府对经济发展的影响仍然超出了"守夜人"的范围。在这个背景下，政府制定的区域经济发展战略就成为了影响新中国区域经济格局演变的主导因素。

新中国成立早期，面对严重失衡的区域经济格局，中央政府实施了以全国均衡发展为目标的区域经济发展战略。通过前四个"五年计划"的实施，特别是结合国防和军事考虑的三线建设，在资金安排和重大建设项目的布局上向中西部地区倾斜，促进了落后地区的快速发展，西部地区一穷二白的经济面貌得到了较大改观。但是，东部地区的发展也受到了一定的限制，良好的经济基础没有得到很好的利用和提升。文革10年动乱之后，中央政府做出了改革开放的伟大决策。在区域经济发展方面，为了发挥"集中力量办大事"的社会主义优越性，决定实施"部分先富，先富带动后富"的区域经济发展政策。

---

① 刘再兴：《中国生产力总体布局研究》，中国物价出版社1995年版，第2~5页。

在"效率优先，兼顾公平"原则的指导下，中国区域经济发展战略开始向支持东部地区优先发展的非均衡发展战略转变。大量的优惠政策和国家投资都被优先赋予东部沿海地区的经济特区、对外开放城市和经济开放地区。在经济体制改革的配合和促进下，经济基础雄厚的东部地区的生产力得到了极大地解放，在较短的时间内就实现了经济的快速增长，成为中国经济发展的中流砥柱。而西部地区由于国家支持力度减弱、自身经济发展水平低、国有经济负担重、思想不够解放等原因，与东部地区的区域经济差距越来越大，全国经济最落后区域的地位一直没有改变。1978 年，东西部地区的人均国内生产总值之比为 2.429∶1，1992 年上升为 2.545∶1，1997 年更是达到了 2.962∶1。面对区域经济失衡发展的严峻形势，中央政府于 2000 年出台了了西部大开发政策，中国区域经济发展战略开始由非均衡型向均衡型回归。经过西部大开发的多年建设，西部地区取得了令人瞩目的成就。基础设施建设、特色产业发展、对外开放和东西部经济合作都得到了显著加强，经济社会发展不断加速，与其他地区之间经济发展差距持续扩大的势头得到了有效的遏制，[①] 有力促进了全国区域经济格局的战略性调整。

（三）区域经济格局的协调发展是贯彻科学发展观、构建社会主义和谐社会的内在要求

经过改革开放 30 多年的建设，我国的生产力水平得到极大的发展，经济总量已经跃居世界前列。但是，人均国内生产总值水平还很低，产业结构还不够合理，经济增长对资源投入特别是能源投入的依赖性还太强，制约着我国从经济大国到经济强国的转变。为此，中共十六届三中全会于 2003 年提出了以"坚持以人为本，树立全面、协调、可持续的发展观，促进经济社会和人的全面发展"为基本内涵的科学发展观，提出要坚持"统筹城乡发展、统筹区域发展、统筹经济社会发展、统筹人与自然和谐发展、统筹国内发展和对外开放的要求"。在科学发展观的指导下，中共十六届六中全会于 2006 年通过《中共中央关于构建社会主义和谐社会若干重大问题的决定》，提出要落实区域发展总体战略，促进区域协调发展。在振兴东北地区等老工业基地、促进中部地

---

① 《区域发展趋势和科学评价体系》课题组：《中国区域发展趋势与科学评价体系总报告》，改革，2007 年第 2 期。

区崛起、鼓励东部地区率先发展的同时，继续推进西部大开发。形成分工合理、特色明显、优势互补的区域产业结构，推动各地区共同发展，最终构建出社会主义和谐社会。

在贯彻科学发展观、构建社会主义和谐社会的过程中，促进区域经济格局的协调发展是非常重要的一项工作，已经成为贯彻科学发展观、构建社会主义和谐社会的内在要求。从当前经济体制改革和政治体制改革的进度来看，区域经济发展战略在很长一段时间内仍将是影响中国区域经济格局演变的主要因素。要实现和谐社会以协调发展为核心特征的目标，区域经济发展战略的制定和实施必须着眼于当前失衡发展的区域经济格局现实。只有分清区域经济格局的层次、理顺不同经济区域之间的关系、把握好区域经济格局的发展方向，才能使区域经济发展战略有的放矢，发挥实效。目前，我国区域经济增长极与经济带的数量还不够多、实力还不够强、分布还不够均匀，不同地区之间的关系还比较混乱，区域经济格局发展的方向也尚不明朗，需要富有针对性和实效性的区域经济发展战略给予科学正确的引导。同时，区域经济格局的发展方向也要遵循区域经济发展战略的要求，不能在其他因素的影响下偏离区域经济发展战略的目标指向，割裂区域经济发展战略与区域经济格局的关系。随着地方自主权的不断扩大，部分地区无视全国协调发展的总体目标，为追求局部利益和短期利益过分强调自身的比较优势和产业发展，干扰了区域经济格局的协调发展，减弱了区域经济发展战略的总体效果。可见，只有实现了区域经济格局的协调发展，才可以为构建社会主义和谐社会创造良好的发展条件，才能真正满足贯彻科学发展观的必然要求。

二、本书的研究意义

在我国的四大经济区域中，西部地区的发展虽然较为落后，但其战略地位的重要性却是不容忽视的，对全国的民族团结、生态文明、国防安全和社会进步都具有举足轻重的意义。而且，由于西部地区具有面积广袤但区划复杂、资源丰富但生态脆弱、人口稀少但民族众多、历史悠久但思想保守、国境线长但邻国落后的复杂区情，其区域经济发展也就面临更多的挑战。在贯彻科学发展观、构建社会主义和谐社会的背景下，以区域经济格局为切入点，通过区域经济格局与区域经济发展战略关系的协调，进而研究西部区域经济发展战略，具有一定的理论和现实意义。

（一）从区域经济格局的角度研究西部区域经济发展战略，有利于丰富西部区域经济发展战略理论

我国当前开展的区域经济发展战略研究，大多是从自然禀赋、区位优势、经济社会特征等角度进行的，从区域经济格局角度开展的研究还比较少，而将西部地区作为一个整体进行区域经济格局细分的研究更是少见。作为我国面积最大的经济区域，西部地区行政区划复杂，各组成单位的生态环境、自然禀赋和经济发展与社会发育情况差异巨大。因此，通过对西部区域经济格局进行系统性和理论性的研究分析，正确认识西部区域经济发展的层次和关系，为西部不同经济区域制定科学的发展目标，不仅可以为西部区域经济发展战略的制定和实施提供角度更加宽阔的参考依据，而且更有利于丰富西部区域经济发展战略理论。

（二）以西部地区内部协调发展促进区域间的协调发展，有利于丰富区域经济协调发展理论

作为社会主义和谐社会的核心特征之一，全国区域经济的协调发展不仅指各经济区域间的协调发展，也包括经济区域内部的协调发展。但是，当前关于区域经济协调发展的研究大多集中在四大经济区域间的协调发展上，对西部地区的关注也大多体现在其他经济区域对西部地区的带动上，而关于西部地区内部的协调机制研究略显不足。在四轮驱动理论的指导下，我国四大经济区域之间的竞争必将日益加剧。与率先发展的东部、立意崛起的中部和蓄势振兴的东北老工业基地相比，西部地区要想真正实现的大开发，不能过于依赖国家的政策扶持和其他经济区域的协调带动，必须注重自身发展能力的提高。在内部差异巨大的情况下，明确西部区域经济发展的层次，并在各层次间建立起科学的经济关系，以内部协调配合外部协调，是实现西部区域经济协调发展并最终实现国家经济协调发展不可或缺的过程。这不仅对西部区域经济发展战略的制定有着现实指导意义，而且更有利于丰富区域经济协调发展理论。

（三）从战略创新和战略组合的角度谋求区域经济发展战略实效性的提升，有利于区域经济理论现实指导意义的发挥

西部大开发战略实施多年来虽然取得了巨大的成就，但是总体效果还是不够显著，与政府和社会各界对西部大开发的预期还存在较大差距。产生这个结果的原因是多方面的，其中西部区域经济发展战略的创新性和有效性不足是重要的方面。由于所处的历史时期和自身情况不同，以税费减免、倾斜投资、扩大开放为主要内容的传统区域经济发展战略在西部大开发中根本无法达到改革开放之初在东部地区的效果。与此同时，不断丰富的区域经济发展战略在实施过程中由于缺乏总体统筹经常发生内部矛盾，使实施效果大打折扣。因此，在贯彻科学发展观、构建社会主义和谐社会、完善社会主义市场经济体制的过程中，如何对传统的区域经济发展战略进行创新，如何加强区域经济发展战略的有效性，是提高国家宏观调控效率和水平的重要环节。在我国当前的宏观经济背景下，在认清西部区域经济格局的基础上，对西部区域经济发展战略进行创新，并且以战略组合等形式丰富区域经济发展战略的实施手段，可以显著提高区域经济发展战略的有效性。这不仅可以丰富区域经济学的理论体系，更可以为我国实现全面小康的社会主义现代化建设提供有效的现实指导。

第二节　国内外研究现状与述评

在区域经济学中，区域经济格局是一个历史悠久的研究课题。长期以来，经济学者们从区域经济特征、区域经济地位、区域生产力布局等不同的角度出发，对区域经济中经济区域的层次和关系进行了较为深入的研究，为区域经济格局研究积累了丰富的历史文献，形成了区域经济格局研究的基本框架。对于中国西部区域经济格局研究而言，这些文献资料无疑具有重要的借鉴和指导意义。

一、增长极相关研究

（一）增长极理论的产生

1. 增长极理论产生的基础

　　增长极理论是在区位论的基础上产生的。作为传统经济地理学理论的核心内容，区位论主要探讨人类经济活动的空间法则及一般规律，寻找工业、农业、商业等经济活动的最佳地点。德国的杜能（H. Thunen）是用区位理论解释空间经济活动规律的首创者，1826 年在《孤立国对农业和国民经济之关系》中提出了农业区位论。根据区位经济分析和区位地租理论，杜能认为每个区域的农业生产圈都应以城市为中心呈同心圆状分布。1890 年，英国的马歇尔（A. Marshall）在《经济学原理》中提出要注重空间的区域变化和市场扩展的周期，首次明确了外部经济、内部经济和代表性企业的概念，指出外部经济一般是由大量性质相似的小型企业集中在特定的地区而获得。1909 年，德国的韦伯（A. Weber）在《工业区位论》中提出了工业区位论，他进行了以运输成本为定向的工业区位分析，指出只有在原料、燃料与市场间找到最小运费点，才能找到工业的理想区位。1933 年，德国的克里斯泰勒（W. Christäller）在《德国南部的中心地》中提出了中心区位论，他指出城市的分布是遵循市场原则、交通原则和行政原则的。在不同的原则支配之下，由不同级别城镇组成的中心地网络呈现不同的结构，而且中心地和服务范围大小的等级顺序有着严格的规定，可呈有规则、严密的排列。1940 年，德国的勒什（Losch）利用克里斯塔勒的理论框架，把中心区位论发展成为了产业的市场区位论。他尝试将生产区位与市场区位结合起来，在同类生产厂家和各个市场间形成一个复杂、连续的经济地域图。总的看来，农业区位论和工业区位论立足于单个厂商的区位选择，着眼于成本和运费的最低。中心区位论和市场区位论立足于一定的区域或市场，着眼于市场的扩大和优化。这些区位论都采用新古典经济学的静态局部均衡分析方法，以完全竞争市场结构下的价格理论为基础来研究单个厂商的最优区位决策，因而又叫古典区位论。

　　古典区位论的产生和发展，为增长极理论的产生奠定了坚实的基础。在农业区位论和工业区位论的引导下，中心区位论中关于不同级别城镇布局的论述和市场区位论中关于经济地域网内中心点的论述成为增长极理论产生的萌芽，而马歇尔关于代表性企业的论述也可以被当作增长极中支配性企业的雏形。

2. 增长极理论的提出

第二次世界大战结束后，在欧洲发达资本主义国家战后重建的过程中，西方经济学界进行了一场关于区域经济是否应该平衡增长的论战。在古典区位论的基础上，受发展经济学思想特别是熊彼特创新观点的影响，法国的佩鲁（Francrois Perroux）于1950年在《经济空间：理论与应用》中首次提出了增长极的概念，支持不平衡发展理论。

从极化空间的概念出发，佩鲁指出"增长并非同时出现在所有地方，它以不同的强度首先出现在一些增长点或增长极上，然后通过不同的渠道向外扩散，并对整个经济产生不同的最终影响"。经济发展的主要动力是技术进步和创新，而创新总倾向于集中在增长速度高于其他产业和国民生产总值的领头产业即活动单元（Active Unit）。"增长极理论与含有活动单元的经济空间理论是一致的，因为活动单元可以创造自己的决策和操作空间，建立具有推进效应的中心，并推动整个经济多维的发展。"这种产业增加其产出（或购买性服务）时，能够带动其他产业的产出（或投入）的增长，也就是说这种产业对其他产业具有很强的连锁效应和推动效应，称之为推进型产业即增长诱导单元（Growth-Inducing Unit）。佩鲁指出，这种活动单元或增长诱导单元就是增长极，受增长极影响的其他产业为被推进型产业。这种推进型产业与被推进型产业通过经济联系建立起非竞争性的联合体，通过向后、向前连锁带动区域的发展，最终实现区域发展的均衡。

总体来说，佩鲁增长极理论的核心包括三个问题：占支配地位企业的支配效应，支配型企业与其他企业（或周围地区）之间存在的连锁效应，以及占支配地位的企业通过连锁效应产生的乘数效应带动其他企业（或外围地区）的发展，最终实现分配均衡的分配效应。[①]

3. 佩鲁增长极理论的缺陷

作为不平衡发展理论的先驱与代表，佩鲁增长极理论挑战了区域经济均衡发展的传统观念，开拓了人类经济社会发展的思路。但是，作为具有探索性质

---

① 安虎森：《增长极理论评述》，南开经济研究，1997年第1期。

的创新性思想，佩鲁增长极理论还存在不少缺陷。一方面，由于是一种发展理论而不是区域经济发展的地域组织模式，增长极理论过于抽象。在重视增长极的功能结构特点特别是产业关联效应的同时忽视了增长极的地理空间和其他方面的效应，可操作性不强，需要量化、模型化和实用化；另一方面，增长极理论过分强调增长极对周边地区的正面带动效应，但是忽略了增长极对周边地区的负面抑制效应，分析的不够全面，夸大了不平衡发展理论的积极作用。①

（二）　增长极理论的发展

　　增长极理论的出现得到了经济学界的广泛关注，但是褒贬不一。面对关于增长极理论缺陷的质疑和指责，佩鲁和他的追随者们对增长极理论进行了补充、修改和完善，使增长极理论得到了不断的发展。

　　20 世纪中叶，瑞典的缪尔达尔（G. myrada1）先后在《进退维谷的美国：黑人问题和现代民主》（1944）、《经济理论和不发达地区》（1957）和《亚洲戏剧：各国贫困问题考察》（1968）等著作中提出了"累积的地区增长和下降"理论，并使用"回波"和"扩散"的概念说明经济发达地区即增长极对其他落后地区的双重作用和影响，形成了"地理上的二元经济结构"论以及相应的政策主张，为增长极理论的发展做出了重大的贡献。缪尔达尔认为，社会经济发展过程是一个动态的各种因素（包括产出与收入、生产和生活水平、制度和政策六大方面）相互作用、互为因果、循环积累的非均衡发展过程。任何一个因素"起始的变化"会引致其他因素相应变化，并促成初始因素的"第二级强化运动"。如此循环往复的累积，导致经济过程沿初始因素发展的方向发展，产生两种循环积累因果运动及其正负效应：一种是发达地区（增长极）对周围落后地区的阻碍作用或不利影响，即"回波效应"，促成各种生产要素向发展极的回流和聚集，产生一种扩大两大地区经济发展差距的运动趋势；另一种是对周围落后地区的推动作用或有利影响，即"扩散效应"，促成各种生产要素在一定发展阶段上从发展极向周围不发达地区的扩散，因而产生一种缩小两大地区经济发展差距的运动趋势。缪尔达尔强调，市场机制的作用总是倾向于扩大而不是缩小地区间的差距，这就意味着回波效应大于扩散效

---

① Grafton D J. S mall：《Scale Growth Cebtres in Remote Rural Region》，The Case of Alpine Switerl and Applied Geography，1984（2）。

应，从而形成"地理上的二元经济结构"，即经济自由主义占上风的"自发的发展极"现象。与自身悲观的观点相反，缪尔达尔希望政府采取积极的干预政策刺激增长极周边落后地区的发展，以填补累积性因果循环所造成的经济差距。后来的学者把这种情况归结为国家干预主义占上风的"诱导的发展极"现象，这正是缪尔达尔增长极理论的精髓。①

几乎与缪尔达尔同时，法国的布代维尔（J. R. Bouderville）也对增长极理论进行了发展。在《区域经济规划问题》（1957）和《国土整治和发展极》（1972）等著作中，布代维尔将"增长中心"这一地理学空间概念引入佩鲁的增长极理论，对其"经济空间"概念进行了重新界定，赋予经济空间以地理意义。他认为，经济空间"是经济变量在地理空间之中或之上的运用"，即"经济空间"不仅包含了经济变量之间的结构关系，也包括了经济现象的区位关系或地域结构关系。因此，布代维尔把增长极定义为"在城市区配置不断扩大的工业综合体，并在其影响范围内引导经济活动的进一步发展"，说明经济活动的空间集聚比分散更有效并有益于经济增长。这种地理空间的增长极与区域中的城镇相联系，使增长极概念从抽象的经济空间发展为具有更广泛意义的具体区域范畴，丰富和发展了佩鲁增长极的内涵。他还认为，增长极既是部门的，也是区域的，并把增长极概念界定为具有经济意义的推进型主导产业部门和具有地理意义的区位优越地区两种含义。同时，布代维尔从资源配置方式入手把增长极划分为由市场机制支配的自发生成的增长极即极化区域和由计划机制支配的诱导生成的区域增长极即计划区域两种区域，突破了区域增长极的理论界限，并把理论延伸到了区域经济发展政策上。②

在布代维尔之后，美国的赫尔希曼（A. O. Hirschman）也进行了类似的研究，并把增长极的目标指向了城市等地理单元。他指出："经济进步不会在所有地方同时出现，而且它一旦出现，强有力的因素必然使经济增长集中于起点附近地域。"③ 并一再强调，"增长点"或"发展极"只不过是极化空间或区域中的城市这一地理单元，增长极对区域经济发展的影响就是城市中心对周围腹地的影响。因此，区域发展中的工业投资应集中在初具规模的城市。这不仅能推动城市增长，促进城市等地理单元区域"增长极"的形成，还能带动周

---

① 颜鹏飞、马瑞：《经济增长极理论的演变和最新进展》，福建论坛（人文社会科学版），2003年第1期。

② 曾坤生：《佩鲁增长极理论及其发展研究》，广西社会科学，1999年第2期。

③ ［美］赫尔希曼：《经济发展战略》，经济科学出版社1981年版，第65页。

围腹地经济发展。在增长极的运行机制方面，赫尔希曼与缪尔达尔的观点比较相似。他把经济发达区域作为"北方"经济，把欠发达区域作为"南方"，认为"北方"的经济增长对"南方"的影响利弊兼存，有利的称为极化效应（即回流效应），不利的称为涓滴效应（即扩散效应），并重点指出尽管这两种效应会同时起作用，但在市场机制自发作用下，极化效应将占支配地位。以此为基础，赫尔希曼提出了边际不平衡增长理论和核心与边缘区理论。

（三）增长极理论的政策化

在凯恩斯主义（Keynesian）和欧洲复兴计划（European Recovery Program）的指导和带动下，美国和欧洲主要国家的经济在第二次世界大战后出现了持续10余年的繁荣局面。但是，以大城市过度增长和产业结构恶化为特征的"聚集不经济"现象也同时产生，大城市周边地区的衰退和大城市与周边地区收入差距的扩大证实了增长极理论的正确性。因此，部分国家和地区开始将增长极理论运用于指导区域经济社会发展的实践中，增长极理论开始向政策化发展，实用性不断加强。

1961年和1966年，美国的弗里德曼（John. Friedman）在《区域发展政策——委内瑞拉案例研究》和《区域规划与政策》等著作中提出了著名的"核心—边缘"理论，把政治因素纳入增长极的理论框架中进行分析，通过加强政策化倾向进一步发展了增长极理论。他认为，任何国家的区域系统都是由中心和外围两个子空间系统组成的。不同区域空间上的资源禀赋、市场、技术和环境等方面的差异性是客观存在的，必然存在着某些地方或区位发展速度的差异。当某些地方和区位的空间聚集形成累积发展之势时，就会获得比其他地区强大得多的经济竞争优势，形成一定地域空间上的中心或核心区，支配着整个区域空间经济发展。同时，边缘地区也随之形成。在这个"核心—边缘模式"中，中心区或核心区即为增长极。弗里德曼认为，随着市场的扩大、交通条件的改善和城市化的加快，中心与外围的界限将会逐步变得模糊，甚至最终消失，实现区域经济协调发展。同时，弗里德曼还认识到区域经济协调发展也是一个社会和政治发展过程，并特别强调政府与市场在促进区域经济协调发展中的作用缺一不可，既要强化市场对资源配置的基础性作用，又要充分发挥政府在促进区域经济协调发展中的服务作用。①

从 20 世纪 60 年代开始，其他经济学家关于增长极理论政策化的著作也相继诞生，有代表性的包括：威廉姆森（J. Williamson）的《地区非均衡和国家发展进程》（1965），胡佛（Hoover）的《区域经济导论》（1972），汉森（Hansen）的《区域开发中的增长极》（1972），利奥伊德（Lloyd）的《空间区位》（1977），布朗（Brown）的《区域—国家经济模型》（1978）等。其中，艾萨尔德（W. Isard）的《区域分析方法》（1960）和《区域科学导论》（1975）等著述总结了诸多国家和地区实施区域经济增长极政策的经验，并根据亲自参与区域规划和开发工作的实践为国家引导区域经济发展提供了具可操作性的政策理论和方法，奠定了包括增长极理论在内的西方区域经济学的基础。

（四）增长极理论的国际实践

增长极理论的国际实践是从发达国家开始的。1960 年，法国政府颁布空间发展计划，并且成立国土整治与区域开发的专门机构，选择巴黎以外的 8 个大城市作为中型发展极即增长极，试图在抑制巴黎中央地区过度膨胀的同时通过一系列优惠政策促进落后地区的经济发展。1961 年和 1965 年，美国政府分别出台了《区域再开发法》和《阿尔巴拉契区域开发法》，有效缓解了密西西比河流域中大城市即增长极与周边地区发展的矛盾，促进了落后的田纳西河流域地区的开发。1962 年以后，日本政府多次制定国家综合开发计划，把全国划分为 7 大经济区以便于统一规划和分类指导各地区经济的发展。1969 年，德国颁布了关于改善区域经济结构的《共同任务法》，规定联邦政府要承担一半的区域经济促进经费。

与发达国家相比，增长极理论在发展中国家宏观经济政策中的实现形式更为丰富。部分国家对充分就业地区的经济发展采取限制措施，通过对私人部门进行金融诱导促进落后地区的经济发展；或者把建设重点放在基础设施上，通过政府投资为落后地区提供一定标准的公共设施服务。部分国家以公共企业的中型或重工业活动为基础，通过调整包括铁、钢、铝、石油化工以及机械工业等部门在内的工业综合企业的区域布局推动落后地区的经济发展。而数量较多的发展中国家则采取非均衡的经济社会综合发展战略，把开发落后边远地区作

---

① 陈秀山、张可云：《区域经济理论》，商务出版社 2005 年版，第 211 页。

为经济发展的战略重点，并以税费减免、金融扶持等优惠政策在落后地区开辟各类新工业区和自由贸易区。根据盖勒（Gaile）的研究，到 20 世纪 70 年代后期，已经实施或准备实施增长极发展战略的发达和发展中国家多达 28 个。[①]

（五）中国西部增长极研究

西部大开发战略实施以来，众多的国内经济学者开展了中国西部增长极的相关研究，主张用增长极理论指导西部区域经济的发展。在为中央和地方政府提供决策建议的同时，积累了较为丰富的研究文献。

1. 增长极理论在西部大开发战略中的重要性与必要性

冯邦彦（2001）等人认为，在西部大开发中，要尊重区域经济不平衡发展的客观规律，不能忽视西部内部同样存在的经济发展差异，应该分类指导、重点突破、梯度开发，而这一战略在区域经济学上的理论依据就是增长极理论。[②] 王继虎（2007）等人认为，培育增长极是实施西部大开发战略的重要举措，通过增长极的扩散效应带动邻近地区经济发展是实现西部发展的最佳手段。[③] 黄信灶（2008）等人认为，在东西部经济差距不断扩大的背景下，借鉴东部地区发展经验培育西部增长极，对于减轻东部对西部的极化效应、促进西部区域经济发展是十分必要的。[④]

2. 西部增长极的选择

冯邦彦（2001）等人认为，西部具有增长极潜质的地区应该拥有有利于经济发展的投资环境和有足够创新能力的企业与企业家群体，并且具有一定的规模经济效益，长江沿岸的武汉、宜昌、重庆、成都以及陇海线上的西安、宝鸡、兰州等大中城市都可以成为西部大开发中的增长极。[⑤] 颜鹏飞（2003）等

---

①　安虎森：《增长极理论评述》，南开经济研究，1997 年第 1 期。

②　冯邦彦、叶穗瑜：《从增长极理论看我国区域经济的梯度开发》，暨南学报（哲学社会科学版），2001 年第 4 期。

③　王继虎：《"增长极"理论与西部大开发》，合作经济与科技，2007 年 5 月号上。

④　黄信灶、刘雯：《构建西部增长极的必要性》，哈尔滨商业大学学报（哲学社会科学版），2008 年第 2 期。

⑤　冯邦彦、叶穗瑜：《从增长极理论看我国区域经济的梯度开发》，暨南学报（哲学社会科学版），2001 年第 4 期。

人认为，城市增长极、产业增长极和协调增长极是培育西部增长极的三大目标，可以在成渝和关中地区建设城市增长极，可以依托特色产业与资源优势建设产业增长极，要重点建设"一圈二带三区"①的协调增长极。② 刘朝明（2006）等人认为，作为一个开放的、可持续发展的增长极，必须具备有区域竞争力的主导产业、有规模经济效应的产业集群、有聚集经济效应的城市化、突出的区域比较经济优势、能吸引要素输入的市场中心地和显著的区域经济一体化带动作用六个战略特征，而成都和重庆则是西部增长极的最佳选择。③ 王继虎（2007）等人认为，西部增长极应该具有区位优势、资源优势和产业优势，同时兼顾带动范围的均衡性和带动效应规模，乌鲁木齐、西安、昆明、成都和重庆是西部增长极的优先选择。④ 谢守红（2007）等人认为，中心城市是西部大开发的引擎，在区域开发中具有增长极的作用，经过对西部地区中心城市的综合实力进行分析和对比，指出成都、重庆和西安具有成为西部增长极的最大潜力。⑤

3. 培育西部增长极的途径与措施

冯邦彦（2001）等人认为，西部增长极的培育可以通过渐进式调整和跳跃式发展两种途径完成，以承接东部产业转移培育增长极的支柱产业，以培育特色优势产业和推进城市化、工业化进程实现增长极的跳跃式发展。⑥ 闵晓楠（2006）等人认为，西部增长极的培育要充分借鉴长江三角洲、珠江三角洲和环渤海经济圈的发展模式，在引入体外增长极的同时根据地区具体情况培育内部增长极，通过建设一批不同层次、有一定综合实力的中心城市为西部增长极

① "一圈"是指以陇海铁路、宝成铁路、长江水道、京九和京广铁路线相连的环形地带，包括中西部川、陕、渝、鄂、湘、赣、皖、豫、晋九省市为范围的中原核心地区；"二带"是指澜沧江—怒江—（金沙江）长江经济带和黄河—欧亚大陆桥经济带；"三区"是指位于京广、长江、宝成、陇海这四条交通干线联成的井字形环状地带的长江中部经济增长区、四川盆地经济增长区以及以西安为中心的郑州—太原—西安经济增长区。

② 颜鹏飞：《西部开发经济增长极的选择和构筑》，新疆师范大学学报（哲学社会科学版），2003年第4期。

③ 刘朝明、董晖、韩斌：《西部增长极与成渝经济区战略目标定位研究》，经济学家，2006年第2期。

④ 王继虎：《"增长极"理论与西部大开发》，合作经济与科技，2007年5月号上。

⑤ 谢守红、刘春腊：《中心城市崛起：西部大开发的引擎》，中国科技论坛，2007年第11期。

⑥ 冯邦彦、叶穗瑜：《从增长极理论看我国区域经济的梯度开发》，暨南学报（哲学社会科学版），2001年第4期。

提供产业发展的空间载体。① 朱丽娜（2006）等人认为，要以企业为主体、利用资本市场培育西部增长极，通过加快西部大中型企业股份制改造发挥增长极扩散作用，通过资产重组和资本运营加强增长极的产业关联、扩散带动效应，达到产生外部规模经济、扩大增长极规模的效果。② 郭云玮（2006）等人认为，小一级增长极是西部增长极培育的重要措施，对于较小规模的中心城市而言，首要任务在于推进型产业的建立，利用已有的与国际和国内其他地区接壤的环境，培育有特色的产业，占有国际国内市场，增强创新能力，更好地带动区内其他地区的发展。③ 高新才（2007）等人认为，要依托青藏铁路等项目的建设培育西部增长极，在立足自身优势资源的基础上加强不同增长极之间的联系，通过区域经济政策的调整实现区域整体突破。④ 王继虎（2007）等人认为，在培育西部增长极的过程中，政府要发挥重要作用，通过加强宏观调控、狠抓基础设施建设、建设经济园区和发展规模经济，为西部增长极的发展创造良好的外部条件。⑤ 谢守红（2007）等人认为，西部增长极的培育要重视科技创新，提高科技竞争力，要加大对外开放力度，实现优势互补、资源共享和互利共赢，要提高政府管理水平，保持健康有序的社会经济秩序。⑥

简短述评：诞生半个多世纪以来，增长极理论获得了不断的充实和完善，其关于经济和地理空间、空间关系和效应、区域发展层次等方面的论述有力地支持了不平衡发展理论，为区域经济学和发展经济学的进步做出了突出的贡献。但是，由于过分抽象、可操作性不强等内在缺陷还是没有得到有效的弥补，尽管出现了显著的政策化和实用化倾向，增长极理论对于区域经济发展的现实指导作用仍然存在诸多疑问。其中，增长极理论是否适用于落后地区、是否会导致落后地区"飞地"的产生、落后地区如何培育增长极等问题长期困扰着中国西部等欠发达地区。从增长极理论的国际实践和我国东部增长极培育的经验来看，只要把握好增长极理论的内核，全面理解增长极理论的含义，在立足本地区实际的基础上实施科学的发展战略，增长极理论完全可以成为包括

① 闵晓楠、庄振信、刘杨萱：《借鉴三大区域增长极模式培育西部经济增长极》，长春大学学报，2006 年第 3 期。

② 朱丽娜、马家余：《论西部地区经济增长极的培育及政府对策》，经济师，2006 年第 8 期。

③ 郭云玮：《浅谈西部地区经济增长极的培育》，黑龙江对外经贸，2006 年第 5 期。

④ 高新才：《青藏铁路串起经济新增长极》，西部论丛，2007 年第 5 期。

⑤ 王继虎：《"增长极"理论与西部大开发》，合作经济与科技，2007 年 5 月号上。

⑥ 谢守红、刘春腊：《中心城市崛起：西部大开发的引擎》，中国科技论坛，2007 年第 11 期。

落后地区在内的区域经济发展指导思想。因此，本书选择将增长极理论作为基础理论之一，把增长极作为中国西部区域经济格局的第一层次研究对象，并寻求符合增长极培育和发展要求的区域经济发展战略。

二、经济带相关研究

（一）经济带的理论来源

1. 点轴理论

20 世纪 30 年代，德国的松巴特（Werner. Sombart）在克里斯泰勒中心区位论的基础上提出了生长轴理论，为点轴理论中的"轴"奠定了理论基础。生长轴理论认为，随着连接各中心地的重要交通干线（铁路、公路等）的建立，形成了新的有利区位，方便了人口的流动，降低了运输费用，从而降低了产品的成本。新的交通线对产业和劳动力具有新的吸引力，形成有利的投资环境，使产业和人口向交通线聚集并产生新的居民点。这种对地区开发具有促进作用的交通线可以被称为生长轴，其实质就是人口、产业密集带。[1]

20 世纪 70 年代，在对增长极理论进行延伸和发展的过程中，波兰的萨伦巴（Zaremba）和马利士（Marlis）提出了点轴开发理论。他们从区域经济发展不平衡规律出发，在重视"点"（中心城镇或经济发展条件较好的区域）的增长极作用的同时，还强调"点"与"点"之间的"轴"即交通干线的作用，认为随着连接各种中心地理的重要交通干线如铁路、公路、河流航线的建立，连接地区的人流和物流迅速增加，生产和运输成本降低，形成了有利的区位条件和投资环境。产业和人口向交通干线聚集，使交通干线连接地区成为经济增长点，沿线成为经济增长轴。作为区域经济增长的发动机，增长点和增长轴是带动区域经济增长的"领头羊"。点轴开发理论突破了增长极理论不适用于经济欠发达地区的限制，进一步完善了增长极理论。[2]

从 20 世纪 80 年代开始，中国的陆大道在继承和发展中心区位论、生长轴理论与增长极理论的基础上开始了点轴系统理论的研究。在发表的一系列文章

---

① 周茂权：《点轴开发理论的渊源与发展》，经济地理，1992 年第 12 期。
② 谢晓波：《区域经济理论十大流派及其评价》，山东经济战略研究，2004 年第 1 期。

中，他指出点轴系统中的"点"即各级中心地（中心城镇）是各类区域的集聚点，也是带动各级区域发展的中心城镇。点轴系统中的"轴"是由在一定方向上联结若干不同级别的中心城镇而形成的相对密集的人口和产业带。由于轴线及其附近地区已经具有较强的经济实力并且还有较大的潜力，又可称作"开发轴线"或"发展轴线"。从内容上看，点轴系统理论包括点轴空间结构系统的形成过程、演化阶段、形成机制与作用效果四个方面。作为关于社会经济空间结构的理论之一，点轴系统理论已经成为生产力布局、国土开发和区域发展的重要理论模式，在我国区域经济发展中发挥了重要的作用。[①]

2. 产业集群理论

19 世纪 80 年代，英国的马歇尔（A. Marshall）在开展古典区位论的研究过程中提出了产业区的概念，进行了产业集群理论的思想启蒙。他把有大量种类相似且相互间具有高度专业化分工联系的小型企业集聚的特定地区称为产业区，而这些产业区的优势就在于相关产业在地理上的集中。从外部经济的角度看，集聚能够促进专业化投入和服务的发展，能够为具有专业化技能的工人提供集中的市场，能够产生基于人力资本积累和面对面交流所引致的知识外溢。[②]

从 20 世纪 70 年代开始，在日趋多样化和复杂化的消费引导下，许多产业部门从以大批量、标准化和垂直一体化为特征的福特制向以柔性技术和组织以及复杂的生产网络为特点的后福特制转变，在传统老工业区的外围出现了大量以柔性专业化为特征的小企业集聚群体。这些专业化产业集聚体内部的生产效率不断提高，创新活动不断涌现，有力地促进了区域竞争力的提升。在这个背景下，意大利的巴格那斯科（Bagnasco）提出了新产业区的概念，将其定义为"具有共同社会背景的人们和企业在一定自然地域上形成的社会地域生产综合体"。他指出新产业区以中小企业为主体，企业间具有良好的专业化分工与协作关系，都以灵活性和专业性为发展模式，形成了基于竞争和合作的网络组织的产业活动聚集体。在巴格那斯科之后，美国的斯科特（Scott）提出"灵活的积累"观点，进一步发展了新产业区理论。他把交易成本理论引入到产业

---

① 吴传清、孙智君、许军：《点轴系统理论及其拓展与应用》，贵州财经学院学报，2007 年第 2 期。

② ［英］马歇尔：《经济学原理》，商务印书馆 1964 年版，第 280 ~ 290 页。

集聚研究中，指出只有企业内部交易成本大于外部交易成本才会造成企业的空间集中。内部规模经济和范围经济被增加的市场不确定性和技术变化削弱，由此引起水平和垂直的分离或者生产的外部化，从而有更大的能力满足不同需求和对市场有更强的适应性，使得外部性必定与集聚相联系。由于向灵活的专业化的转变导致新产业区的出现，使得新的区域集聚产生，并且强化了灵活的制造体系与专业化集聚体内生产的空间集中的联系。[①]

20 世纪 80 年代后期，美国的波特（Porter）在竞争优势理论的分析框架下重构了有关产业集聚的新竞争经济理论，首次正式提出了产业集群的概念。他指出，产业集群是在某特定领域中，一群在地理上临近、有交互关联性的企业和相关法人机构，并以彼此的共通行和互补性相联结，代表着一种合作与竞争的组合。波特认为，企业竞争力取决于四个要素：企业战略、要素条件、需求状况和相关产业，这四个要素构成了企业竞争力的菱形结构，也决定了一个国家的竞争优势。而产业集聚的作用就在于强化菱形结构中各要素间的相互作用并形成集群，这些聚群既是创新的空间载体也是生产率提高的空间条件。一个国家成功的产业，其企业均呈现出地理集中的趋势。[②]

20 世纪 90 年代，以克鲁格曼（Krugman）为代表的新经济地理学者们将空间因素重新纳入主流经济学的分析中，对经济活动的空间集聚进行了探讨。他们认为，经济活动在空间上处于集聚状态还是分散状态，主要取决于促使产业地理集中的向心力和削减产业地理集中的离心力二者中谁占据主导地位。促进产业地理集中的向心力主要包括市场规模效应（前向关联和后向关联）、充裕的劳动力市场和纯外部经济性；促进产业地理分散化的离心力主要包括要素的不可流动性、地租和纯外部非经济性。[③] 通过构建中心—外围模型，新经济地理学者们讨论了在规模报酬递增、人口流动和运输成本交互作用的情况下产业的空间集中状况。他们认为，当运输成本降低到中间水平时，产业间的前向关联效应和后向关联效应最强，企业将在某一地区形成集中，从而逐渐演变成为一种存在集聚的中心—外围经济结构。而过高或者过低的运输成本，将导致产业的均匀或者分散化分布。[④]

---

① 朱英名：《产业集聚研究述评》，经济评论，2003 年第 3 期。

② Porter. M：《The competitive advantage of nations》，The Free Press，1990，P45 ~ 50。

③ Krugman. P：《The role of geography in development》，International Regional Science Review，1999 (22)。

④ Krugman. P：《Increasing returns and economic geography》，Journal of Economics，1991 (106)。

（二）　经济带研究进展

1. 经济带的类别与内涵

就区域经济学当前的发展状况而言，经济带是一个较为概括性的名词，包括产业经济带（产业带）、交通经济带和城市经济带等多方面的内容。其中，作为经济带最主要的表现形式，产业经济带在很长的时期内都被与经济带混为一谈，交通经济带、城市经济带等经济带类别也被归入产业经济带的范畴内，使经济带的含义有些庞杂不清。随着经济带研究的不断深入，交通经济带、城市经济带等其他经济带类别逐渐与产业经济带相脱离，经济带的内涵与类别才日益清晰起来。

1927 年，美国的吉尔（S. D. Jile）在早期出现的"工业四边形"理论基础上提出了制造业带（Manufaturing Belt）的概念。以主要工业中心的联系为依据，他强调了连续的工业生产的重要性，这是最早的产业经济带或经济带的雏形。[①] 20 世纪 60 年代，德国的松巴特（Werner. Sombart）提出了产业集聚带的概念。他认为联接各中心地的重要交通干线如铁路、公路、航道等的建设将形成新的有利区位，方便了人口的流动，降低了原料、成品的运输费用，使产业和人口沿交通干线集聚，并产生了新的居民点，从而形成产业集聚带。20 世纪 90 年代，美国的沙利文（E. C. Sullivan）通过研究城市交通走廊提出了交通经济带的概念。在将交通运输基础设施建设与沿线经济开发作为整体系统规划思想指导下，他认为交通经济带是指在一个城市内主要交通干道与其两旁的联合项目如商业设施、娱乐场所、大型体育设施、主要工业区或卫星城镇等所构成的线性开发的带状区域。[②] 2000 年以后，伊恩·戈登（Ian R. Gordon）和麦卡恩·菲利普（Philip Mccann）认为不同集团和不同活动的混合趋向于在不同的地方集结成带束状，其结果就是某种程度地伴随着产业专业化的空间分异，并总结了三种基本的带状模式，即纯聚集模式、产业综合体模式和社会网络模式。[③]

20 世纪 80 年代，在陆大道点轴理论及发展模式研究的带动下，我国学者

① 张从果、刘贤腾：《产业带内涵界定与发展演化探讨》，特区经济，2008 年第 3 期。
② 关伟：《产业带的研究进展与展望》，地理教育，2007 年 6 月。
③ 王芹：《国外产业集群理论研究综述》，生产力研究，2007 年第 19 期。

开始了经济带的研究。虽然起步较晚，但发展速度较快，取得了较为丰硕的成果。1994 年，费洪平提出了产业带的概念。他认为，产业带是建立在一个巨大经济空间中企业彼此之间联系的基础上的，并由众多的彼此配合协作密切的产业部门围绕资源富集区、中心城市或交通方便的区域（或节点）上集聚，形成由线状基础设施彼此相互联结的若干大小不等的、相互联系密切的中心共同组成的具有内在联系的产业集聚区域。① 1995 年，郭振淮等人提出了产业密集带的概念。他们认为，产业密集带是产业、人口和城市在特定大的地域空间内沿线状各种基础设施呈带状高度集中形成的庞大空间系统。② 2004 年，朱华友和丁四保提出了经济带的概念。他们认为，经济带是具有区域或区内意义的，以交通干线为轴线、以城市为发展极，相对于周围地区经济发展水平较高的呈条带状分布的，具有特定结构、功能、层次的经济地域。③ 2008 年，张从果和刘贤腾提出了产业带的概念。他们认为，产业带是指在一定区域空间中，沿着一种或多种线状基础设施（如沿铁路、沿高速公路、沿海、沿边等），由相互关联的产业部门围绕中心城市或重要节点集聚而成的，中心的产业联系和密集程度明显高于周围地区，整体呈条带状分布的具有特定结构、功能、层次的产业集聚区域。④

20 世纪 90 年代开始，在众多人文地理学和经济地理学学者的推动下，我国的交通经济带研究活跃起来。1993 年，张国伍首次提出了交通经济带的建设问题，主张将经济建设与沿线开发相结合。1998 年，申金升等人提出了交通经济带的概念。他们认为，交通经济带是以交通干线为主导，由交通干线和沿线一定范围内经济区域（主要由交通干线的吸引域确定）所形成的一个具有某种特定结构（优势产业结构、资源结构、技术结构等）的带形区域经济系统。⑤ 1999 年，杨荫凯等人也提出了交通经济带的概念。他们认为，交通经济带是以综合运输通道为发展主轴，以轴上或其紧密吸引域内的大中城市或城镇为依托，通过沿线经济部门的技术联系和生产协作，由资源、人口、产业、

---

① 费洪平：《产业带边界划分的理论与方法》，地理学报，1994 年第 3 期。
② 郭振淮、金陵、李丽萍：《论产业密集带》，经济地理，1995 年第 3 期。
③ 朱化友、丁四保：《长春—吉林经济带的形成与空间结构特点研究》，人文地理，2004 年第 3 期。
④ 张从果、刘贤腾：《产业带内涵界定与发展演化探讨》，特区经济，2008 年第 3 期。
⑤ 申金升、王意冈：《区域经济系统交通运输间接效益的一种分析方法》，经济地理，1998 年第 4 期。

城镇、信息、客货流等集聚而成的辐带状社会经济有机体和空间经济系统。①

在交通经济带研究日益活跃的同时，我国城市经济带的研究也逐步展开。在继承法国的弗塞特（C. B. Fawcett）等人提出的城市群理论的基础上，国内众多学者对大都市圈理论进行了研究，并把大都市圈理论与经济带研究结合起来，城市经济带的概念逐渐成形。周一星、周起业、刘再兴、高汝熹、沈立人等人分别提出了大都市城市群（MIR）、大都市圈、大都市经济圈、城市协作区等概念，为城市经济带概念的明确奠定了基础。1992 年，姚士谋从经济职能、地区空间概念和自然要素等方面出发提出了较为全面的城市群的概念。他认为，城市群是在特定的地域范围内，具有相当数量的不同性质、类型和等级规模的城市，依托一定的自然环境条件，以一个或两个大或特大城市作为地区经济的核心，借助于现代化的交通工具和综合运输网的通达性以及高度发达的信息网络，发展城市个体之间的内在联系，共同构成一个相对完整的城市"集合体"。② 2007 年，杨凤与秦书生在研究城市经济带理论渊源的基础上提出了城市经济带的概念。他们认为，城市经济带是依托一定的自然环境和交通网络空间连绵分布，以一个或两个经济发达的大城市为核心，发挥其经济集聚与辐射功能，并联结带动周围不同等级规模城市的经济发展，彼此形成人口密集、产业集聚、联系密切的生产、流通一体化经济区域。③

2. 经济带的主要特征

到目前为止，虽然研究者们还没有就经济带的概念达成一致，但是从他们的研究成果中不难总结出经济带具有的主要特征。一是经济带在地理上应该是一片相对连续的空间，无论其形状规则还是不规则；二是经济带中应该存在着产业的空间集聚现象，形成了比较完整的产业链条，发生了比较密切的产业关联；三是经济带中同时存在着中心城市的集聚现象，这往往是各种规模与专业化的企业集聚的结果；四是经济带在空间上必定会有交通运输线路贯通，组成明显的点轴系统；五是经济带具有一定的经济规模，而且与周围地区有密切的联系。

---

① 杨荫凯、韩增林：《交通经济带的基本理论探讨》，人文地理，1999 年第 2 期。
② 姚士谋：《我国城市群的特征、类型与空间布局》，城市问题，1992 年第 1 期。
③ 杨凤、秦书生：《城市经济带的理论渊源及概念辨析》，经济纵横，2007 年第 4 期。

3. 经济带的空间演化

以空间组织演替序列理论等空间演化理论为基础，费洪平（1994）、朱化友（2004）、张从果（2008）等人认为经济带的空间演化总体上可以分为四个阶段。第一阶段，处于低水平均衡发展状态的国家内部产生强烈的投资冲动，使得一些有发展前途的产业部门在某些区位较好的地区发展起来，而这些地区就成为增长极即潜在的经济带内核。第二阶段，在产业部门强烈的联动效应推动下，增长极很快进入极核发展阶段，形成以主导部门为中心、相关企业相互配合的生产系统。第三阶段，在以增长极为中心、向外延伸的交通网络的辐射和扩散作用下，城市边缘区迅速发展，专业化分工逐渐明朗，沿主要交通干线的点轴状产业系统开始形成，经济带的雏形开始显现。第四阶段，增长极稳定发挥经济带内核的作用，经济带建设趋于成熟。经济实力不断增强，产业结构转换迅速，对内产业系统性提高，对外影响力加强，经济带作为贸易、金融和信息中心与高新科技产品孵化器的职能日益重要。随着更多产业经济带、交通经济带和城市经济带的出现，两条以上平行的复合式点轴系统所构成的具有一定纵深配置的经济带将出现。各经济带间呈现相互衔接、归并、融合的趋势，区域界限日益模糊，经济带范围将不断扩大。

（三）中国西部经济带研究

1. 西陇海—兰新经济带研究

2003 年，方创琳等人对西陇海—兰新经济带节点城市的发展方向与产业分工进行了研究。在对西陇海—兰新经济带节点城市的发展与布局总体特征进行分析的基础上，他们采用多层次目标综合测度模型定量评价全部城市的综合竞争力，把西安、兰州、乌鲁木齐确定为一级节点城市，把咸阳、嘉峪关、克拉玛依等 10 个城市确定为二级节点城市。并以此为依据，对各节点城市进行了发展方向定位和产业分工建议。[①]

与方创琳等人同年，赵家田和张平军分别从加快铁路建设和城镇化建设的角度对西陇海—兰新经济带的发展进行了研究。他们指出，铁路对经济发展战

---

① 方创琳、张小雷：《西陇海兰新经济带节点城市的发展方向与产业分工》，地理研究，2003 年第 4 期。

略具有强大的支持功能，加快以铁路为终点的基础设施建设，为招商引资创造优良环境，是西陇海—兰新经济带发展的基础和前提条件。① 同时，城市化的发展可以使生产等经济活动高度集中，产生时间和空间上的极大节约，提高经济运行效率。西陇海—兰新经济带甘肃段的城镇化建设要充分发挥兰州核心城市的辐射功能，重视天水、定西等城市的中心节点功能，并沿兰新线向西推进。②

2004 年，李兴江等人提出了西陇海—兰新经济带发展的"一体两翼"战略。在对甘肃进行实证研究的基础上，他们指出，对于正在发生"单一农业为中心的不发达经济——二元结构中的发展中经济——稳定增长的发达经济"结构变迁过程中的落后地区而言，要充分发挥中心城市（兰州、白银等）点的聚集作用，也要重视两翼中心城市（天水、张掖等）点的集聚作用，在交通建设与城市化建设的配合下推动发展轴线的形成与发展面的拓展。③

2006 年，张优智对西陇海—兰新经济带经济一体化进程中的制度建设问题进行了研究。他指出，制度建设是推进西陇海—兰新经济带经济一体化进程的重要保障，要从中央政府的权威和地方政府的协调两个层面加强经济一体化中的制度建设。④ 同年，苟三勇等人对西陇海—兰新经济带的区域经济整合条件及发展战略进行了研究。他们指出，西陇海—兰新经济带具有明显的区位优势、资源禀赋优势和市场潜力优势，而市场经济基础和文化传统也都具有相近性，这些都是对经济带进行整合的有利条件。中央政府要提供科学的法规和政策，经济带各地要加强与东部地区的经济合作，通过颁布各城市统一的发展政策、构筑统一的带内基础设施网络、建立统一的带内协调发展组织机构等措施，可以实现西陇海—兰新经济带的高效率整合。⑤

2007 年，王雪对西陇海—兰新经济带的产业布局进行了研究。在分析了西陇海—兰新经济带的特点、优势条件与发展方向之后，她设计了以陕西段产业圈、甘肃段产业圈、新疆段产业圈和兰新铁路发展轴为主要内容的"三圈

①　赵家田：《加快铁路建设，促进西陇海兰新线经济带发展》，铁道经济研究，2003 年第 3 期。
②　张平军：《加快西陇海兰新线中的城镇化建设》，甘肃农业，2003 年第 12 期。
③　李兴江、褚清华：《兰州中心西陇海"一体两翼"发展战略》，中国城市经济，2004 年第 1 期。
④　张优智：《西陇海—兰新经济带经济一体化进程中的制度建设问题研究》，中国地质大学学报（社会科学版），2006 年第 2 期。
⑤　苟三勇、张优智：《西陇海—兰新经济带区域经济整合条件及其发展战略研究》，特区经济，2006 年第 6 期。

一轴"产业空间布局框架，并提出了包括加强企业联合、建设统一市场、强化合作协调机制等建议在内的发展对策。①

2. 西北城市经济带研究

2002 年，高新才等人对西北城市经济带的构建进行了研究。在对现代区域化城市空间组织形态理论进行讨论的基础上，他们揭示了中国西北城市区域的分散性特征，并结合中国主要经济带的布局，重点对西北城市经济带的交通、制度、经济体系等五大支持系统作了探讨，提出了沿欧亚大陆桥及相关重要铁路支线和黄河主干线构建西北城市经济带的构想，并对构建西北城市经济带的具体方案进行了深入讨论。②

2003 年开始，聂华林与高凯山等人从地区经济一体化、主导产业与发展战略选择等方面对小西北地区的区域经济发展进行了探讨，拓展了西北城市经济带的研究。他们指出，甘肃、青海、宁夏三省在自然禀赋、地理区位、历史沿袭、产业结构、经济发展水平等若干方面都具有很强的相似性和趋同性，通过实施企业重组、开展产业协作和产业分工、强化交通联系等措施，可以实现生产力的合理布局，推动区域一体化进程，最终实现城市经济带、产业经济带和交通经济带的协调发展。③④⑤

2004 年，汪一鸣等人对"兰州—西宁—银川"城市带进行了研究。他们指出，兰西银城市带在西部大开发中具有重要的战略地位，是沟通我国东西部、我国与中亚和欧洲的桥梁和纽带，是保障国家资源安全的能源重化工基地和重要进口通道，是保障国家生态安全的重点生态建设区。针对兰西银城市带在内部结构、市场化和开放度等方面存在的问题，他们提出要加快城市带的交通通道建设，将潜在资源优势转化为现实经济优势，创造局部优势投资环境和开放社会，重视教育、科技和生态建设等发展对策。⑥

---

① 王雪：《西陇海—兰新产业带产业布局研究》，现代商贸工业，2007 年第 10 期。
② 高新才、张馨之：《论中国西北城市经济带的构建》，兰州大学学报（社会科学版），2002 年第 4 期。
③ 聂华林、高凯山：《小西北区域主导产业选择与制度创新》，青海社会科学，2003 年第 2 期。
④ 聂华林、赵超：《小西北地区经济一体化研究》，兰州大学学报（社会科学版），2003 年第 6 期。
⑤ 高凯山：《地区经济一体化："小西北"欠发达地区经济发展的战略》，科学经济社会，2004 年第 1 期。
⑥ 汪一鸣、杨汝万、吴永辉：《兰州—西宁—银川城市带与西部开发》，地理学报，2004 年第 2 期。

3. 成渝经济带①研究

2001 年，张悦把成渝地区作为独立的经济圈进行了研究。她指出，西部大开发必然要求优先发展西部重点中心城市以形成增长极核，而成渝经济圈就是这个增长极核的最佳选择。通过成渝经济圈建设，可以优化生产力布局，形成协作生产力。在分析了成渝经济圈建设的总体目标及原则的基础上，她提出了拓展和延伸现代市场体系、推动优势企业跨地区联合与重组、强化群体优势以促成产业结构的优化组合等战略措施建议。②

2004 年，戴宾把成渝地区作为独立的经济区进行了研究。他指出，作为西部地区相邻最近的两个中心城市，除了存在历史差异、人文差异、行政冲突等问题之外，区域形成机制上的缺陷才是成渝经济区一直没有形成的根本原因。从这个角度看，成渝经济区的形成必须具备三个条件：高层政府的规划组织，成渝两市之间快速交通通道的形成，在成渝两市空间相互作用中承担中介功能的川南城市群的发育成形。③

2005 年，廖元和从历史角度对成渝经济区进行了研究。在回顾了成渝经济区出现的理论依据之后，他对成渝经济区的空间范围进行了界定，对成渝经济区的空间层次和区域特征进行了分析。他指出，作为长江上游的经济核心区，成渝经济区具有城镇密集、能源丰富、区位优越、产业的专业化协作与配套条件好等独特优势。成渝经济区的建设对于加速西部大开发、实现五个统筹和巩固国防都具有重要的战略意义。④

2006 年，彭继民对成渝经济区的形成机制和发展战略规划进行了研究。在对经济区相关理论进行回顾和总结的基础上，他指出经济区的规划不仅是简单的地区经济协作关系，更重要的是要符合国民经济总体发展规划，有赖于当地政府和中央政府的组织，以及区域经济自组织能力的增强。在成渝经济区的未来发展中，要加强环境保护，加快交通基础设施建设，加快产业结构调整，加快企业所有制改造，加快中心城市的规划建设，正确处理建设和土地有效利

---

① 从当前国内的研究现状看，多数学者都将成渝地区称为成渝经济区。但是，从论文整体结构考虑，本书将成渝地区归为成渝经济带，与成渝经济圈和成渝经济区的称呼并不存在本质区别。

② 张悦：《西部大开发与成渝经济圈建设的综合研究》，重庆大学学报（社会科学版），2001 年第 1 期。

③ 戴宾：《成渝经济区：成都、重庆共同发展的历史契机》，学术动态，2004 年第 1 期。

④ 廖元和：《关于成渝经济区的探讨》，探索，2005 年第 6 期。

用的关系。①

4. 南贵昆经济带研究

2004 年，涂妍对南贵昆经济区（经济带）的开发进行了整体系统研究。在对南贵昆经济区开发建设的重大战略意义进行论证，以及对开发建设的历史经验进行回顾的基础上，她对南贵昆经济区的区位优势、交通运输基础设施和资源禀赋进行了分析评价。她指出，南贵昆经济区在资源比较优势和现实竞争优势之间存在严重的错位现象，欠发达区域开发的核心问题是实现区域经济的可持续发展，而欠发达区域开发模式则可以分为政府主导开发模式和市场主导开发模式。针对南贵昆经济区的独特区情，她认为南贵昆经济区可以选择政府为主导、企业为主体、社会广泛参与的区域开发模式，并提出了包括重点开发区的基础设施建设由中央政府承担、为入区企业提供内外资一视同仁的税收优惠政策、实行吸引人才优惠政策等内容在内的五个方面的政策建议。②

2006 年，李红从中国—东盟区域经济合作的角度对南贵昆经济带进行了研究。她指出，边境区、产业带与自由贸易网是中国—东盟开展区域经济合作的三个层次，处于边境区范围内的南贵昆经济带要积极参与由 "南宁—凉山—河内—海防—广宁"、"昆明—老挝—河内—海防" 两个经济走廊与北部湾经济圈组成的 "两廊一圈" 的经济合作，将西南边境与东部产业带连通起来，实现互利互惠的区域协调发展。③

简短述评：作为增长极理论的延伸和发展，经济带理论在一定程度上弥补了增长极理论不适用于欠发达地区的缺陷，用点轴发展思想为增长极对周边地区积极带动作用的发挥找到了途径。同时，通过吸收产业集群理论，经济带理论明确了产业以企业为载体在特定区域集聚的积极意义，并把组织可产生规模经济效应的专业化分工与协作性生产作为经济带的发展方向。不过，虽然已经成为指导我国区域经济发展的重要理论之一，但当前经济带理论的研究与实践还是存在着一些问题。经济带的内涵仍然说法不一，产业经济带、交通经济带与城市经济带的混淆依然存在，三者之间的联系特别是相互的促进作用没有得到应有的重视；对支持经济带发展的宏观经济政策研究较多，对经济带中微观

---

① 彭继民：《成渝经济区形成机制与发展战略规划》，西部论丛，2006 年第 1 期。
② 涂妍：《南贵昆经济区开发研究》，博士学位论文，四川大学，2004 年。
③ 李红：《边境区、产业带、自贸网：中国—东盟区域经济合作的三级发展系统》，亚太经济，2006 年第 2 期。

经济主体行为的研究较少；过于重视经济带自身的建设与发展，轻视经济带之间的协调与联合；西部地区的经济带发展明显落后于东部地区，发展极核不够突出，产业关联不够紧密，发展轴线不够通畅。因此，本书选择将经济带理论作为与增长极理论并列的基础理论，把经济带作为中国西部区域经济格局的第二层次研究对象，力求在对这些问题进行探索的过程中为中国西部寻求符合经济带培育与发展要求的区域经济发展战略。

三、特殊经济地域相关研究

（一）主体功能区相关研究

自从 2006 年在"十一五"规划中被提出以来，主体功能区问题引起了理论界的广泛关注，在较短的时间内积累了较为丰富的研究成果。其中，部分关于限制开发和禁止开发地区的研究对西部特殊经济地域的发展具有一定的借鉴和指导意义。

魏后凯（2007）指出，虽然主体功能区在促进人与自然和谐发展、有利于实行空间管制、优化资源空间配置、便于分类管理和调控四个方面具有积极作用，但是并非能够"包治百病"。由于西部大部分地区都属于限制和禁止开发区，在主体功能区的政策框架下，其未来发展的门槛将进一步提高，西部大开发和落后地区发展的难度会更大。因此，从全面协调区域发展的角度看，国家在强调"人的繁荣"的条件下，也应该兼顾"地域的繁荣"。[1]

陈斐和陈秀山（2007）指出，在追求区域协调发展的目标指引下，明确不同区域的功能定位具有重大的意义，可以推动各具特色区域发展格局的形成。但是，在主体功能区的政策框架下，必须要健全市场机制、合作机制、互助机制和扶持机制，才能促进中西部等落后且被限制或禁止开发地区的发展。[2]

王元京和刘立峰（2008）指出，基本公共服务均等化是推进主体功能区战略实施的前提条件和重要手段，是在限制开发和禁止开发地区中限制或禁止

---

①　魏后凯：《对推进形成主体功能区的冷思考》，中国发展观察，2007 年第 3 期。
②　陈斐、陈秀山：《促进区域协调发展的两大重点》，生产力研究，2007 年第 13 期。

相关产业发展的保障。为了使主体功能区相关政策能够被这些地区接受并转化成理性的行为，要把禁止和限制开发地区作为国家转移支付的重点地区，把转移支付放在弥补基本公共服务不足上来。同时，要加大政府的转移支付力度，并完善地区之间横向转移支付机制。[1]

王永莉（2008）指出，四大主体功能区中的限制开发和禁止开发区与生态功能区存在很大的重叠性。作为总体上的生态脆弱区，西部地区面临着十分严峻的提供生态产品和通过经济发展来脱贫解困的艰巨任务。并在这个背景下，从西部地区的长远发展出发，对主体功能区划分的可逆性进行了探讨。[2]

国家发展改革委国土开发与地区经济研究所课题组（2008）和宏观经济研究院国土所课题组（2008）指出，目前，我国限制开发和禁止开发地区在相关利益补偿方面已经取得了一定的成效，生态保护和建设得到加强，基层政权运转和基本公共服务不断改善，特色产业发展得到积极引导和培育，多层次的法律法规及规划体系逐步形成。但是，在投入规模与稳定性、管理体制与职能交叉、长效机制的建立等方面还存在着诸多问题。[3] 在对限制开发和禁止开发区域利益补偿进行界定的基础上，他们认为加强生态环境保护和建设、确保基层政权正常运转、促进基本公共服务均等化和扶持特色优势产业发展是利益补偿的重点和基本领域，而生态补偿机制的建立则是限制开发和禁止开发区域利益补偿机制的核心。[4]

（二）中国西部民族地区研究

2001～2007 年，郑长德[5]、毛笑文[6]、萨茹拉[7]、张志新[8]、王志军[9]等人

---

① 王元京、刘立峰：《如何实施主体功能区基本公共服务均等化政策》，宏观经济管理，2008 年第 1 期。

② 王永莉：《主体功能区划背景下生态脆弱地区的功能探讨》，社会科学家，2008 年第 1 期。

③ 国家发展改革委国土开发与地区经济研究所课题组：《我国限制开发和禁止开发区域利益补偿研究》，宏观经济研究，2008 年第 5 期。

④ 宏观经济研究院国土所课题组：《限制和禁止开发区域利益补偿基本思路》，宏观经济管理，2008 年第 6 期。

⑤ 郑长德：《论西部民族地区人力资源的开发与人力资本的形成》，人口与经济，2001 年第 3 期。

⑥ 毛笑文：《西部民族地区人力资源开发现状及对策研究》，西北民族研究，2004 年第 1 期。

⑦ 萨茹拉、曹仁祥：《西部民族地区人力资源开发问题探索》，黑龙江民族丛刊，2004 年第 3 期。

⑧ 张志新：《试论民族地区人力资源开发》，贵州社会科学，2004 年第 4 期。

⑨ 王志军、刘红叶：《西部民族地区人力资源开发问题研究》，西北民族大学学报（哲学社会科学版），2007 年第 1 期。

从人力资源开发的角度对中国西部民族地区的发展进行了研究。他们认为，人力资本是经济发展的引擎，西部民族地区的繁荣离不开人力资源开发的促进作用。但是，当前西部民族地区的人力资源开发还存在着总量不足且流失严重、配置方式不合理且就业结构单一、整体素质水平不高且专业人才匮乏等问题。为了实现西部民族地区的快速发展，应该创新人力投资制度，加快西部民族地区人力资本的形成；提高人力投资强度，改革人力投资结构；建立科学合理的人才保障机制和人力资源开发体系；不断完善劳动力市场的运行，用市场经济思想转变劳动者的保守观念；从义务教育和基本医疗保障开始，有步骤地、渐进式地推进西部民族地区人力资源发展战略的施行。

2004～2007 年，庄万禄[①]、高新才[②]、袁瑛[③]等人从特色经济发展的角度对中国西部民族地区的发展进行了研究。他们认为，以优势产业为依托的特色经济是市场经济发展的基本趋势；发展特色经济是解决民族问题的根本途径，也是民族地区调整产业结构的重要途径。丰富的生物资源、矿产资源与旅游资源是西部民族地区发展特色经济的有利条件，但观念落后、资金不足、人才短缺与潜在的资源禀赋陷阱等不利条件也制约着西部民族地区特色经济的发展。要实现区域快速发展，西部民族地区应该把特色经济发展战略作为区域经济发展战略，以市场需求为导向、以特色资源为基础、以可持续开发为目标，从农业、能源业、国防工业、旅游业等角度选择适当的产业加以引导和扶持，力争将特色经济产业建设成为西部民族地区的主导产业和支柱产业。

李俊峰（2004）和那颖（2007）等人从利用外资的角度对中国西部民族地区的发展进行了研究。他们认为，当前西部地区利用外资的总体水平还比较低，总额不高，方式单一，分布不尽合理。西部民族地区引资滞后的原因是复杂的，包括基础设施与基础产业落后、社会文化环境较差、政府工作效率低下、市场秩序混乱、招商力度不足等多方面的因素。[④] 在世界经济一体化的背景下，西部民族地区应该积极利用外资促进自身快速发展。要从基础设施建设、法律制度完善、政府服务提升、市场环境优化、人力资源开发、引资渠道

---

① 庄万禄：《论西部民族地区特色经济发展战略》，中南民族大学学报（人文社会科学版），2004年第 1 期。

② 高新才、童长凤：《西部民族地区特色经济研究综述》，兰州商学院学报，2005 年第 4 期。

③ 袁瑛：《论西部民族地区特色经济发展》，特区经济，2007 年第 5 期。

④ 那颖：《对西部民族地区利用外资问题的探讨》，西北师大学报（社会科学版），2007 年第 1 期。

拓展等诸多方面入手，积极营造适宜民族地区引进外资的投资环境。[①]

2004 年，马贤慧和杨聪等人从民营经济发展的角度对中国西部民族地区的发展进行了研究。他们认为，民族地区民营经济在西部大开发的基础设施建设、生态环境保护、产业结构调整、科学技术发展等方面拥有广阔的发展空间。在中国加入世界贸易组织后，这些发展空间被进一步拓展，民族地区民营经济在国民待遇、企业融资、产权保护、管理与服务等方面将获得更多的支持。[②] 当前，西部民族地区民营经济呈现出规模较小、本地经营多、技术设备落后、管理方式不科学等特点，制约着他们向更高水平的发展。[③] 可以通过加强政策引导、放开产业限制、鼓励技术合作、开展技术创新、提高管理水平等措施，推动西部民族地区民营经济的发展，进而推动中国西部民族地区的发展。

（三）中国西部生态脆弱地区研究

从研究的地域范围来看，对中国西部生态脆弱地区的研究可以分为两个方面：一方面是把西部整体作为生态脆弱地区进行研究，重点关注循环经济发展与生态补偿机制的构建，这是当前中国西部生态脆弱地区研究的主体。另一方面是选择西部内部的生态脆弱地区进行研究，重点关注主导产业和发展模式的选择，这是中国西部生态脆弱地区研究的发展方向之一。

2006～2007 年，陈祖海[④]、史向军[⑤]、余希[⑥]等人从循环经济的角度对中国西部生态经济的发展进行了研究。他们认为，基于生态文明的循环经济是西部经济发展和社会进步的内在要求和必然选择，而实行循环经济发展战略的主要途径则包括提升循环经济的政策地位、加强生态保护的法律法规建设、促进企业间的区域合作、树立绿色消费观念等方面。同时，产业生态化重组也是中国西部循环经济战略的重要抓手。在脆弱生态环境的制约下，西部产业生态化

---

① 李俊峰、李江玲：《民族地区引进外资的投资环境分析》，贵州民族研究，2004 年第 1 期。
② 马贤慧、颜勇：《民族地区民营经济发展空间与对策研究》，贵州民族研究，2004 年第 2 期。
③ 杨聪：《积极引导西部民族地区民营经济的发展》，中央民族大学学报（哲学社会科学版），2004 年第 4 期。
④ 陈祖海：《西部循环经济战略：产业生态化重组与政策选择》，中南民族大学学报（人文社会科学版），2006 年第 4 期。
⑤ 史向军：《建立生态的循环经济发展模式是西部大开发的关键》，生产力研究，2006 年第 5 期。
⑥ 余希：《基于循环经济的西部农业可持续发展模式研究》，商场现代化，2007 年第 8 期。

重组要克服人力资源与资本的不足，以生态修复产业、生态农业、生态工业园和绿色服务业为优先领域全面推进，政府要在法制环境、产业引导、准入制度等方面为其创造宽松有利的环境。特别值得关注的是，虽然工业化是中国现代化建设的基本方向之一，但循环经济的发展在关注工业的同时绝不能忽视农业。对于农业比重仍然较高的西部地区而言，农业循环经济的发展对改善生态环境、优化经济结构、促进产业升级具有不可替代的作用，要采取多方面的措施鼓励西部农业循环经济的发展。

胡仪元[①]（2005）和王国敏[②]（2007）等人从生态补偿机制的方面对中国西部生态经济的发展进行了研究。他们认为，西部生态环境的恶化是自然禀赋和人为破坏的共同结果，与资源的多区域配置也存在一定的关联。为了实现人口、资源与环境的协调发展，必须要建立科学合理的生态补偿机制为西部生态环境改善提供制度保障。要分清生态补偿机制的主体与客体，明确参与生态经济活动的各关系人与生态发展客观规律的关系。将价值补偿与实物补偿作为生态补偿的主要方式，将政府课税、产业补偿金、污染罚款、转移支付与募捐款项作为生态补偿的主要资金来源，尝试流域内或省际间的生态补偿运作，建立多层次、多形式的生态补偿机制，并不断探索多渠道的生态补偿方式。

甘露[③]（2005）和吕晓芳[④]（2007）等人对西部内部的生态脆弱地区进行了研究。甘露认为，中国7大生态脆弱区中的5个集中分布在西部，这些生态脆弱区同时也是经济落后地区，人民生活水平不高，基础设施落后，地方财政拮据。而西部大开发则为这些地区的旅游资源开发提供了机遇，从政策环境、基础设施建设和生产力布局等方面为西部生态脆弱地区旅游业的发展创造了良好的条件。面对空间发展不平衡、生态环境限制、市场秩序混乱、民族关系复杂等不利因素，西部政府要发挥主导作用扶持生态脆弱区旅游业的发展，实施精品旅游与生态旅游战略，并探索科学的生态脆弱区旅游资源的空间开发模式。吕晓芳等人认为，对于西部部分以农业生产为主的生态脆弱地区而言，要明确不同功能区的产业定位，为不同功能区选择科学合理的经济发展模式，在

---

① 胡仪元：《西部生态经济开发的利益补偿机制》，社会科学辑刊，2005年第2期。

② 王国敏：《西部农村生态环境重建的补偿机制研究》，四川大学学报（哲学社会科学版），2007年第5期。

③ 甘露：《论西部大开发中生态脆弱区的旅游资源开发战略》，贵州民族研究，2005年第1期。

④ 吕晓芳、王仰麟等：《西部生态脆弱地区农业功能区划及模式探讨》，自然资源学报，2007年第3期。

推动区域经济发展的同时实现西部生态脆弱地区生态经济系统的协调和可持续发展。

（四） 中国西部贫困地区研究

2002～2007 年，李国璋[①]、聂华林[②]、赵曦[③]等对中国西部的农村贫困问题进行了研究。李国璋认为，全国大部分的农村贫困人口都集中在西部农村，硬环境（自然条件）的恶劣、软环境（人文环境）的建设滞后和扶贫思路的不合理是制约西部贫困农村经济发展的主要因素，要采用具有创新性、高效性和长期性的扶贫措施才能够有效解决西部农村的贫困问题。聂华林等人认为，农村贫困是西部三农难题的核心问题之一，既是西部 PPE 恶性循环（贫困——人口过度增长——环境退化）的结果，也是西部 RAP 恶性循环（农村社会发育程度低——传统农业所占份额大、农业经济结构单一——农民文化素质低）的结果，更是 PPE 恶性循环与 RAP 恶性循环耦合作用的结果，可以通过西部农村的经济重建、生态重建、社会重建、制度重建和文化重建等措施加以解决。赵曦等人认为，贫困人口认定范围狭窄、贫困人口认定标准过低、政府投入不足和制度安排缺陷是西部农村扶贫战略实施的四大难点。西部农村扶贫开发战略要坚持实事求是、政府主导、经济开发、综合治理、群众参与的原则，把满足基本生存和生产需要作为基本目标，以创新扶贫制度、强化社会服务、控制人口增长、重视教育培训、发展特色产业和探索移民搬迁为实施重点。

龚晓宽[④]（2002）和康晓玲[⑤]（2004）等人对中国西部的城市贫困问题进行了研究。他们认为，孤寡老人、残疾人、外来人口和困难企业职工与下岗工人是西部城市贫困人口的主体，具有收入水平低、数量增长快、文化程度低、差距扩大快等特点。日益严重的城市贫困问题造成社会治安案件上升，个人信

---

① 李国璋、钱秉中：《3 000 万农村贫困人口如何从根本上摆脱贫困》，软科学，2002 年第 6 期。

② 聂华林、拜琦瑞：《西部"三农"问题的特殊性及解决思路》，改革，2005 年第 6 期。

③ 赵曦、严红等：《西部农村扶贫开发战略模式研究》，经济问题探索，2007 年第 12 期。

④ 龚晓宽：《中国西部地区城市贫困与社会稳定问题探析》，四川大学学报（哲学社会科学版），2002 年第 1 期。

⑤ 康晓玲、师耀武：《发展战略、自生能力与西部城市新贫困》，西北大学学报（哲学社会科学版），2004 年第 6 期。

心受挫，家庭生活不幸，社会极端事件频发。要端正对城市贫困问题的认识态度，大力发展非公有制经济提供就业岗位，完善社会保障体系，才能有效抑制和消除城市贫困。同时，西部部分地区在实施赶超战略中建立起来的产业优势不复符合其比较优势，导致大量国有企业缺乏自生能力和竞争力，将加剧居民收入分配上的不平等，很有可能在经济和社会转轨时期产生严重的城市新贫困问题。

李宗植①（2002）和王永莉②（2005）对中国西部民族地区的贫困问题进行了研究。他们认为，从贫困人口集聚的地域分布看，西部地区国家重点扶持民族贫困县数量众多，贫困人口集中连片分布且贫困度较深。而在西部地区的各省级贫困县中，绝大多数都是民族贫困县。同时，非贫困县、散杂居少数民族的贫困问题也日益严重。从地缘经济的角度看，耕地资源的质量差异、远离经济中心的收益差异、交通落后的收益差异、社会公共财富和精神财富的分享差异、维护生态环境的收付差异、区域产品价格的差异和资金的逆循环差异是引发西部民族地区贫困的重要原因。而从人力资源开发与就业服务、科学技术支持与社会服务、国际贸易和对外服务等方面采取有针对性的措施则是解决西部民族地区贫困问题的重要途径。

于存海③（2003）对中国西部贫困特区的建设进行了研究。他认为，作为贫困集聚地区，在中国西部设立贫困特区是非常有必要的。从不同角度看，特色型经济是其经济内涵，多样化发展是其社会内涵，文化升华与开发是其文化内涵，生态文明是其生态内涵。在西部贫困特区的制度性建构方面，要赋予特殊的发展政策，下方扩大发展自主权，走特殊的发展道路，实现特殊的发展目标。

简短述评：西部之所以是中国构建社会主义和谐社会与实现全面小康的重点和难点地区，在很大程度上是因为大片生态脆弱、民族聚居和贫困集聚的特殊经济地域的存在。在主体功能区的空间开发框架内，这些特殊经济地域大都被纳入了限制开发和禁止开发的区域范围，为中国西部的区域经济发展增加了新的挑战。在关于西部的文献资料中，生态、民族与贫困问题也是研究最为集

①　李宗植：《民族地区贫困的地缘经济思考》，中央民族大学学报（哲学社会科学版），2002 年第 6 期。

②　王永莉：《西部民族地区贫困问题的现状透析》，西南民族大学学报（人文社科版），2005 年第 7 期。

③　于存海：《论中国西部贫困特区建设的内涵与制度性建构》，内蒙古社会科学，2003 年第 2 期。

中的三大领域。众多的学者从不同的角度对西部的生态环境治理、民族地区发展和扶贫开发问题进行了分析，并就政府应该采取的相关政策与微观经济主体应该实行的对策提出了建议。但是，以往研究的绝大多数都是将西部作为整体进行生态、民族或贫困问题的较为广泛的研究，对西部内部的生态脆弱、民族聚居或贫困集聚等特殊经济地域的专门研究不多，导致相关政策建议的针对性与系统性还不够强。因此，本书选择将特殊经济地域作为增长极与经济带在主体功能区空间开发框架中的外围补充，把特殊经济地域作为中国西部区域经济格局的第三层次研究对象，力求在对生态脆弱区、民族聚居区和贫困集聚区进行专门和系统研究的过程中为中国西部寻求符合特殊经济地域发展要求的区域经济发展战略。

第一章

经济区域与区域经济格局

第一节 经济区域

一、区域的不同界定

作为在经济学、地理学、管理学和规划学等学科中广泛使用的空间概念，区域的概念界定当前还没有形成统一的观点。即使在区域经济学中，由于研究者的学科背景与研究目的存在差异，对区域的认识也不尽相同。

区域一词最早出现在地理学中，并一直成为地理学研究的中心概念之一。从地理学的角度看，区域是指由客观存在的众多关联要素组成、具有时序特征和立体结构的地域空间形态。地理区域又被称为自然区域，是根据岩石、地貌、气候、水文、土壤等自然地理要素归类所划分的区域，其边界是模糊的，青藏高原、塔克拉玛干沙漠、淮河流域等描述都属于这类区域的范畴。

从政治学的角度看，区域是国家机器进行政治统治、便于实施行政管理的、具有明确边界的特定地域空间范围，具有封闭性、可量性和层次性。政治区域又被称为行政区域，是根据历史沿袭、管辖权限、地域空间分布等原则划分的区域，中华人民共和国、甘肃省、兰州市等描述都属于这类区域的范畴。

与地理学和政治学相比，经济学对区域概念进行界定的角度与层次更加丰富，经济区域的划分依据更加复杂。全俄中央执行委员会直属经济区划委员会提出，区域应该是国家的一个特殊的经济上尽可能完整的地区，这种地区由于自然特点、以往的文化积累和居民及其生产活动能力的结合而成为国民经济总链条中的一个环节。胡佛（E. M. Hoover）认为，区域是基于描述、分析、管理、计划或制定政策等目的而作为一个应用性整体加以考虑的一片地区，可以按照内部的同质性或功能一体化原则划分。藤田（Fujita）与克鲁格曼（Krugman）认为，区域就是一定的经济空间，是各种形式的收益递增和不同类型的流动成本相互平衡作用的结果。杨小凯认为，区域是一种伴随着城市的形成而出现的经济组织，是在专业化与市场交换基础上市场选择的结果。近几年，国内的一些青年学者也在区域概念界定方面进行了尝试。涂妍认为，区域是指以劳动地域分工为基础形成的、按照内部同质性或功能一体化原则划分的、具有特定的地域构成要素的、不可无限分割的经济社会综合体，是具有现实或潜在经济功能的、政府组织国民经济活动的地域单位。① 高进田认为，经济区域是指由不同种类和不同等级的、具有较强自组织能力、相对独立却高度开放的经济功能区，彼此之间交互作用形成的一种具有网络特征的经济空间。② 从以上界定来看，中国西部、环渤海地区等描述都属于经济区域的范畴。

二、经济区域的特征

在对区域概念的众多界定中，关于经济区域的描述虽然不尽相同，但是存在着一些共同点和相似点，成为经济区域的特征。在统一、权威的概念界定尚未形成之前，这些特征就成为理解经济区域的重要方面。

（一）经济区域的属性特征是有边界的有限空间

与地理区域和行政区域相比，经济区域无疑是比较抽象的空间概念。作为地理单元或行政单元，地理区域或行政区域分别拥有客观且较为明确的地域特征和空间范围。而作为经济单元，经济区域的经济社会特征则较为主观，空间范围往往也处于动态变化中，空间描述只能抽象的进行。尽管如此，经济区域

① 涂妍：《南贵昆经济区开发研究》，博士学位论文，四川大学，2004年。
② 高进田：《区域、区域经济与区域经济学的发展轨迹》，改革，2007年第7期。

仍然应该是一种存在边界的有限空间。如果将其视为由点、线、面组成的不存在边界的无限空间，区域经济学研究中的生产要素跨界流动、区际经济发展差距、地区间贸易往来等核心问题就不会产生，也就失去了研究的意义。在现实区域经济发展中，经济区域也确实表现为存在边界的有限空间，只是表现方式各不相同。作为西部大开发的发展空间，西部地区这个经济区域包括了中国西部地区 12 个行政区域，具有明确的边界。而作为改革开放的前沿阵地，珠三角地区这个经济区域涵盖了珠江三角洲的大部分地区，边界比较模糊。随着区域经济的发展，经济区域原有的边界有可能逐渐淡化，新的边界也可能逐渐产生。对于成渝综合配套改革试验区而言，随着成渝经济一体化的推进，成都和重庆之间的经济区域边界将逐渐淡化；而对于天津而言，随着滨海新区发展速度的不断加快，滨海新区与天津其他地区之间极有可能产生新的经济区域边界。在边界的淡化和产生过程中，经济区域的空间范围将发生改变，经济社会特征也可能会发生改变，但其是存在边界的有限空间的属性不会发生改变。

（二）经济区域的形成特征是市场自发选择的结果

在市场经济中，经济区域的形成是市场自发选择的结果。从区位论的角度看，为了节省由于生产区和市场区的空间分离而产生的运输成本等费用，厂商会对生产地点或产品交易地点进行调整，生产区与市场区之间的联系会越来越紧密；在市场选择的支持下，工厂和市场不断在特定的地区聚集，相关的产业带、商贸区等经济区域将逐渐形成。从经济组织的角度看，随着专业化分工的不断加强和市场交换范围的不断扩大，区域间的经济差别将不断显现；通过市场的选择与自组织，特点与功能各不相同的经济区域也将逐渐发展成型。在市场经济尚不成熟、宏观经济较为落后的情况下，政府可以根据区域经济发展战略对经济区域的形成进行引导，但经济区域的最终形成和发展还是要依靠市场的自发选择。如果政府规划的经济区域不符合市场经济的发展要求，在区位和经济组织等方面都不能在市场的自发选择中胜出，那么最终只能流于形式，不会成为真正的经济区域。目前，我国为数众多的开发区、工业园等经济区域发展不佳的重要原因就在于此。

（三）经济区域的本质特征是整体性

整体性是地理区域、行政区域和经济区域共同拥有的特征。但是，与地理区域和行政区域相比，经济区域整体性的意义要更为重大。地理区域的整体性源于自然地理要素的客观聚集，带有浓厚的天然色彩；行政区域的整体性源于国家机器的强力统治，是不可抗拒的制度安排；而经济区域的整体性则是市场经济条件下区域经济发展的结果，反映了市场机制的选择和要求。经济区域的整体性是由一致性和关联性两个方面组成的。一方面，一致性是整体性的基础。可以发展成为经济区域的区域，在自然禀赋、要素条件、社会特征等方面必然存在着较强的一致性，或者类似，或者互补，这样才可能产生一个以整体的形式出现的经济区域。另一方面，关联性是整体性的保障。要持续保持经济区域的整体性，经济区域内部的子区域、各部门和各产业之间就要产生较强的关联性，通过子区域一体化、部门合作和产业协作推动经济区域整体的协调发展，从而促进经济区域整体性的不断加强。如果没有关联性，经济区域的一致性也就空有其表，最终必将分崩离析；而如果没有一致性，经济区域的关联性也就失去了根基，整体性更是无从谈起。

三、经济区域的形成

地理区域的形成是自然地理演化的结果，行政区域的形成是人类经济社会发展的结果，而经济区域的形成则是自然地理演化和人类经济社会发展共同作用的结果。从时间序列上看，经济区域的形成要晚于地理区域或行政区域；从空间序列上看，经济区域的形成与地理区域或行政区域也不一定存在必然的因果关系。但是，经济区域并不是独立存在的区域，与地理区域或行政区域存在密切的联系（见图1-1）。一方面，经济区域一般要求区域内的自然禀赋具有较强的一致性，而且空间距离要尽可能的小，这与地理区域的特征是非常相似的。因此，部分经济区域是依托地理区域发展而来的，美国的五大湖、我国的珠三角、长三角和环渤海等经济区域都是这方面的典型；另一方面，经济区域还要求区内各子区域、各部门和各产业之间具有较强的关联性，而行政区域的权利统筹和政令通达则可以在增强区域、部门和产业之间的关联性方面发挥积极作用。因此，部分经济区域是由行政区域集合而来的，我国的成渝经济区就是以具有历史渊源的成都市和重庆市为主体形成的经济区域，而法国的大巴黎区则是以巴黎市为中心形成的经济区域。

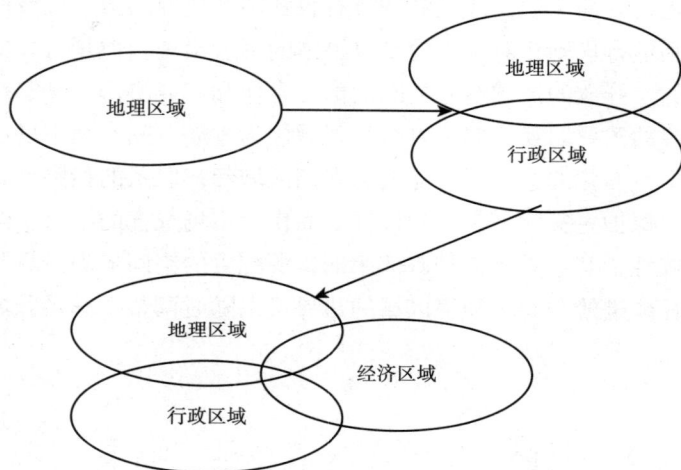

图 1–1　经济区域与地理区域、行政区域关系

第二节　经济区域与区域经济格局

一、经济区域是区域经济的发展空间

作为宏观经济的子系统，区域经济探讨的是经济活动在空间中的合理配置问题，空间属性是其首要的本质特征。而在地理区域、行政区域和经济区域中，经济区域才是区域经济的发展空间。

相对于国家宏观经济而言，区域经济具有较强的动态性。随着生产力的发展特别是经济组织形态的高级化，区域经济涉及的范围不断变化，发展空间也不断进行着调整。由于边界变化极其缓慢和非常困难，地理区域或行政区域不能满足区域经济对发展空间动态性的要求。如果以地理区域或行政区域作为发展空间，区域经济的动态性将被遏制，市场选择将被束缚，经济效率难以提升。相比之下，经济区域的边界比较模糊，而且可以按照市场选择的方向和适应经济组织发展的要求随时调整，完全可以满足区域经济动态性的要求。

从经济运行方面来说，区域经济具有较强的开放性。虽然区域经济内部的制度、体制和运行规则相对统一而且以整体的形式出现，但是对外部仍然是开放的。不同的、开放的区域经济之间的部门合作和产业协作，是实现国家宏观经济协调发展的重要路径。如果以行政区域作为发展空间，在市场经济体制不完善的情况下，僵化的边界很可能成为阻挡区域经济联系的拦路虎，曾经在我国盛行的地方保护主义就是有力的佐证。而作为市场选择的结果，经济区域具有天然的开放性，其边界仅仅是有效率的资源配置的空间界限。只要存在效率提升即帕累托改进的空间，经济区域的边界可以随时调整，满足区域经济开放性的要求。

二、区域经济格局是经济区域发展的结果

作为具有整体性特征的区域，经济区域虽然对外以整体的形式出现，但是内部也有鲜明的层次与级别。一般来说，经济区域都是由若干个次级子经济区域组成的。这些次级子经济区域可能是并列的，也可能存在一定的交叉和重叠。如果把中国作为一个经济区域，那么东部地区、中部地区、西部地区和东北地区就是其并列存在的次级子经济区域；如果把中国西部作为一个经济区域，那么西陇海—兰新经济带、河西走廊经济带和关中经济区则是存在一定交叉和重叠的次级子经济区域。随着经济区域边界的调整变化，经济区域与次级子经济区域之间也存在着转化关系。当两个或者更多的经济区域融合形成新的经济区域，原先的经济区域就成为新经济区域的次级子经济区域；当子经济区域内部被市场选择分裂出新的经济区域，原先的子经济区域就成为这些新的次级子经济区域的高一级经济区域。

虽然同一经济区域的不同次级子经济区域之间存在一致性，但是在区位条件、自然禀赋和社会特征等方面仍然存在很多相对的差异。在这些差异的影响下，不同子经济区域在高级经济区域中的战略地位、经济功能和能够产生的经济关联各不相同，在市场选择中就成为区域经济发展的不同经济功能区。在一定的历史时期内，不同子经济区域的发展状态就决定了以这些区位为发展空间

的区域经济的格局。如果各子经济区域的发展较为均衡，经济发展水平不存在显著的差距，并在较为紧密的部门合作与产业协作中形成了科学的空间经济分工协作，经济功能积极发挥，那么这个区域经济的格局将是均衡的，可以实现区域经济的协调发展。如果各子经济区域的发展处于失衡状态之中，经济发展水平存在显著的差距，经济联系松散且混乱，科学的空间经济分工协作尚未形成，经济功能发挥不佳，那么这个区域经济的格局必然将向复杂的非均衡方向发展。那些发展条件优越、发展速度较快、发展实力较强、发展潜力较大的子经济区域将成为区域经济格局的中心和重点，那些经济联系紧密、产业协作顺畅的子经济区域将成为区域经济格局中居于主导地位的发展轴线和区面，而那些经济发展滞后、经济关联松散混乱的子经济区域则将在区域经济格局中被动化和边缘化。在复杂的非均衡区域经济格局中，如何实现子经济区域经济功能的发挥，如何实现子经济区域之间的科学分工、紧密联系和协同合作，决定着区域经济是否能够实现协调发展。当前我国东重西轻、南强北弱的区域经济非均衡格局，就是东部、中部、西部和东北地区四大经济区域失衡发展的结果。东部特别是珠三角和长三角地区与西部特别是西北地区之间存在着巨大的经济差距，而中部地区的塌陷则使得东部、中部与西部之间本来就不甚紧密的经济联系更加松散，东北地区在市场经济改革中的衰退也加深了区域经济格局失衡的程度。

第三节　区域经济格局的内涵与影响

一、区域经济格局的内涵

（一）经济区域发展层次

按照不均衡发展理论的观点，区域经济的发展并不是一个齐头并进的过程，经济增长总是在某个经济部门或地区率先发生。反应在空间属性上，区域经济发展的不均衡性就表现为各子经济区域的发展水平存在显著的差异，形成经济区域的发展层次。

造成子经济区域发展水平存在差异的原因是多方面的。从先天条件方面来看，自然禀赋和区位条件的差异将使不同的子经济区域处于不同的发展初始状态。从区域经济发展战略方面来看，在区域经济发展战略中处于不同地位的子经济区域会获得不同力度的政府扶持。不过，经济结构方面的差异才是子经济区域发展水平存在差异的关键原因，所有制结构是否合理、产业结构是否科学决定了子经济区域发展水平的高低。那些经济结构科学合理，区位条件与自然禀赋可以满足发展要求，并得到区域经济发展战略重视的子经济区域将处于较高的发展水平，成为区域经济发展的重心和重点地区。相比之下，那些发展水平较为逊色的子经济区域就成为区域经济发展的次要地区，而那些发展水平最为落后的子经济区域则成为区域经济发展的边缘地区，并与重心和重点地区一起构成了区域经济的基本格局。

（二）经济区域功能

作为推动区域经济发展的不同经济功能区，自身条件与发展水平各不相同的子经济区域在区域经济中具有不同的功能。那些作为区域经济发展重心和重点地区的子经济区域是区域经济发展的主导区。通过集聚周边地区的生产要素特别是资本和人力资源，使本来就领先的发展水平向更高水平发展，并通过扩散效应带动周边地区发展，从而促进区域经济的整体发展。那些作为区域经济发展次要地区的子经济区域是区域经济发展的重要区。虽然单独的子经济区域不能主导区域经济的发展，但是通过子经济区域间密切的部门合作和产业协作，同样可以促进区域经济的整体发展。那些作为区域经济发展边缘地区的子经济区域是区域经济发展的制约区（见图1-2）。由于区位条件或自然禀赋可

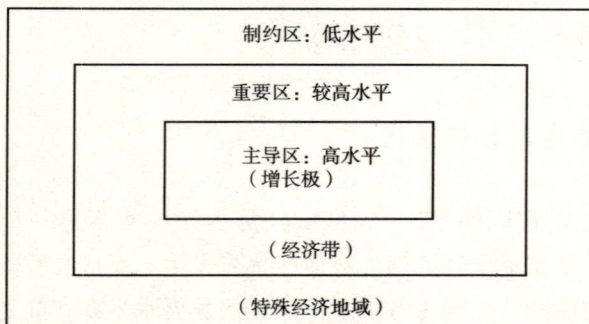

制约区：低水平

重要区：较高水平

主导区：高水平
（增长极）

（经济带）

（特殊经济地域）

图1-2 区域经济格局的基本层次

能存在着先天的缺陷，或者经济结构的科学性与合理性严重不足，即使获得区域经济发展战略的重视，这些子经济区域也难以成为区域经济发展的推动力量，而极有可能成为区域经济发展的制约因素。因此，他们在区域经济发展中非常被动，具体功能难以谈起，只能在区域经济发展战略的调整和科学技术的突破中寻找可能的发展机会，力争早日改变在区域经济发展中的"短板"地位。在宏观经济的现实发展中，主导区、重要区和制约区分别与增长极、经济带和特殊经济地域相对应，构成了区域经济格局的基本层次。

（三）经济区域关系

作为国民经济的重要组成部分，区域经济本身就是一个较为完整的经济系统，而作为空间载体的经济区域之间的关系就是其整体性和系统性的保证。在同一个经济区域内，不同的子经济区域的关系大体上可以分为三类。一是高水平经济区域之间的关系。由于都处于较高的发展水平上且差距不大，在区域经济发展中的经济功能类似，这些经济区域之间比较容易产生较为紧密的部门合作特别是产业协作，推动经济区域共同向更高水平发展，实现共赢。二是高水平经济区域与低水平经济区域之间的关系。由于发展水平存在显著的差异，这些经济区域之间的关系一般较为复杂。在市场机制的作用下，低水平经济区域的资本和劳动力等生产要素为了获取较高的经济收益将向高水平经济区域流动；而在边际收益递减原理的作用下，高水平经济区域的经济部门为了降低成本将向低水平经济区域扩散。经过一定时间，高水平与低水平经济区域的发展都会进入快速轨道，实现共赢。不过，高水平地区也可能会对周围低水平地区的发展产生阻碍作用和不利影响，产生回波效应，使低水平经济区域的发展更为困难，区域发展差距拉大，区域失衡程度加重。三是低水平经济区域之间的关系。虽然这些经济区域的发展水平比较接近，但是较低的发展水平却使得他们之间很难产生良性的经济关系。一般而言，经济区域的经济发展水平与他们之间的经济关系的紧密程度是呈正相关关系的，那些违反市场经济原则的恶性竞争往往发生在低水平的经济区域之间。但是，部分落后地区的经济发展实践表明，由于在区域经济发展中处于相似的被动地位，并且具有相同的快速发展诉求，低水平经济区域之间是可以建立良性互动的经济关系的，关键环节在于是否能够处理好区域竞争和区域合作的关系。总的来说，不同子经济区域之间的经济关系就构成了区域经济格局的基本脉络。

二、区域经济格局的影响

（一）区域经济格局的均衡与失衡

作为贯彻科学发展观、构建社会主义和谐社会的本质要求，区域经济格局的均衡是我国社会主义现代化建设的重要目标。从空间载体来看，区域经济格局的均衡并不是指各子经济区域的经济发展处于完全相同的状况，毕竟不同区域之间的差异是毋庸置疑的客观现实。对于承载区域经济发展的各子经济区域来说，如果区域差距没有达到严重阻碍区域经济发展的程度，经济功能与经济分工科学明确，并且形成了互相促进的、紧密的经济联系，那么可以说这个区域经济的格局就是均衡的。

作为全面建设小康社会面临的重大困难和挑战，区域经济格局失衡的首要表现就是承载区域经济发展的各子经济区域之间的区域差距已经达到了严重阻碍区域经济发展的程度，进而导致科学的经济功能无法定位、有效率的经济分工无法明确，相互之间良性的、紧密的经济联系无法建立。在失衡的区域经济格局中，由于显著的区域差距的存在，不同发展水平的子经济区域之间的集聚效应、扩散效应和回波效应不能以适当的次序和力度发挥，使得区域经济格局的失衡局面非常难以扭转，并且很有愈演愈烈的可能。

（二）区域经济格局的影响

毫无疑问，均衡的区域经济格局必将对区域经济社会的发展起到积极的促进作用。而失衡的区域经济格局不仅会对宏观经济的发展起到消极影响，更会威胁到生态文明、民族团结、国防安全、社会安定等局面的实现。

1. 区域经济格局失衡对宏观经济的消极影响

在区域经济格局失衡的诸多问题中，不同经济区域之间区域差距的存在和变化对宏观经济运行的消极影响是非常突出的。不仅会导致区域经济发展中的地方保护主义行为，加剧市场分割现象，而且会助长经济区域之间的无序竞争行为，削弱经济区域之间在经济发展上相互支持的力量，最终降低全国经济发展的总体效率，加剧国民经济的不稳定性。

　　一方面，区域经济差异的存在和变化诱导区域经济的空间载体即经济区域的行为利己化。面对区域经济发展失衡的事实，相对发达的经济区域要继续保持领先地位，而相对落后的经济区域则要想方设法的追赶相对发达的经济区域。因此，在发展经济时各经济区域就会自然地以本区域经济利益的得失来衡量发展决策和管理。对中西部和东北地区而言，东部地区经济的高速发展为它们做出了榜样，同时与东部地区经济差异的扩大又给它们添加了发展的压力。在这双重力量的驱使下，中西部和东北地区的部分地方政府在进行经济发展决策和管理时就难免产生非理性的冲动。对内往往急功近利，有水快流，"赶鸭子上架"；对外则实行经济排斥和地方保护主义。落后区域的发展举措在很大程度上被"赶超"心理所左右，难免头脑发热。对东部地区而言，作为我国非均衡区域经济发展战略的主要受益者，经济发展的水平明显地高于其他地区。仅就区域经济差异这个现象而言，对东部地区并不能构成发展上的压力。但是作为国家非均衡区域经济发展战略的既得利益者，他们总想维持现状或者利用区域经济差异来保持自己在经济发展上所取得的优势，保护自己的既得利益。一方面，尽量在国家继续争取直接投入和政策投入，强化自身在全国经济发展中的地位。另一方面，又采取措施阻止本区域的经济组织和优质要素过早地向其他区域扩散。而且，面对中西部和东北地区在经济发展方面所展开的积极竞争姿态，东部地区也不得不考虑自身发展的需要，推行更有利于本区域经济发展的策略，以保证能够始终走在全国经济发展的前列。

　　另一方面，区域经济差异的存在和变化，刺激、强化了各经济区域发展经济的短期行为。最为突出的就是各个经济区域在调整产业结构时，不顾自身实际情况，只以当前或者短期内获利能力的高低作为选择与淘汰产业的标准，大规模推行所谓"短、平、快"的建设项目，形成热门项目一窝蜂建设，冷门项目无人问津的局面。其结果就是造成经济区域之间产业结构趋同，重复建设不断（部分产业产能严重过剩）。从 20 世纪 80 年代起，全国各地区之间的产业结构趋同现象日趋严重。1981 年工业结构相似系数达到 0.9 以上的省市区有 10 个，而 1989 年已经上升到了 22 个。"九五"计划期间，有 24 个省市区将电子信息业列为支柱产业，23 个省市区将汽车制造业列为支柱产业，16 个省市区将机械化工业列为支柱产业，14 个省市区将采矿冶金业列为支柱产业。即便在第十二个五年规划中，房地产业、电子信息业、汽车制造业、钢铁冶炼业、化工业等产业又被大部分省市区列为支柱产业予以重点支持扶植。产业结构的高度相似与雷同，使企业规模过小、数量多，生产分散，集中化程度低，难以取得规模经济效益，最终导致社会资源配置效益降低，大量生产能力闲置。①

2. 区域经济格局失衡对生态文明的消极影响

自然资源开发是区域经济发展的必要条件，也是生态退化的主要原因。要实现区域经济发展和生态文明的统一，自然资源的开发必须坚持高科技的支持与可持续开发战略的引导。在失衡的区域经济格局中，高水平的经济区域为了本区域生态环境的改善和保护，同时节省高科技研发的巨大成本，会倾向于向低水平经济区域购买矿产、能源等自然资源。而低水平经济区域由于生产力水平的落后，对自然资源生产和销售的依赖性很强，高科技应用难以推行，追求短期利益的"竭泽而渔"行为则比比皆是。更为重要的是，在失衡的区域经济格局中，由于经济区域间经济关联的不协调和不顺畅，高水平经济区域往往利用自己在区域经济发展中的主导权任意压低价格，无节制的从没有议价能力的低水平经济区域掠夺自然资源，生态补偿机制的建立更是无从谈起。这样，高水平经济区域的生态环境得到了改善和保护，而低水平经济区域的生态环境则被大肆破坏，愈加脆弱。而且，从长期看，由于生态系统的整体性和关联性，低水平经济区域脆弱且日趋恶化的生态环境终将影响到高水平经济区域，我国自西向东、屡发不止的沙尘暴就是最好的例子。

3. 区域经济格局失衡对民族团结的消极影响

在区域经济的现实发展中，有部分经济区域是与少数民族聚居地区相重叠的。由于文化程度偏低、经济观念淡薄，少数民族的人力资源很难满足区域经济发展的需要；而少数民族独特的文化传承与聚居地区偏僻的地理位置则使少数民族聚居区很难与外界地区产生紧密的经济关联。在失衡的区域经济格局中，少数民族聚居地区就成为低水平的经济区域，与其他经济区域关系稀松，在区域经济发展中处于被动地位。这种局面很有可能被某些别有用心的人利用，成为鼓动民族矛盾、破坏民族团结、分裂国家的借口。这些人无视区域经济不平衡发展的客观规律，无视少数民族聚居地区经济发展的客观困难，无视各级政府在支持民族经济方面发展所做的努力，将区域经济格局的失衡等同于

---

① 张敦富：《中国区域经济差异与协调发展》，中国轻工业出版社 2001 年版，第 61～66 页。

民族歧视，不仅不利于社会的和谐进步，更不利于少数民族聚居地区自身的发展。而区域经济格局从失衡向均衡的转变，将是对这些人的最有力反驳，也是对民族团结的最大贡献。

4. 区域经济格局失衡对国防安全的消极影响

在失衡的区域经济格局中，如果低水平经济区域位于沿边或沿海地区，那么必然会对国防安全产生显著的消极影响。按照国防经济学的一般规律，在战略地位相同的情况下，一个地区的经济发展水平越低、人口密度越小，在军事力量布局中的地位就越弱。因此，在沿边或沿海的经济区域中，高水平区域自然会拥有强大的军事力量，而低水平区域很有可能成为国家军事防御战线中的薄弱点。同时，由于经济发展水平与民兵、预备役人员和退伍军人等非正式军事力量的强弱也存在正相关关系，因此低水平经济区域的非正式军事力量也比较弱，不能够弥补国家军事力量的不足。另外需要强调的是，在经济全球化的背景下，经济渗透对国防安全的威胁也越来越大。国际敌对势力会选择那些经济发展落后、与国内经济联系稀松的沿边或沿海的经济区域，在经济合作的掩护下进行经济渗透，企图将这些地区作为侵犯边境的突破口和颠覆国家政权的基地，极大地威胁着我国的国防安全。

5. 区域经济格局失衡对社会安定的消极影响

经济区域不仅是区域经济发展的空间载体，也是作为生产要素的劳动力生活的空间载体。在失衡的区域经济格局中，由于科学的经济分工与高效率的产业协作关系并未形成，不同经济区域的劳动力获得的报酬存在较大差距，贫富差距不断显现，社会矛盾不断激化，社会安定局面不断动摇。一方面，低水平经济区域的低收入人群成为社会的底层，住房、医疗、教育等社会保障要求得不到满足。随着就业越来越困难，心理状态会不断恶化，必将滋生打、砸、抢等危害社会安定的犯罪行为。另一方面，随着劳动力不断向高水平经济区域的集中，他们的户籍、子女教育、社会保障等问题将成为沉重的社会负担。一旦解决不好，这些总量巨大的流动人口必将成为社会安定的重大威胁。

第二章

区域经济发展战略与区域经济格局

第一节 区域经济发展战略是影响区域经济格局的决定性因素

一、影响区域经济格局的主要因素

作为区域经济发展的空间表现形式，区域经济格局的形成是一个动态的历史过程。无论是经济区域空间范围的变化，还是经济区域在区域经济发展中的地位与功能的演化，以及经济区域之间关系的产生，都受到了诸多因素的影响。

（一）历史沿袭因素

在不同的历史阶段，随着政治局面、人口分布和自然环境的变化，不同地区在不同的时代背景下获得的发展机会各有不同，以经济区域为空间载体的区域经济的发展也具有了一定的历史溯源和轨迹。由于历史发展具有连续性和延伸性，任何时间点上相对静止的区域经济格局都可以说是之前经济社会长期发展的历史产物。在两千多年的封建社会中，中国经济重心随着历史发展和朝代更迭经历了由北向南、从西向东的转移，对我国当前东强西弱、南重北轻的区域经济基本格局是具有一定影响的。

秦汉时期，中国的经济重心在以黄河流域为中心的北方，长安和洛阳均成为几朝的首都和经济中心。东汉末年到魏晋南北朝时期，北方战乱频繁，生产力破坏严重，汉族正统王朝南迁定都南京。南迁大潮带去了北方的先进生产技术和大量熟练劳动力，南方得到进一步开发，长江流域的经济飞速发展，中国经济重心开始由黄河流域向长江流域转移。隋唐时期，虽然政治中心仍然在黄河流域，但是随着隋朝大运河的开通和唐朝对南方管理的加强，长江流域的经济进一步成熟。到了宋朝尤其是南宋，出现了"国家根本，仰给东南"的局面。南宋的首都杭州成为闻名世界的百万人口大都市，农业精耕细作，工商贸易空前发达，与50多个国家建立了友好合作关系。彼时，中国的经济重心已经完全南移，从黄河流域转移到了长江流域。元朝、明朝和清朝，统治者由于传统习惯与政治上的惰性或者军事方面的考虑，仍然将政治中心首都定在北方，但是在经济方面财政赋役"无不仰给于江南"。

中国古代经济重心自北向南的转移，主要是由以下几方面原因造成的：第一，长江流域优越的自然条件。江南地区气候温暖湿润，水资源充足，土壤肥沃；原住民稀少，地广人稀；地势平坦，河流众多，水陆交通便利。在以农业为经济支柱的封建社会，如此优越的自然条件是极其适合经济发展的。第二，南方统治者重视经济的发展。我国南方历史上长期被各地方小政权控制，而小政权的统治者具有较强的忧患意识。他们减轻赋税、鼓励开垦荒地、兴修水利，希望以经济的繁荣维持政权的稳定和长久。第三，相对安定的社会环境。自东汉末年开始，北方陷入长期的战乱中。无论是政权内战还是与少数民族的外战，都劳民伤财，极大地破坏了生产力。相比之下，南方则相对安定，为经济建设和发展营造了良好的外部环境。第四，北方人民的大量南迁。劳动力不足和原住民农业生产技能落后是制约南方经济发展的重要因素之一，而为了躲避战乱大量南迁的北方人民则解决了这个问题。南迁人群不仅为南方来带了大量熟练劳动力，还带来了先进的生产技术和劳动工具。在经过简短的磨合适应后，南迁人群就成为南方经济生产的主要力量。

（二）自然禀赋因素

自然禀赋包括矿产资源和生态环境两个方面，是财富创造和经济社会发展的自然物质要素。没有这些自然物质要素，人类就失去了生存和发展的物质基础，经济社会的发展就失去了生产对象和环境依托。由于自然禀赋的差异，不同经济区域拥有的自然物质要素条件各不相同，在不同的经济社会发展阶段就形成了不同的区域经济格局。

在农业社会阶段，生产力水平较低，人类改造自然的能力不强，农业在产业结构中占有绝对优势，生态环境成为最重要的自然禀赋。高水平经济区域大多出现在土壤肥沃、水资源丰富、气候温暖湿润的地区；联系紧密的经济区域之间不是地域上相连，就是有河流相通。这一阶段的区域经济格局是不稳定的，一旦生态环境被过载的人口透支或战争破坏，繁荣城邦很快会成为不毛之地，犹如罗布泊。而漕运、海运等运输方式的出现，则会使经济区域之间的关系不断变更。相邻地区的经济关联随时可能瓦解，相隔地区的经济关联随时可以产生。

在工业社会阶段，随着生产力水平的不断提高，人类改造自然的能力逐渐增强，工业成为经济发展的主导者，矿产资源成为最重要的自然禀赋。一个地区无论生态环境是否适合农业生产，只要矿产资源丰富，就有可能成为区域经济格局中处于主导地位的高水平经济区域。而工业生产的采矿、冶炼、制造部门在不同地区的分布，就决定了经济区域之间的经济关联。但是，以矿产资源的空间分布为基础产生的区域经济格局是存在隐患的。由于产业结构单一，一旦资源枯竭，相关经济区域的区域经济发展将受到致命的打击。2007年，国家发改委确定的白银、阜新等12个地级资源枯竭城市的发展困境已经说明了这个问题。

在现代社会即后工业社会阶段，较高的生产力水平特别是高科技的发展使人类拥有了更强的改造自然的能力。随着第三产业比重在产业结构中的不断加大，经济生产对矿产资源的依赖性逐渐减弱，而人民生活对生态环境改善的要求逐渐增强。矿产资源丰富的地区在区域经济格局中的地位虽然依然重要，但是区域经济发展主导区的功能已经让位于生态环境优越、更适合第三产业发展的经济区域。即使本地区的自然禀赋不佳，也可以在商贸和物流的支持下通过市场行为从其他地区获取所需的矿产资源，或者在高科技的支持下发展不会与生态环境保护发生矛盾的产业类型。与农业社会和工业社会相比，现代社会区域经济格局是较为稳定的。较为合理的经济结构特别是产业结构使经济区域的经济发展更为稳定，而更为高级的经济形态和组织形式则使经济区域之间的关系更加密切和持续，保证区域经济格局不容易由于自然禀赋的限制而改变。

（三） 区位差异因素

区位是经济区域发展不可回避的影响因素，对区域经济格局的影响是巨大的。那些拥有优越区位条件的经济区域，在区域竞争中可以获得更多的发展机遇，可以与其他经济区域产生更为紧密的经济关联，从而成为区域经济发展的主导区。总体来说，区位可以分为地理区位、交通区位和市场区位等种类，对区域经济格局产生不同的影响。

所谓地理区位，是指经济区域在地理空间中所处的位置。与自然禀赋类似，经济区域的地理区位属于客观现实，难以改变。因此，在区域经济发展的动态过程中，相对静态的地理区位对经济区域的影响是难以定性的，时好时坏。在以陆地运输为主的时代，大陆腹地的平原与绿洲地区很容易由于成为长途运输与商贸交流的节点而发展起来，西安、武威、张掖等内陆城市和地区就是随着丝绸之路的兴起而繁荣的。但是，随着海洋运输的兴起和兴盛，内陆地区的经济发展受到了限制，众多西部城市与丝绸之路同道衰败，而上海、天津、广州等港口城市和沿海地区则迅速的繁荣起来。

所谓交通区位，是指经济区域在交通网络中所处的位置。与自然禀赋不同，经济区域的交通区位属于人类改造自然的主观结果，是可以通过交通网络建设改变的。一方面，交通网络建设可以将潜在的地理区位优势转化为现实的交通区位优势。中部地区在运输业和物流业等产业的发展方面无疑具有很大的潜力和优势，但是交通网络建设的落后制约了潜力的转化和优势的发挥，导致了中部塌陷的产生。近几年，通过加强高速公路、现代化铁路以及水运和航空工程的建设，中部地区已经成为全国的交通要地，武汉、郑州、蚌埠等交通枢纽正在迅速崛起。另一方面，交通网络建设可以加强地区之间的经济关联。受阻于恶劣的自然条件，我国西部地区的交通网络非常稀疏，导致西部各地区之间经济关联不强。新中国成立以后，通过成渝铁路、包兰铁路、陇海铁路、兰新铁路、南昆铁路、青藏铁路、兰渝铁路等交通项目的建设，西部各地区之间的经济联系已经越来越紧密，区域一体化进程明显加快。

所谓市场区位，是指经济区域在市场组织中所处的位置。与地理区位和交通区位相比，经济区域的市场区位既不取决于自然禀赋，也很难被人类改造自然的行为影响，而是被"看不见的手"控制的。在发展水平存在差异并且地域相邻的经济区域中，从集聚效应的角度看高水平区域的市场区位比较优越，从扩散效应的角度看低水平区域的市场区位比较优越，而集聚效应与扩散效应的力量对比才最终判定哪一方的市场区位真正优越，可以在区域经济格局中处于主动地位。从区域间部门合作和产业协作的角度来说，由市场选择决定的经济区域的经济功能与经济分工也可以作为其市场区位的判定依据。那些可以获得更高利润率、在经济组织中处于主导地位的部门和产业集聚的经济区域，市场区位就更为优越，更容易成为区域经济发展的主导区。

（四）外部推动因素

外部推动是指经济区域在发展过程中以不同的形式从区域外获得的要素支持。对于内部条件相似、发展水平差距不大的经济区域而言，外部推动力量是经济分工形成和经济功能产生的重要催化剂，对区域经济格局的演变有重要的引导作用。按照要素支持获得方式的不同，外部推动因素可以分为被动的要素输入和主动的要素吸引两大类。

所谓被动的要素输入，是指在非市场条件下外部生产要素向经济区域内的输入，历史上多是伴随殖民侵略行为而产生的。自 19 世纪下半叶开始，帝国主义势力不断向我国进行渗透和侵略。为了侵占领土、掠夺物资，进行殖民统治，帝国主义国家不断向我国进行资本输出。从 19 世纪末开始，日本和俄国为了在东北争夺势力范围，争相开办矿山，兴办工厂，开展大规模移民。1904年后，获得日俄战争胜利的日本率先启动了东北地区的工业化。经过日本及其支持的奉系军阀在东北 30 余年的苦心经营，到 20 世纪 40 年代，东北地区已经成为中国重工业最发达的地区。与此类似，山东青岛地区轻工业的发达传承于德国"租借"时期的经营，西南地区铁路运营最早也始于法国的帝国主义侵略时期。

所谓主动的要素吸引，是指在市场条件下经济区域以优惠的条件吸引外部要素输入，一般是伴随区域开放的行为而产生的。1978 年以后，东部地区特别是珠三角地区之所以能够迅速发展成为全国经济的重心，就是因为其依托区位优势积极开展了要素吸引。环太平洋地区经济的蓬勃发展，特别是亚洲"四小龙"的经济腾飞，都给东部经济发展提供了良好的外部氛围和要素吸引的源头。在优惠条件的吸引下，资本、技术、设备等外部要素纷纷流入东部地区，在获得高于其他地区报酬的同时推动了本地的区域经济发展。相比之下，由于自身要素吸引不积极，以及周边落后的国际经济环境不能提供优质要素源头，西部地区特别是西北地区在对外开放的大潮中进一步落后。

需要强调的是，被动的要素输入和主动的要素吸引与市场条件下的要素流通都是存在显著差异的。作为殖民侵略的附属物，被动的要素输入并不是一个平等的经济行为，而是不平等的政治与军事交易的组成部分，需要付出主权和领土完整作为代价。主动的要素吸引虽然属于经济行为，较为平等，但是是建立在放弃部分本区域经济利益的优惠条件的基础之上的。因此只能在短期内使用，否则将使本经济区域在区域经济一体化中处于被动地位，制约区域经济的可持续发展。

二、区域经济发展战略是影响区域经济格局的决定性因素

（一）区域经济发展战略的内涵

1. 区域经济发展战略的含义

作为宏观经济政策的重要组成部分，区域经济发展战略是指对区域经济发展进行的思考、设计和规划。即在立足本地实际情况的基础上，从包括区域经济格局在内的区域经济发展现状出发，对区域未来的发展目标和方向进行思考、设计和规划，以实现引导区域经济发展、提高人民生活水平的目的。

广义的区域经济发展战略指区域经济发展总体战略即综合性的区域经济发展战略。是从区域经济发展的客观规律出发，从宏观的角度对区域经济的发展进行全局性的战略谋划，通过研究和预测区域经济未来的发展轨迹与趋势寻找适合区域实际的、合理的区域经济发展道路。作为处于政策层面的指导性战略设想，综合性的区域经济发展战略是国家发展战略的重要组成部分，无论是意义还是涵盖面都要远高于普通的区域规划。一般而言，广义的区域经济发展战略包括区域经济发展的战略思想、经济区域的功能与作用定位、区域经济的中长期发展目标、区域产业结构与主导产业选择、区域城乡规划、区域生产力布局等内容。

狭义的区域经济发展战略指区域经济的产业发展战略，即以区域经济发

总体战略确定的区域产业结构和主导产业为目标，针对区域经济发展的产业结构调整和重点产业发展所制定的发展战略。通过分析产业在区域中的发展条件、现状及全国发展的总体情况，确定其在本区域未来时期的发展目标、规模和水平。产业发展战略的制定，必须考虑产业发展与区域经济整体发展的关系，同时不能脱离本地区的自然禀赋和经济社会发展水平等实际情况。一方面，要体现区域性原则，即立足区域特点，科学确立优势产业发展的方向，通过乘数效应带动区域内其他产业的发展；另一方面，要遵循效益原则，即严格控制投入产出比，合理使用生产要素，提高资源配置的效率，力争实现宏观经济效益的最大化。

2. 区域经济发展战略的特征

其一，政府性。作为宏观经济政策的重要组成部分，区域经济发展战略具有强烈的政府色彩。随着市场经济体制的不断完善，政府在经济发展中的作用越来越向宏观调控方向发展。虽然区域经济发展战略的制定和实施需要企业的积极参与和配合，并且要遵循市场机制的基本规律，但是政府在区域经济发展战略中的地位仍然是无可替代的。区域经济发展战略对于公正性和权威性的追求，只有代表公共利益、拥有行政权力的政府才能够满足。

其二，区域性。从空间角度看，区域经济发展战略具有鲜明的区域性特征。由于不同区域之间存在着显著的差异，因此区域经济发展战略要想做到有的放矢必须要立足本区域的实际情况，做到因地制宜。如果生搬硬套其他区域的发展战略，必将制约区域经济的发展。一定要依据区域间经济分工原则，尊重市场选择，发挥地区优势，制定出符合地区实际情况的区域经济发展战略。

其三，长远性。区域经济的发展是一个漫长的历史过程，是不能一蹴而就的。因此，区域经济发展战略必须具有长远性，不能够只顾眼前的利益，才能够保证区域经济的可持续发展。区域经济发展战略的长远性是由前瞻性和预见性组成的。一方面，要用发展的眼光看问题，高瞻远瞩的结合社会发展方向对区域经济发展的前景进行战略谋划；另一方面，要用科学的眼光看问题，理性准确的使用工具模型对区域经济发展的前景进行预测分析。

其四，层次性。与作为区域经济发展空间载体的经济区域的层次性相对应，作为区域经济发展宏观引导的区域经济发展战略也具有层次性的特征。不同层次的经济区域具有不同的区域经济发展战略，但是次级子经济区域的区域经济发展战略必然不能与高一级经济区域的区域经济发展战略存在矛盾。低层次和较小范围的区域经济发展战略是上一个层次和更大范围区域经济发展战略的有机组成部分，关系密切的不同经济区域的区域经济发展战略之间也应该存在一定的相似性或互补性。

其五，综合性。区域经济发展战略是一个较为完善的系统，涉及目标区域的城乡、产业、资源、环境，以及社会发展、政府行为等方面的情况，可以说具有极强的综合性。区域经济发展战略的制定需要对自然禀赋、区位条件、文化习俗、科技信息等诸多条件因素进行综合分析和评价，同时涉及物质生产和服务提供等多方面的产业部门；而区域经济发展战略的实施不仅包括企业行为，更包括政府行为和中介组织运作。

其六，可操作性。区域经济发展战略的意义和目的在于应用，因此可操作性就成为其必须具有的特征。区域经济发展战略的可操作性，主要表现为目标的可实现性和策略的可应用性。要保证区域经济发展战略的可操作性，制定者首先，要具有较高的政策水平，能够准确把握国家政策的内涵与尺度，并将这些政策区域化，使之适应当地的实际情况；其次，必须深入实际开展调查研究，对区域经济运行中存在的问题进行分析；最后，要准确把握世界经济发展趋势、国家经济发展的总体走势，分析宏观因素对区域发展的影响程度，最大限度地加强区域经济发展战略的可操作性。[①]

（二）区域经济发展战略是影响区域经济格局的决定性因素

在影响区域经济格局的诸多因素中，区域经济发展战略的出现虽然较晚，但是对区域经济格局的影响却是决定性的。作为政府宏观经济政策的重要组成部分和经济组织发展策略的高级形态，由于代表了上层建筑与经济主体对于区域经济发展的主观意愿，区域经济发展战略拥有利于施行的权威性和利于被市场接受的公正性。因此，区域经济发展战略对区域经济格局的影响，也就比其他影响因素更具有决定性。

第一，区域经济发展战略有助于摆脱历史宿命论，缓解历史沿袭因素对区域经济格局的影响。历史发展虽然具有一定的规律和轨迹，但是其经验的归纳和总结还不足以对未来进行科学和准确的预测，人类主观能动性的发挥完全可

---

① 王成勇：《基于产业集群的区域经济发展战略研究》，博士学位论文，兰州大学，2007 年。

以打破各种所谓的历史宿命。两千多年以来，我国的经济重心虽然一直由西向东、由北向南移动，但是并不代表西部和北方在区域经济格局中的地位会越来越轻。在西部大开发和振兴东北老工业基地等区域经济发展战略的作用下，我国西部和东北地区已经扭转了区域经济发展的颓势，全国东强西弱、南重北轻的区域经济基本格局必然将会被改变。

第二，区域经济发展战略有助于摆脱自然限制，缓解自然禀赋因素对区域经济格局的影响。区域经济发展水平的高低在很大程度取决于经济区域是否拥有合理的产业结构，而产业结构是否合理在很大程度上则取决于产业结构与经济区域的自然禀赋是否契合。从这个角度看，不存在由于自然禀赋稀缺而发展缓慢的地区，只存在产业结构不合理的地区。在区域经济发展战略的引导下，可以通过发展高科技产业降低区域经济发展对自然资源的依赖性，也可以通过搭建市场平台通畅从区域外获得自然资源的渠道。这样，自然禀赋稀缺的地区完全可以成为区域经济格局中的重点区甚至主导区。

第三，区域经济发展战略有助于摆脱区位抑制，缓解区位差异因素对区域经济格局的影响。区位条件具有一定的动态性，通过交通网络建设和产业协作关系的建立，一个地区的交通区位和市场区位是可以改变的，而区域经济发展战略正是这两种区位改变的推动力量。只有在区域经济发展战略中被重视的地区，才能够获得充足的交通网络建设投入，改变边远偏僻的交通区位条件；只有被区域经济发展战略鼓励开展产业协作的地区，才能够在市场体系中成为合作节点，改变孤立无援的市场区位条件。随着在区域经济发展战略作用下区位条件的改变，区域经济格局也将会发生相应的变化。

第四，区域经济发展战略有助于摆脱外部依赖，缓解外部推动因素对区域经济格局的影响。在区域经济一体化已经成为时代发展要求的背景下，外部推动因素对区域经济格局的影响作用将越来越强，但是会受到区域经济发展战略的制约。只有在支持开放的区域经济发展战略作用下，区域经济发展才能够获得区域外的推动力量。而开放次序和开放程度的差异，也会使不同地区获得的外部推动存在差异，从而影响区域经济的发展和区域经济格局的形成。东部地区在我国区域经济格局中的主导地位在很大程度上得益于在全国的率先开放，而开放的滞后与不足则是西部地区发展落后的重要原因之一。

第二节　区域经济发展战略的演变与制定依据

一、区域经济发展战略的演变

"战略"一词最早出现在军事用语中，意指军事全局的策划和作战的根本方针。因此，早期的军事战略可以被视为区域经济发展战略的起源。汉朝开始，我国历代封建统治者都曾经大规模的向边境地区迁徙居民和流放罪犯，修建城邦，戍边囤粮，在巩固国防、维护边境安全的同时也促进了这些地区的经济发展和繁荣。新中国成立后，从 20 世纪 60 年代中期开始进行了较大规模的"三线"建设，在为有可能爆发的战争建设战略后方的同时也调整了生产力布局，有效促进了中西部地区的发展。

由于经济基础与上层建筑之间存在天然的密切关系，因此区域经济发展战略在一定程度上也是由政治战略演变而来的。很多疆域辽阔的国家在成立或统一后，为了巩固政权、安抚民心、加强统治，都会对以首都为代表的发达地区和以民族地区为代表的落后地区进行重点建设，在追逐政治目标的同时带动了这些地区的区域经济发展。明清时期，每逢新帝登基，为了昭示"天恩浩荡"都会增加对西藏、新疆等民族地区的政府拨款，并对宗教领袖进行册封，通过加强经济和政治投入维护集权统治。在现代社会，绝大多数国家都把首都及周边地区作为重点区域加以特别扶持，其目的就在于为国家机器提供优越的经济环境支持。

第二次世界大战以后，许多亚洲和非洲的发展中国家摆脱了殖民统治，发展本国经济成为它们在独立后面临的首要任务。在这种历史背景下，"发展战略"一词伴随着以发展中国家经济发展问题为研究对象的发展经济学的产生而产生。1958 年，赫希曼（A. Hirschman）在《经济发展战略》中率先将"战略"引入经济学，提出了"发展战略"的概念。20世纪 60 年代以后，在联合国的推动下"发展战略"的使用不再仅限于发展中国家，被扩大使用到了发达国家。之后，随着区域经济学的不断发展，发展战略与空间经济理论结合起来，区域经济发展战略终于摆脱了作为军事目的和政治诉求副产品的战略的尴尬境地，成为区域经济学中兼具理论意义和应用价值的独立组成部分。

二、区域经济发展战略的制定依据

作为影响区域经济格局的决定性因素，区域经济发展战略对区域经济发展的重要作用不言自喻。因此，区域经济发展战略的制定就成为事关区域经济发展成败的大事，必须科学、严谨、审慎的进行。缺乏科学依据、没有现实基础、由领导"拍脑门"制定的区域经济发展战略不仅不会促进区域经济发展，反而有可能成为区域经济发展的桎梏；而缺乏长远目光、急于求成的生搬硬套在其他地区获得成功的区域经济发展战略，也很有可能对区域经济的发展产生危害。

区域经济发展战略的制定，必须要坚持以科学理论作为依据。生态系统的演变与经济社会的发展都具有自身的客观规律，作为人类发挥主观能动性的一种方式，区域经济发展战略要实现对区域经济社会发展的引导和促进，就不能违反这些客观规律。因此，区域经济发展战略在制定时必须要坚持以生态系统演变和经济社会发展的客观规律即科学理论作为依据。20 世纪二三十年代，美国为了加快西部地区开发实施了移民西进战略。由于没有重视人口、资源与环境之间的协调，不断膨胀的移民规模造成了美国西部地区的过度开垦、过度放牧、过度采樵和单一耕种，使草原枯萎、土地沙化，生态系统的平衡被打破。结果，美国西部地区于 1934 年 5 月发生了人类历史上前所未有的黑色风暴。三天之内，风暴所经之处溪水断流、水井干涸，田地龟裂、庄稼枯萎，千万人流离失所，给美国乃至整个北美造成了巨大的损失。20 世纪 90 年代，我国一些地方政府在实施农业产业化战略的过程中，无视市场需求对生产供给的引导作用，强行要求农民统一进行某种农产品的生产。结果造成市场销售不畅，大量产品积压，给农民造成了严重的经济损失，也损坏了政府在群众中的威信。

区域经济发展战略的制定，必须要坚持以现实基础作为依据。随着区域经济理论的不断发展，区域经济发展战略也不断丰富。因此，区域经济发展战略的制定并不是非要创造出新的战略，也可以从已有的战略中选择。然而，并不是所有的区域经济发展战略都是可以借鉴并推广的。由于各个地区的现实情况存在差异，那些已经在经济建设实践中推动部分地区率先发展的区域经济发展战略并不一定适合于其他地区。要通过因地制宜增强区域经济发展战略的针对性和实用性，在创造新的战略时必须要以本地区当前的现实状况为基础，在选择已有战略时必须要注重区域之间的相似性。20 世纪 80 年代，珠江三角洲地区施行了以劳动密集型产业为主体的外向型经济发展战略，区域经济在较短的时间内获得了长足的发展。但是，对于中西部的广大地区而言，由于不具备珠江三角洲地区毗邻香港的区位优势和国家赋予的在对外开放方面的优先权，即使劳动力资源更为丰富，也无法选择与珠江三角洲相同或相类似的区域经济发展战略。进入 21世纪以来，内蒙古等地区立足自身的资源优势与民族特色，制定出了符合本地区实际情况的区域经济发展战略，以资源转化和特色经济为突破口，推动区域经济实现了跨越式的发展。

区域经济发展战略的制定，必须要坚持以时代要求作为依据。随着社会的不断进步，区域经济发展早已经超出了经济增长的范畴，在不同的时代具有了更为广泛的要求。因此，区域经济发展战略的制定必须要坚持发展的眼光，以满足区域经济发展在不同时代的要求。例如，在经济体制转轨的过程中，区域经济发展战略必须着眼于资源配置中市场主导对政府主导的替代，处理好政府、企业和市场的关系。在市场经济中，区域经济发展战略的思想不能停留在计划经济时代。区域经济发展战略的制定组织工作虽然仍然由政府主导，但是在具体实施的过程中必须要尊重市场选择，必须要广泛吸纳企业参与和支持。当前我国区域间产业协作开展不甚顺畅，很大程度上是部分地方政府在"肥水不流外人田"的计划经济思想影响下从中作梗的结果。又如，随着生产力的不断进步，人民群众对生活质量的要求不断提高，区域经济发展对生态文明的追求也就愈加显著。区域经济发展战略的制定就应该顺应这个历史潮流，在区域主导产业选择中用绿色产业和高科技产业替代高能耗、高污染的相关产业，并为生态环境的保护和改善进行相应的制度设计和对策安排。

第三节　区域经济发展战略对区域
经济格局的影响

一、对区域经济格局进行调整是区域经济发展战略的重要目标

区域经济的发展是一个内涵丰富的经济现象，包括区域产业结构的优化、生产力布局的调整和人口、资源与环境的协调等多方面的内容。因此，区域经济发展战略需要从诸多方面对区域经济的发展进行引导和促进。其中，对区域经济格局进行调整是区域经济发展战略的重要目标，而且二者之间存在着密切的关系。当前的区域经济格局是过去的区域经济发展战略发挥作用的结果，未来的区域经济格局是当前的区域经济发展战略发挥作用的目标。在不同的历史背景下，不同的区域经济发展战略依据不同的时代要求对区域经济格局进行着调整。

在区域经济发展的历史进程中，区域经济格局的形成经历了从盲目被动到积极主动的转变，区域经济发展战略为之做出了巨大贡献。在很长的历史时期内，较低的生产力水平使全社会拥有的资源和生产要素非常有限，发育迟缓的市场还尚不具备资源配置的能力。作为经济运行的主导者，政府对这些极度稀缺的资源和生产要素的配置完全是被动的分配行为，无法达到"战略"的高度。从区域经济发展来看，获得政府重视的地区得到的资源与生产要素也不算充足，不能支持本地区实现经济腾飞；而得不到政府重视的地区不仅不能获得外界支持，本地区的资源与生产要素更随时有可能被政府调配掠夺，经济发展困难。这样，区域经济格局处于被动形成的低水平的均衡之中。

随着生产力水平的不断提高，人类财富不断积累，全社会拥有的资源与生产要素不断丰富，资源配置的主导者终于拥有了实施战略的底气与实力，区域经济格局进入有目的主动发展的阶段。计划经济中，政府作为经济运行的主导者也成为区域经济发展战略的制定者和实施者，为了实现不同的目的对区域经济格局进行着调整。为了通过部分地区经济的快速增长带动全国经济的发展，

可以制定和实施效率优先的非均衡区域经济发展战略。政府选取部分符合一定标准的地区作为先行区域，在生产要素投入和政策倾斜等方面给予重点支持，促进这些地区的率先发展，从而带动全国的经济发展。这样，区域经济格局就主动选择形成了非均衡状态。相反，如果要坚持区域经济格局处于均衡状态之中，政府可以制定和实施公平优先的均衡区域经济发展战略，在生产要素投入和政策倾斜等方面对所有地区一视同仁。市场经济中，市场作为经济运行的主导者登上历史舞台，区域经济发展战略对区域经济格局的调整不再是单纯体现政府意愿，更多的是顺从市场选择的结果。作为经济发展的高级形态，市场经济以均衡协调的区域经济格局为发展目标，区域经济发展战略也就相应向之靠拢。在效率优先、兼顾公平的原则指引下，均衡协调的区域经济发展战略以缩小区域发展差距、加强区域经济关联为重点，强调不同区域的不同战略地位与经济功能，在不抑制发达地区经济发展要求的同时为落后地区实施经济赶超创造良好的条件。在均衡协调的区域经济发展战略的引导与促进下，无论是低水平均衡的区域经济格局，还是发展水平差异显著的非均衡的区域经济格局，都将朝着高水平、协调、均衡的方向发展。

二、区域经济发展战略调整区域经济格局的路径

区域经济格局的调整是一个由宏观调控与市场选择共同组成的复杂的经济行为，需要区域经济发展战略从不同的方面通过不同的路径去实现。总体来看，区域经济发展战略的十大内容①都可以对区域经济格局的调整发挥作用，从而成为区域经济发展战略调整区域经济格局的路径。

（一）战略定位

从自然禀赋、区位条件、经济发展水平等方面入手，对承载区域经济发展的不同层次的经济区域在区域经济发展中的战略地位、经济功能与协作分工进行分析。并结合影响未来发展的因素的变化与时代要求，对经济区域在不同的高一级区域经济发展中所应该占据的地位、应该承当的功能进行科学的判断和规划。

----

① 方创琳：《区域发展战略论》，科学出版社 2000 年版，第 29～32 页。

（二） 战略优势

用发展的眼光对不同经济区域在自然禀赋、区位条件、经济结构、历史沿袭等方面具有的优势进行全新审视，从中寻找相对于其他经济区域的比较优势。并结合对经济社会发展趋势的判断对这些优势进行分析，指出优势与劣势之间互相转化的可能，为区域经济格局的战略定位提供依据。

（三） 战略环境

和睦的国际地缘政治关系与稳定的国内政治社会氛围，可以为相关经济区域的发展创造良好的外部环境；而区域内部生态文明与政治民主的实现，则可以为经济区域的发展创造良好的内部环境。通过为不同层次的经济区域发展营造不同的战略环境，区域经济发展战略可以有效控制区域经济格局的调整方向。

（四） 战略机遇和挑战

在不断前行的历史进程中，区域经济的发展会面临很多问题。唯有以战略的眼光审时度势、高瞻远瞩，才能从中分辨出机遇和挑战。对于不同经济区域而言，只要抓住机遇顺势而起，或者迎接挑战逆风而行，都可以成为区域经济格局中的重心和主导，从而完成区域经济发展战略调整区域经济格局的任务。

（五） 战略原则和指导思想

战略原则是指在制定区域经济发展战略时必须遵守的宏观规则，指导思想是指在制定区域经济发展战略时必须遵循的各项宏观方针和政策。作为编制区域经济发展战略的行动指南，它们决定了对各个经济区域进行宏观调控的方向和力度，从而对区域经济格局进行调整。

（六）　战略目标

区域经济发展战略对区域经济格局的调整并不是盲目的，而是在一定的战略目标引领下进行的。从内容上来看，战略目标包括经济区域发展水平、经济区域功能与经济区域关系三个目标，每项目标都可以通过一系列具体指标来度量。从时间序列上来看，每一项具体战略目标可以分为近期目标、中期目标和远期目标。

（七）　战略产业

战略产业是指能够左右区域经济发展全局，具有较强带动和主导作用的产业。从不同的战略环境、战略优势和战略定位出发，区域经济发展战略将为不同的经济区域选择不同的战略产业。而战略产业之间发展的差异特别是带动和主导作用发挥的差异，就影响了区域经济格局的调整。

（八）　战略重点

区域经济发展战略的制定和实施并不是一个齐头并进的过程，无论内容的制定还是实施的顺序都是存在一定的主次之分的。那些在内容上被重视、在顺序上被优先的经济区域就可以获得更多的要素与政策支持和更好的发展机会，在区域经济格局中的地位也会随之提升，经济功能和关联必将不断加强。

（九）　战略布局

战略布局是指将区域经济发展的战略产业和战略重点落实到具体的空间即经济区域之上，通过实施资源和产业的优化配置增强区域经济发展的实力。由于在战略布局中的地位不同，不同经济区域的发展以及它们之间的经济关系都会受到影响，区域经济格局也将随之发生改变。

（十） 战略对策

战略对策是指为贯彻战略原则和指导思想，并为战略目标与战略布局的实现而进行的重要保障，包括在政治、经济、法律、技术、社会等领域开展政策引导、经济支持、法律强制、道德规范等措施。在区域经济发展战略调整区域经济格局的诸多路径中，战略对策的表现形式最为直观，作用发挥最为显著。

第三章

西部区域经济格局的演变、形成和发展方向

第一节　西部区域经济发展战略回顾

在新中国成立后的相当一段时间里，苏联式的高度集中的计划经济都是我国经济体制具有的鲜明特征，中央政府在资源配置和行政体系中居于无可争辩的主导地位。在全国一盘棋的要求下，每个地区都是中央政府统筹全国发展的棋子，地方区域经济发展战略与国家区域经济发展战略保持着高度的一致。改革开放后，随着市场经济体制的不断完善，中央政府在资源配置中的主导地位逐渐被市场机制替代，但是在行政体系中的主导地位没有发生改变。由于政治体制改革进程落后于经济体制改革，中央政府对地方的掌控仍然十分有力，地方区域经济发展战略仍然不能独立于国家区域经济发展战略之外。因此，对西部区域经济发展战略的回顾，必须要依托对国家区域经济发展战略的回顾来完成。

一、向内地发展倾斜的区域经济均衡发展战略

（一）以内地建设为重点的阶段

1949～1957年，我国的国民经济在经过3年的恢复之后完成了第一个五

年计划。在沿海与内地两大经济地带划分的基础上，通过加强包括西部地区在内的内地建设实现全国的均衡发展是这一时期区域经济发展的目标。一方面，旧中国遗留下来的工业生产过度集中于沿海的不合理现象，客观上要求加快内地的发展。近代以来，沿海地区在外国殖民资本、国民党官僚资本和民族资产阶级资本的促进下迅速发展，工业生产能力不断提高，大中型城市不断出现。而在沿海地区步向繁荣的同时，作为中华文明发源地的中西部地区却逐渐衰落，生产力水平踏步不前，人民生活困苦不堪。抗日战争前，全国的资本主义经济虽然总体上有了一定的发展，但是发展很不平衡。工业发展和布局的重点都集中在东北和东南沿海地区，内地和边疆省份的工业经济几乎处于空白。抗日战争爆发后，我国的大批民族企业特别是军事工业企业大规模向内地转移，西部地区、特别是以重庆为中心的西南地区的经济得到了一定的发展。但是直到抗日战争结束，以西南地区为代表的广大内地的落后面貌并没有得到根本的改变。1949年新中国成立时，面积占全国12%的东部沿海地区的工业产值占到全国的75%，工业生产比重最高的纺织工业的纱锭总数与纺织机总数的85%集中在沿海地区，钢铁、煤炭、电力和主要机械工业也有4/5以上集中在沿海地区。而面积占全国45%的西北和内蒙古广大地区的工业产值仅占全国的3%，面积占全国23%的四川、云南、贵州和西藏的工业产值仅占全国的6%，全国区域经济发展处于极不均衡的状态。另一方面，新中国成立初期面临的战争威胁，要求通过加强内地建设使全国生产力布局适应国防安全的需要。新中国成立后，面临的国际环境十分恶劣。以美国为首的资本主义阵营对新生的社会主义政权虎视眈眈，以朝鲜半岛和南亚地区为根据地伺机开展进攻。只有以苏联为首的社会主义阵营态度友好，但是其整体国际影响力要弱于资本主义阵营。为了支援周边国家抗击帝国主义的战争，积极准备随时可能爆发的卫国战争，针对贫穷落后的国情实际，中央政府决定要以经济建设促进国防发展，通过生产力布局加强内地落后地区的国防建设。1952年编制的第一个五年计划提出，由于当时的大规模建设是在抗美援朝的背景下进行的，因此必须兼顾战争和建设，按照中央制定的"边打、边稳、边建"的方针从事国家的建设，由此出发考虑国家工业建设的投资、速度、重点、分布和比例。①为了迅速加强国防实力，在"一五"计划期间确定了优先发展重工业的工业化道路，军工企业投资约占当时投资总数的1/3。在重点项目的布局上，从国

---

① 《建国以来重要文献选编》第三册，中央文献出版社1992年版，第448~449页。

防安全角度出发重点向内地倾斜，有力地促进了内地的经济建设。

为了改变极度失衡的区域经济格局，并适应战争威胁下国防安全的需要，中央政府实施了以追求全国均衡发展为特征的区域经济发展战略。国民经济恢复时期，国家工业建设的重点区域是东北老工业基地，其次是华东和华北地区。同时，开始将沿海少数易于搬运的工厂搬迁到内地，使之接近原料产地和消费地区。由于国家财政困难，建设投资主要采取重点分配的办法，向恢复东北地区重工业生产、恢复中原地区农业生产和开展西南与西北地区交通建设三个方面重点倾斜。3 年中，用于东北地区工业恢复与建设的投资占同期全国工业基本建设投资总额的一半多，改扩建了鞍山钢铁公司、本溪铁路公司、丰满水电站等 10 多个项目，新建了齐齐哈尔特殊钢厂、长春第一汽车制造厂、哈尔滨锅炉厂、沈阳第一机床厂等几十个项目。同时，国家财政投资近 7 亿元进行大规模水利建设，开展淮河、黄河等河流的治理工作，修建现代化灌溉工程 358 处，投资总额占同期财政预算内基本建设投资的 10% 左右。在交通运输方面，国家在 3 年恢复时期同投入财政预算内资金 17.7 亿元，占同期投资总额的 26.7%。除修复原有铁路 8 000 多公里外，还新建公路 3 846 公里，在西南和西北地区新建了成渝（成都至重庆）、天兰（天水至兰州）和来睦（来宾至睦南关）三条铁路干线，并动工修建了宝成线和兰新线。这些投入主要分布在交通落后的中西部地区，明显地改善了内地的交通状况和经济社会发展条件。由于 3 年恢复时期的主导思想是经济恢复，所以尽管内地经济得到了一定的发展，但是其发展速度还是要落后于经济基础良好的东部沿海地区。经过 3 年的建设，东部沿海地区的工业产值由 100.2 亿增加到 243.2 亿元人民币，内地工业产值则由 40 亿元增加到 100.1 亿元，虽然绝对差距扩大了，但是相对差距有所缩小。[①]"一五"期间，在苏联援建的 156 项[②]基本建设项目中，有 4/5 布局在内地；在 694 项限额投资在 1 000 万元以上的项目中，有 472 项布局在内地。按省市细分，辽宁、黑龙江、吉林、北京、山西、河北、河南、湖北、四川、陕西、甘肃 11 个省市的基本建设投资占到全国的 55.5%，北方和内地成为当时的重点建设地区。"一五"时期建设项目的选择，体现了"优先发展重工业"的工业化战略，重点建设能源、原材料和重加工工业，使内地

---

① 惠中：《建国以来我国区域经济发展战略的演变及思考》，毛泽东邓小平理论研究，1999 年第 6 期。

② 其中 4 项没有建设，2 项重复计算，实际施工建设的是 150 项。

的工业化跨越了普通工业化进程中以轻工业为先导的发展阶段，从开始就带有重化工主导型的特点。建设项目布点相对分散，除了受资源影响的煤炭等采掘工业项目外，大多数分布在大中城市。相当一部分大企业经过联合选厂、成组布局和与城市建设相协调，建成为综合配套的工业区。内地许多工业薄弱的城市，如包头、兰州、西安、郑州、洛阳、武汉、湘潭、株洲、重庆、成都、乌鲁木齐等，逐步被建设成为新兴工业城市。这是"一五"计划时期工业建设投资较省、建设周期较短、投产后经济效益较好的重要原因之一。这些大项目的建成，初步奠定了中国工业化的基础，极大地促进了内地的经济发展，我国区域经济发展不平衡的状态开始得到改观。1953～1957 年，全国工业总产值的年平均增长速度为 18%，其中内地为 20.4%，比沿海地区高 3.6 个百分点。内地工业产值在全国工业总产值中的比重，由 1952 年的 26.9% 上升为 1957 年的 33%，5 年间上升了 6.1 个百分点，沿海与内地区域差距呈全面缩小趋势。这表明国家强调平衡发展的区域经济发展战略取得了初步成效。[①]

遗憾的是，这一时期内地的快速发展从一定程度上来说是以压制沿海地区的发展为代价的，区域经济发展战略在追求区域经济格局总体均衡的同时损失了发达地区的经济效率。由于"一五"时期用于沿海工业改造、扩建、新建的投资较少，上海、天津等老工业基地的作用和潜力未得到应有的发展和加强，工业生产没有得到应有的发展。据 1956 年的统计，当时上海 40 种主要工业品的设备利用率有 35 种在 80% 以下，其中 16 种甚至在 40% 以下；天津 38 种主要工业品的设备利用率在 40% 以下的有 15 种，60% 以下的有 17 种，70%～80% 的只有 6 种。1956 年，毛泽东在《论十大关系》中指出，"过去朝鲜还在打仗，国际形势还很紧张，不能不影响我们对沿海工业的看法。现在，新的侵华战争和新的世界大战，估计短期内打不起来，可能有十年或者更长一点的和平时期。这样，如果不充分利用沿海工业的设备能力和技术力量那就不对了"，"好好地利用和发展沿海的工业老底子，可以使我们更有力量来发展和支持内地工业。如果采取消极态度，就会妨碍内地工业的迅速发展"。[②] 中共八大通过的《关于政治报告的决议》指出："在内地和近海地区的关系上，既须继续把工业重点合理地移向内地，发展内地的经济事业，又须充分利用和

---

① 国家计委国土开发与地区经济研究所：《我国地区经济协调发展研究》，改革出版社 1996 年版，第 14 页。

② 《毛泽东著作选读》下册，人民出版社 1986 年版，第 723～724 页。

合理发展近海地区的经济事业，特别是应当充分利用近海原有的工业基地来迅速推进内地新的工业基地的建设"。在同期通过的《关于发展国民经济的第二个五年计划的建议》中指出："在第二个五年计划期间，必须根据资源情况和合理分布生产力的原则，在内地继续建立和积极准备建立新的工业基地，使全国各地区经济逐步走向平衡发展。但是在内地大规模工业建设的同时，还必须积极地、充分地利用并且适应地发展近海各地原有的工业，这不但是为了适应国家和人民日益增长的需要，而且也是为着支援内地的建设。"①

（二）追求独立工业体系及国民经济发展困难的调整时期

从 1958 年开始，以盲目追求工农业产量和经济发展速度为主要内容的"大跃进"运动开始在全国全面展开，严重的"左"倾冒进行动使得《论十大关系》和"二五"计划的指导思想没有得到很好的贯彻执行。1958 年 6 月，中共中央做出关于加强协作区工作的决定，将全国分为东北、华北、华东、华南、华中、西北和西南七大协作区。各地都以建立独立完整的工业体系为发展目标，大中小项目遍地开花，国家建设重点进一步向内地倾斜。到 1960 年下半年，因投资超过国力，不得不对国民经济进行全面调整。这一时期，我国区域经济发展战略虽然仍以追求均衡为目标，但是出现了一定程度的紊乱，对区域经济的发展和区域经济格局的调整造成了不良的影响。

按照"二五"计划关于正确处理沿海工业与内地工业关系的基本原则和精神，这一时期本应加强沿海地区老工业基地建设，同时，在内地完成"一五"计划时期开工的新项目并进行西南、西北和三门峡周围地区以钢铁、有色金属和大型水电站为中心的新工业基地建设。但是，在 1958 年 8 月在北戴河举行的中央政治局扩大会议上，不仅没有对大跃进在实际生活中已经造成的严重浮夸和混乱现象加以纠正，反而给予了支持。会议决定 1958 年钢产量要比 1957 年翻一番，达到 1 070 万吨，1959 年达到 2 700 万吨 ~ 3 000 万吨。会议预计 1958 年粮食产量可以由 1957 年的 3 700 亿斤达到 6 000 亿斤 ~ 7 000 亿斤，并要求在 1959 年达到 8 000 亿斤 ~ 10 000 亿斤。会议通过的第二个五年计划指标，比 3 个月前八大二次会议通过的指标普遍翻了一番。从迅速实现生产力均衡布局和高速发展生产力的美好愿望出发，当时要求各区尽快分别建立大

---

① 《建国以来重要文献选编》第九册，中央文献出版社 1993 年版，第 345、362 页。

型的工业骨干和经济中心，形成若干个具有比较完整工业体系的经济区域。1958 年 8 月中央批准的《国家计划委员会党组关于第二个五年计划的意见》对原定的计划作了调整，提出："为了保证速度，某些原来工业基础较好的地区，在工业上进行适当的扩建改建是需要的。但是为了促进全国经济比较均衡的发展，必须积极地建设经济落后地区的工业。经济发达地区应当积极支援经济落后地区，沿海工业基地应当积极支援内地。"①

因此，在 1958～1962 年的"二五"计划期间，全国基本建设继续向内地倾斜。在全国基本建设投资中，内地所占比重在"一五"期间的基础上继续上升，达到 53.9%，比沿海地区高了 11.6 个百分点；内地工业平均年增长率为 5%，比内地高出 1.8 个百分点。与 1957 年相比，1962 年内地工业产值在全国工业总产值中的比重由 33.5% 上升 35.5%，提高了 2 个百分点。需要强调的是，由于建立地方完整独立工业体系的要求是在经济过热和片面追求布局均衡的形势下提出的，因而不仅难以发挥区域经济的协调作用，反而使国家投资出现恶性膨胀。1958～1960 年，全国基本建设投资总额达 996 亿元，比"一五"计划投资总额增加了 81%。在地域分布上，呈现出显著的分散化和趋同化特点，建设项目星罗棋布，工业遍地开花。全国各个地区都办起了小钢铁，建起了用于土法钢铁冶炼的上百万个小土高炉和小土焦炉，造成了巨大的经济浪费和"欲速小达"的困难局面。在大跃进思想指导的经济建设中，各地区只注意"多，快"，不注意"好，省"；只注意数量，不注意质量品种；只顾当前，不做长远打算。再加上中苏关系恶化与国内自然灾害的影响，国民经济陷入了十分困难的局面。1960 年，国家计划委员会开始拟订第二个五年计划后两年的国民经济调整计划，不得不压缩各项经济发展指标。可以说，"二五"计划时期，全国经济发展经历了较大的波折，区域经济格局的变化也显得杂乱无章。

（三）实施战略转移的三线建设时期

20 世纪 60 年代中期至 70 年代初期，中共中央从战备需要出发，根据战略位置不同将全国各地分为"一线、二线、三线"三大区域。经济建设和工业布局的重点开始向"三线"地区倾斜，特别向内地的贵州、四川、陕西南

---

① 《建国以来重要文献选编》第十一册，中央文献出版社 1993 年版，第 436 页。

部、湖北西部等地区深入，形成了我国总体战略布局的一次大规模西移。其时间之长、投资之大、影响之深，在新中国经济发展的历史上是空前的。

在中苏关系恶化的背景下，对国际形势特别是战争威胁的悲观预测，是制定这一时期区域发展战略的重要因素。鉴于"大跃进"运动严重制约了人民群众生活水平的提高，国家计划委员会于 1964 年 4 月按照中央继续调整国民经济的指导方针拟定了"三五"计划的初步设想。将原来以发展重工业为主线调整为以大力发展农业、着重解决人民吃穿用为中心。在基本建设投资上，针对农业的投资大幅增长。"三五"期间，全国基本建设投资中农业投资额占到 20%，大大高于"一五"时期的 1.7% 和"二五"时期的 11.3%。这个当时被称为"吃穿用计划"的设想，反映了党和国家在中共八大前后对生产力布局正确探索的继续和发展。可惜的是，不久便由于对战争爆发可能性和紧迫性的悲观认识而中断。从国际环境来看，当时我国陷入了四面被扰的困境：美国在越南发动的战争逐步升级，苏联在中国边境陈兵百万，中印边境的紧张局势没有得到缓和，中国台湾的国民党政府也不断派出武装特务进行窜扰。严峻的国际局势和周边环境使党和国家一度认为决不可忽视美苏发动大规模战争的危险性，既要做好早打、大打的准备，又要做好打常规战争的准备，甚至还要做好进行核战争的准备。基于对国际形势的这种认识，国家各方面的工作处于临战状态，区域经济发展战略也受到很大影响。国家相关部门于 1964 年对经济建设的区域布局原则进行了相应调整，提出：一切新的建设项目，不在第一线、特别是十五个一百万人口以上的大城市建设；第一线、特别是十五个大城市的现有续建项目，除明年、后年即日完工投产见效的以外，其余一律要缩小规模，不再扩建，尽早收尾；在第一线的现有老企业，特别是工业集中城市的老企业、军工和机械工业的老企业，要把能搬的或者能一分为二的企业或车间，分一部分到三线、二线；从明年起，不再新建大中水库；在一线的全国重点高等学校和科学研究、设计机构，凡能迁移的，应有计划地迁移到三线、二线去，不能迁移的，应一分为二；今后，一切新建项目不论在哪一线建设，都应贯彻执行分散、靠山、隐蔽的方针，不得集中在某几个城市或点。1965 年 2 月，国家计划委员会重新拟定了《关于第三个五年计划安排情况的汇报提纲（草案）》，指导思想由重点解决吃穿用转变为以备战为中心，明确提出"第三个五年计划必须立足于战争，从准备大打、早打出发，积极备战，把国防建设放在第一位，加快二线建设，逐步改变工业布局。"① 也就是说，新建项目都要摆在内地，沿海所有部门要求的投资一律要禁止或控制。对少数国防尖端项目，要按照"分散、靠山、隐蔽"原则建设，甚至要"进洞"。1970 年 2 月召开的全国计划会议提出，"四五"期间要加强"三线"建设，建立不同水平、各有特点、各自为战，大力协同的经济协作区；要将内地建成为一个部门齐全、工农业协调发展的强大战略后方。

"三线"建设从 1964 年开始，其间曾经有两次建设高潮，1964～1966 年，以大西南为重点的建设是第一次高潮。这个阶段，先后修筑了贯通西南的川黔、成昆、贵昆、湘黔等铁路干线，建设了攀枝花、包头、酒泉等几个钢铁基地，以及在四川、贵州、甘肃等省建设了一批石油、机械、电力项目及其他为国防服务的 10 个迁建、续建项目。1965 年以后，国家财政投资的重点就一直在内地特别是"三线"地区，其中西南地区是重中之重。在 1966 年计划施工的 846 个大中型项目中，"三线"地区占到了 48.2%。1964～1971 年，全国共有 380 个项目、14.5 万人和 3.8 万台设备从沿海地区迁到了"三线"地区。第二次高潮发生在 1969～1972 年。1969 年中央决定由部队接管国防工业，随后形成了由国防工业带动的整个基本建设的膨胀局面。这一时期"三线"建设的重点是在继续建设西南地区的同时，逐步向湖南、湖北和河南三省的西部转移。1966～1970 年，内地基本建设投资占全国基本建设投资总额的 66.8%，其中"三线"地区的 11 个省和自治区占 52.7%；1971～1975 年，内地投资占全国基本建设投资总额下降到 53.5%，其中"三线"地区 11 个省和自治区占 41.1%。② "三线"建设时期，国家财政共投资 82 亿元，相继建设了川黔铁路、成昆铁路、贵昆铁路、湘黔铁路、襄渝铁路 5 条干线铁路，使川、黔、滇 3 省铁路联成一体，形成了川、黔、滇、鄂、湘 5 省铁路运输网，从根本上改变了中国历史上西南地区交通闭塞状况。国家在"三线"地区先后投资 2 000 亿元，形成固定资产总值 1 400 亿元，建成全民企业 2.9 万个，形成了 45 个以重大产品为主的专业生产科研基地和 30 个各具特色的新兴工业城市。③ 国家投资西移使中国经济的区域布局发生了重大变化，在西南、西北、晋南、豫西、鄂西建设起一系列的新兴工业基地，带动了这些地区经济的发展，为进一步开发西北和西南地区奠定

① 《建国以来重要文献选编》第十一册，中央文献出版社 1993 年版，第 133～134 页。
② 赵德馨：《中华人民共和国经济史》，河南人民出版社 1989 年版，第 183 页。
③ 胡长顺：《中国地区经济发展政策研究》，经济研究参考，1995 年第 145 期。

了坚实的基础。

（四） 经济建设重点开始向东部地区移动的时期

20 世纪 70 年代初，是我国国民经济发展最危险的时期。在文化大革命的影响下，以阶级斗争为纲的政治运动严重干扰了经济活动的正常运行，国民经济到了崩溃的边缘。70 年代中期开始，文化大革命对经济发展的消极影响开始被党和国家高度重视，恢复经济建设在国家事务中的中心地位成为众多有识之士的共识。在区域经济发展战略方面，虽然三线建设还在大张旗鼓地进行，但是经济建设和工业布局的重点已经开始从内地向东部沿海地区移动。

20 世纪 70 年代，我国对外政策开始进行重要调整。在美苏争霸、中苏关系陷入僵局的背景下，我国在坚持"一大片"方针即重点发展与亚、非、拉发展中国家关系的同时，也加强了同西欧资本主义国家和东欧社会主义国家的关系。随着 1971 年在联合国合法席位的恢复，我国的国际环境出现了改善的趋势。1972 年 2 月 28 日，中美两国在上海发表联合公报，标志着两国间 20 多年对立情况的结束。随后，中日关系也有了明显改善，并且实现了邦交正常化。1974 年，依据毛泽东提出的三个世界划分理论，我国开始实行加强与日本、中东、西欧（包括大洋洲）和美国的联系。地缘政治的重大变化与国际关系的相对缓和，给对开展国际经济合作区位绝佳的东部地区的发展带来了新的机遇。与此同时，三线建设由于要求过急、投入过多、选址不当等问题导致了严重的资源浪费和经济损失，促使社会各界开始关注投资效益和区域经济发展问题。1973 年 1 月，国务院批准了由国家计委提出的《关于增加设备进口，扩大经济交流的请示报告》，开始了以引进项目为中心的工业建设。新中国成立后经济建设长期偏重内地的倾向开始转变，国家大型项目、大额投资和对外贸易开始转向东部沿海发达地区及内地的主要工业地区。

"四五"（1971 ~ 1975）后期和"五五"（1976 ~ 1980）前期，国家投资的重点开始东移，突出表现在两方面：一是产业布局由内地向东部特别是沿海的经济发达区域逐渐转移。在 20 世纪 70 年代两批引进的 47 个主要成套项目中，布局于东部沿海地带的有 24 个，而布局于中部与西部地区的分别为 12 个和 11 个。其中，东部地区项目主要集中在辽宁中部、京津唐、长江三角洲及长江下游沿岸和胶东地区；中部地区项目主要集中在江汉平原；西部地区项目主要集中在四川盆地南部。二是在基础设施建设上，港口和铁路成为重点目标。着手建设了日照港和北仑港等新港口，较大规模地扩建了大连、营口、秦皇岛、天津、宁波、厦门、广州等港口。同时为了通畅晋煤外运的铁路通道和加强港口集疏运铁路建设，实施了胶济、津浦等线路以及一系列铁路枢纽的改扩建等工程。"四五"计划后期开始，沿海地区在全国基本建设投资中所占比重逐步增加，至1975年已上升到41.5%。"五五"期间，沿海地区基本建设投资占全国的比重进一步上升为42.2%，为新中国成立以来的最高水平。1972~1978年，沿海地区的工业增长速度开始超过内地，年平均增长速度为9.4%，比内地高出0.5个百分点，沿海地区在全国经济发展中的重要地位开始迅速恢复。到1978年改革开放之前，内地工业产值占全国的比重为39.1%，比1952年上升了9个百分点；固定资产原值占全国的比重也从1952年的28%上升到56.1%。但是，对于经济基础极度薄弱的内地而言，20多年力度虽大但是稳定性和科学性欠佳的倾斜性区域经济发展战略还不足以从根本上改变其落后的经济面貌。随着全国经济建设重点开始向东部地区移动，中西部等内陆地区的经济发展由于国家支持力度的减弱而开始变缓，刚刚出现缩小趋势的沿海与内地之间的区域经济差距又开始不断扩大。[①]

二、鼓励东部沿海优先发展的区域经济非均衡发展战略

1978年以后，随着改革开放政策的实行，我国经济发展进入了持续发展的历史时期，创造了举世瞩目的中国奇迹。随着经济增长速度的不断加快和综合国力的不断增强，我国的区域经济发展也进入了巨变时期。党的十一届三中全会以后，以邓小平同志为核心的第二代领导集体从我国社会主义初级阶段地区经济文化发展不平衡的基本国情出发，高瞻远瞩地提出了现代化建设"三步走"和"两个大局"的战略构想，开创性地提出了"部分先富，以先富带动后富"的区域经济非均衡发展战略思路。

（一）东部地区优先发展阶段

1979~1991年，我国的生产力布局和区域经济发展政策发生了很大的变

---

① 李清泉：《论区域协调发展战略》，博士学位论文，中共中央党校，2000年。

化。在效率优先、兼顾公平原则的指引下，新中国成立后一直居主导地位的均衡发展观让位于强调经济发展速度和效益的非均衡发展观。中西部等内陆地区在区域经济发展战略中的地位被严重弱化和边缘化，东部地区优先发展成为这一阶段我国非均衡的区域经济发展战略的核心特征。

对于我国的社会主义事业而言，文化大革命的 10 年动乱是一场巨大的灾难。新中国成立后 10 余年的建设成果毁于一旦，国民经济发展严重倒退，国内经济秩序混乱不堪，城乡人民生活十分困难。党的十一届三中全会以后，邓小平同志和全党深刻反思新中国成立以来经济建设的得失，深入研究社会主义的本质和内涵，寻找富民强国的有效路径。党和国家认识到，在中国这样一个幅员辽阔、生产力水平低、发展不平衡的国家，一刀切、单一的经济发展战略是行不通的，区域经济发展的先后顺序必须要有所区分。邓小平同志审时度势，提出了现代化建设"两个大局"的战略思想：加快东部沿海地区的对外开放步伐，使之先发展起来，中西部地区要顾全这个大局；当经济发展到一定时期，如 20 世纪末全国达到小康水平时，就要拿出更多力量帮助中西部地区加快发展，东部沿海地区也要服从这个大局。因此，在改革开放初期，要集中力量促进东部沿海地区的优先发展，在东部地区的经济发展达到一定水平后再帮助中西部地区发展，最终实现共同富裕。在对国际形势的分析中，邓小平同志指出，和平与发展已经成为时代的主题，在较长时期内发生大规模世界性战争的可能性已经很小，经济发展是当前世界绝大部分国家的主要目标，我国有必要也有可能集中力量进行现代化建设。在改革开放政策的框架内，也要对原先注重内地和三线建设的区域经济发展战略进行调整，将经济基础雄厚、区位优势明显、海外关系众多的东部沿海地区作为优先发展的重点区域。

"六五"计划（1981～1985）对区域经济发展的设想是：要积极利用沿海地区的现有基础，充分发挥它们的特长，带动内地经济进一步发展；同时努力发展内地经济，继续积极支持和切实帮助少数民族地区发展生产、繁荣经济。这一发展战略已经初步地提出了区域经济发展要利用和发挥相对优势，形成合理分工的思路框架。但是在战略政策的实施过程中，东部地区的优先发展成为了绝对的主体，中西部地区的经济发展被严重的忽视和压抑。20 世纪 80 年代初，深圳等 5 个经济特区相继成立，天津等 14 个沿海港口城市相继开放，珠江三角洲、长江三角洲和闽南厦漳泉三角洲相继被确定为经济开放区，辽东半岛和山东半岛也相继开放。在初步形成的对外开放格局中，东部沿海地区成为了最大的受益者。中央政府赋予经济特区和开放地区一系列优惠政策，允许地方政府在开展对外经济活动时实行特殊政策和灵活措施，以促使其抓紧有利的国际形势实现率先发展。同时，我国进行的产业结构大调整也是影响当时区域经济发展格局的一个重要因素。新中国成立初期，我国的经济结构尤其是产业结构受苏联模式的影响较大，重积累、轻消费，重工业、轻农业，重工业发展大幅领先于轻工业。这种失调的结构不仅不利于经济的协调发展，而且不易于满足人民改善生活水平的要求。通过调整积累与消费、重工业与轻工业之间的比例关系，促进农业发展，不仅可以为人民提供充足且多样化的生活资料，提高生活水平，而且也使轻工业基础较好的东部沿海地区获得了较强的发展动力。此外，国家对东部沿海地区的投资倾斜也很明显。"六五"期间，东部沿海地区 11 个省市的全民所有制基本建设投资比重为 47.7%，比"五五"时期上升了 5.5 个百分点。在 1984 年全国基本建设总投资中，广东省所占比重首次跃居第一位。这一时期，是我国国民经济走出文化大革命的阴影，全面复苏的阶段。全国区域经济格局比较稳定，区域发展差距虽然有所扩大，但是幅度较小。其主要原因在于前五个"五年"计划和"三线"建设期间国家投向中西部地区的大量投资和项目安排对中西部区域经济的后续促进作用还在发挥，而优先发展战略对东部沿海地区的促进作用在较短的时间内发挥得还不明显，上海、辽宁等老工业基地发展速度仍然较慢。

"七五"计划（1986~1990）对我国东、中、西三大地带的经济区域划分予以了确认和发展，在效率优先和非均衡发展的战略思想指导下，提出了区域开发的顺序。明确指出："我国经济分布客观上存在着东、中、西三大地带，并且在发展上呈现出逐步由东向西推进的客观趋势"，"我国地区经济的发展，要正确处理东部沿海、中部、西部三个经济地带的关系。'七五'期间以至 20 世纪 90 年代，要加速东部沿海地带的发展，同时把能源、原材料建设的重点放到中部，并积极做好进一步开发西部地带的准备。把东部沿海的发展同中、西部的开发很好地结合起来，做到互相支持、互相促进"，重视"老、少、边、穷地区的经济发展"。[①] 1990 年，中央决定开放开发上海浦东新区，促进长江三角洲地区的经济发展。这一时期，以沿海地区为重点的区域发展战略在中央投资的地区分配上有更加明确的体现。1986~1989 年，几乎所有的东部沿海省市投资份额都有所提高，地区投资总额排名全国前六位的依次为广东、上海、辽宁、山东、江苏和北京，全部是东部沿海省市。"七五"时期，东部

---

① 《十二大以来重要文献选编》中册，人民出版社 1986 年版，第 809 页。

地区的全民所有制基本建设投资比重达到 51.7%，中部地区为 24.4%，西部地区下降到 16.3%。由于东部沿海地区在对外开放上的先行地位和国家在投资布局上的倾斜，以珠江三角洲和长江三角洲为中心的沿海省份的经济获得了大大高于全国平均水平的增长速度。而改革开放之前的倾斜政策对中西部地区经济发展的余威已尽，西部地区在全国区域经济格局中的地位越来越微弱和边缘化，全国区域经济差距开始加速拉大。

（二）　在东部优先发展的同时开始兼顾中西部地区发展的阶段

1992 年，邓小平同志在南方考察的过程中发表了一系列讲话，指出改革是中国发展生产力的必由之路，在经济建设中思想要更解放一些，改革的步子要加快一些。南方谈话对我国 20 世纪 90 年代的经济改革与社会进步起到了关键的推动作用，在其精神的指导下，党的十四届三中全会通过了《中共中央关于建立社会主义市场经济若干问题的决定》，我国的经济发展和改革开放事业进入了一个全新的阶段。在区域经济发展上，以江泽民同志为核心的第三代领导集体深入贯彻邓小平同志"两个大局"的战略构想，针对东部地区增长强劲、中西部地区发展困难的情况，开始在坚持东部地区优先发展战略的同时兼顾中西部地区的发展。

从国际角度看，20 世纪 80 年代末到 90 年代初，国际形势发生了巨大的变化。随着苏联解体和东欧剧变，长达几十年的冷战结束，美苏争霸也随之终结。多极化成为世界发展的主流，和平与发展成为时代的特征，以经济和科技为基础的综合国力竞争日益激烈。在经济全球化的浪潮中，对外开放对于我国经济发展的重要作用越来越凸显。在国外资金、先进技术和管理经验的促进下，东部地区的经济发展不断加速，成为改革开放政策最大的受益地区。而广大中西部地区强烈希望国家实行全方位开放，使内地在对外开放方面得到公平待遇。另外，随着我国与周边国家关系在 80 年代中期的缓和与改善，东北与西南地区的边境贸易自发地发展起来。在市场经济体制的框架下，边境贸易的发展促进了边境口岸城市的繁荣，并且对边境省份的经济发展起到了有力的促进和带动作用。因此，边境省份要求国家实施沿边开放政策的意愿也非常强烈。从国内角度看，在社会主义市场经济体制的建设过程中，区域经济发展不平衡问题引起了党和国家越来越多的重视。1992 年 10 月，江泽民同志在党的十四大报告中提出："我国地域广阔，各地条件差异很大，经济发展不平衡。

应当在国家统一规划指导下，按照因地制宜、合理分工、各展所长、优势互补、共同发展的原则，促进地区经济合理布局和健康发展。""要根据自然地理特点和经济的内在联系，充分发挥中心城市作用，努力发展各具特色的区域经济。""对少数民族地区以及革命根据地、边疆地区和贫困地区，国家要采取有效政策加以扶持，经济比较发达地区要采取多种形式帮助他们加快发展。"根据党的十四大精神，1993年3月党的十四届二中全会通过了《中共中央关于调整"八五"计划若干指标的建议》，并对区域经济发展战略的指导思想进行了调整，提出"充分发挥各地优势，促进地区经济合理布局和协调发展"。1995年9月，党的十四届五中全会通过的《中共中央关于制定国民经济和社会发展"九五"计划和2010远景目标的建议》，将"坚持区域经济协调发展，逐步缩小地区发展差距"，作为今后五年我国经济和社会发展必须贯彻的一条重要方针。1996年八届人大四次会议批准的《国民经济和社会发展"九五"计划和2010年远景目标纲要》中，专设了题为"促进区域经济协调发展"部分，制定了逐步缩小地区发展差距，促进中西部地区发展的六个方面的政策措施，这在历次的五年计划中还是第一次。江泽民同志在党的十四届五中全会闭幕时的重要讲话中，又把"东部地区和中西部地区的关系"作为社会主义现代化建设中应正确处理的十二个重大关系之一，进行了比较全面深刻的论述。指出"解决地区发展差距，坚持区域经济协调发展，是今后改革和发展的一项战略任务。从'九五'开始，要更加重视支持中西部地区经济的发展，逐步加大解决地区差距继续扩大趋势的力度，积极朝着缩小差距的方向努力。"1997年9月，江泽民同志在党的十五大报告中指出："国家要加大对中西部地区的支持力度，优先安排基础设施和资源开发项目，逐步实行规划的财政转移支付制度，鼓励国内外投资者到中西部投资。进一步发展东部地区同中西部地区多种形式的联合和合作。更加重视和积极帮助少数民族地区发展经济。从多方面努力，逐步缩小地区发展差距。"

"八五"时期（1991~1995），特别是1992年邓小平同志南方谈话以后，我国在进一步巩固沿海地区对外开放成果的基础上，逐步加快了中西部地区对外开放的步伐。相继开放了一批沿边城市、长江沿岸城市和内陆省会城市，设立了三峡经济开放区，形成了沿海、沿边、沿江和内陆省会城市相结合的，多层次、多渠道、全方位的对外开放格局。1992年，国务院批准黑河、绥河、满洲里、二连浩特、珲春、伊宁、塔城、博乐、凭祥、东兴、蜿町、瑞丽和河口13个边境城市为开放城市，在制定经济合同、进出口关税和增值税、外商投资项目审批、财政收入分配等方面赋予它们一系列优惠政策，支持边疆地区对外经济贸易的发展。同年，国务院进一步开放了乌鲁木齐、南宁、昆明、哈尔滨、长春、呼和浩特市 6 个边境省会城市和太原、合肥、南昌、郑州、长沙、成都、贵阳、西安、兰州、西宁、银川 11 个内陆省会城市，开放了重庆、岳阳、武汉、九江、芜湖 5 个长江沿岸城市。1993 年 2 月和 1994 年 8 月，国务院又进一步开放了黄石、宜昌、万县、涪陵等长江沿岸城市，规定这些城市可以享受沿海开放城市的优惠政策，加快了沿江和内陆中心城市的发展。

为了促进中西部地区加快发展，国务院于 1993 年出台了《关于加快发展中西部地区乡镇企业的决定》，制定了包括贷款在内的支持发展中西部地区乡镇企业的若干优惠政策。同年，国务院批转国家计委《关于西北地区经济规划问题的报告》，给予西部地区经济发展大力的政策支持：允许西北各省区在全国各地边境口岸建立外贸代理机构，直接进行贸易，享受当地优惠政策；对西北地区的水利、铁路、公路、航空、通信等基础设施和能源、原材料等项目的建设，国家继续给予适当的倾斜；利用国际金融组织低息贷款和国外政府贷款的项目，在同等条件下应优先考虑在西北地区安排；支持西北地区特别是少数民族地区的经济发展。1993 年 12 月，国家开发银行成立，为中西部地区的经济建设提供了金融组织机构。

"八五"时期是我国建国以来经济增长最快、波动幅度最小的 5 年，也是区域经济差距扩大速度最快的 5 年。作为改革开放的前沿阵地，经济基础本来就雄厚的东部沿海地区在"八五"期间得到了进一步的发展，无论经济总量还是经济质量都得到了进一步的提升。相比之下，尽管国家出台了若干支持中西部地区发展的优惠政策并起到了重要作用，但是中西部地区的经济发展还是比较缓慢，中西部与东部地区绝对差异和相对差异均呈加速扩大之势。1992 ～ 1995 年，东、中、西部地区国内生产总值年均增长速度分别为 16.93%、14.09% 和 11.40%，东部比西部地区高出 5 个多百分点。1990 ～ 1995 年，东、中、西部地区人均国内生产总值分别从 2 129.4 元、1 345.8 元和 1 078.1 元增长为 6 882.2 元、3 702.5 元和 2901.9 元。东部与中部的绝对差异从 783.6 元扩大到 3179.7 元，相对差异由 1∶0.63 扩大到 1∶0.54；东部与西部的绝对差异从 1 051.3 元扩大到 3 980.3 元，相对差异由 1∶0.51 扩大到 1∶0.42。[1]

"九五"计划（1996～2000）时期，在促进中西部地区发展方面提出了六

---

① 李清泉：《论区域协调发展战略》，博士论文，中共中央党校，2000 年。

个方面的政策措施。包括：优先在中西部地区安排资源开发和基础设施建设项目，引导资源加工型和劳动密集型产业向中西部地区转移；理顺资源性产品价格，增强中西部地区自我发展的能力；实行规范的中央财政转移支付制度，逐步增加对中西部地区的财政支持；加快中西部地区改革开放步伐，引导外资更多地投向中西部地区；加大对贫困地区的支持力度；加强东部沿海地区与中西部地区的经济联合与技术合作。同时，按照市场经济规律和区域间的经济内在联系以及地理自然特点，突破行政区划界限，提出在已有经济布局的基础上，以中心城市和交通要道为依托，逐步形成7个跨省区市的经济区域，即长江三角洲及沿江开发区、环渤海湾地区、东南沿海地区、西南和华南部分地区、东北地区、中部五省地区和西北地区。这是国家为促进地区生产力合理布局采取的一个重要举措，对于推进我国区域经济协调发展和第三步战略目标的实现具有战略意义。

"九五"期间，受东南亚金融危机以及国内国企改革的影响，我国的经济发展出现了一定的波折。尤其在"九五"后期，随着内需不足、下岗再就业、生态恶化等问题的出现，我国经济增长速度出现了放缓的趋势，区域经济差距持续扩大的趋势也没有得到有效的遏制。面对国际国内不利的经济发展条件，市场经济较为发达的东部地区显示了较强的应变能力，经过短期的调整迅速适应了变化后的发展条件，恢复到经济高速增长的状态。而市场经济体制建设较为落后的中西部地区的经济发展则遭受了较为严重的打击，经济增长明显减速。这个时期，东部地区的年平均经济增长速度为10.48%，高于中部和西部地区的9.7%和9.44%，使得本来就比较显著的区域经济差距更加突出。1996～2000年，在国内生产总值之比方面，东部与中部从1：0.48扩大为1：0.45，东部与西部从1：0.24扩大为1：0.23；在人均国内生产总值方面，东部与中部的绝对差距从3 536.23元扩大为5 071.7元，相对差距从1：0.56扩大到1：0.54。东部与西部的绝对差距从4 505.01元扩大为6 424.74元，相对差距从1：0.44扩大为1：0.42。

三、西部大开发战略

经过改革开放20多年的努力，到20世纪末我国经济发展取得了举世瞩目的成就。生产力水平不断提升，产业结构不断优化，人民生活不断改善，国民经济总量跃居世界前列。但是，国民经济发展还存在着诸多问题，制约着我国从经济大国向经济强国的转变。其中，以东、西部地区之间巨大的区域差距为代表的区域发展失衡问题非常突出。不仅威胁着我国经济的持续、稳定和协调发展，更对民族团结和社会稳定产生了一定的负面影响。党和政府审时度势，制定并着手实施西部大开发战略。

（一）西部大开发战略的出台

作为中华文明的发源地，西部虽然是全国经济发展最为落后的地区，但是其战略地位却不容轻视。占全国 3/4 的少数民族人口，占全国 4/5 的陆地边境，有"中华水塔"之称的青藏高原，以及丰富的矿产和能源资源，使得西部地区在生态、民族、军事等方面对于全国有着举足轻重的地位。"八五"计划起，中央政府虽然在支持东部优先发展的同时开始兼顾中西部地区发展，但是西部在国家区域经济非均衡发展战略中的边缘地位仍然没有发生根本的改变，区域经济格局失衡的局面反而愈演愈烈。提高西部在国家区域经济发展战略中的地位，重新树立均衡发展观，成为我国在世纪之交的必然选择。

1999 年 6 月，江泽民在西北 5 省区国有企业改革和发展座谈会上发出了实施西部大开发战略的号召。他指出，在世纪之交必须不失时机地加快中西部地区的发展，特别是抓紧研究西部地区大开发。实施西部地区大开发是全国发展的一个大战略，要有通盘的考虑，要在过去发展的基础上经过周密规划和精心组织，迈开更大的开发步伐，形成全面推进的新局面。加快西部地区的经济发展，是保持国民经济持续、快速、健康发展的必然要求，也是实现我国现代化建设第三步战略目标的必然要求。实施西部大开发是振兴中华的宏伟战略任务，经济、文化、政治、军事和社会意义深远。没有西部地区的稳定就没有全国的稳定，没有西部地区的小康就没有全国的小康，没有西部地区的现代化就不能说实现了全国的现代化。加快开发西部地区是一个巨大的系统工程，也是空前艰难的历史任务。既要有紧迫感，抓紧研究方案、步骤和政策措施，又要做好长期奋斗的思想准备。西部要抓住历史机遇，坚持发扬自力更生、艰苦奋斗的光荣传统，利用自己的比较优势，创造新的业绩。要下决心通过几十年乃至整个 21 世纪的艰苦努力，建设一个经济繁荣、社会进步、生活安定、民族团结、山河秀美的西部地区。由此，西部大开发战略揭开了神秘的面纱，国家有关部门全面开展调查研究，为西部大开发战略的最终出台进行着各项准备工作。

1999年10月，朱镕基在甘肃、青海、宁夏考察工作时强调，加快西部地区发展是邓小平同志关于我国现代化建设战略思想的重要组成部分，是促进各地区共同繁荣、共同富裕的必然要求；一定要站在现代化建设全局和长远发展的高度，统一思想认识，不失时机地实施西部大开发战略。他指出，实施西部地区大开发战略是一项复杂的系统工程，要有步骤、有重点地推进。根据中央的指示精神，最重要的是抓好以下几个方面：第一，进一步加快基础设施建设，这是实施西部大开发的基础；第二，切实加强生态环境保护和建设，这是实施西部地区大开发的根本；第三，积极调整产业结构，这是实施西部地区大开发的关键；第四，大力发展科技和教育，这是实施西部地区大开发的重要条件。朱镕基强调，实施西部地区大开发战略是一项长期而又艰巨的伟业，也是一个规模宏大的社会经济系统工程。既要有紧迫感，又要从长计议，坚持从实际出发，按客观规律办事。要突出重点，因地制宜，有所为，有所不为，有计划、有步骤地推进。要采取适应改革开放新形势的新思路、新机制、新办法。为了加快西部地区的大开发，国家已经并要继续加大对西部地区的投入力度，东部沿海地区和社会各方面都要采取多种形式给予大力支持，西部地区要进一步解放思想，加快改革开放步伐，奋发图强，顽强拼搏，苦干实干，积极进取，紧紧抓住国家实施西部大开发的历史机遇，以高度的责任感和使命感把各方面的工作做得更好。

2000年1月中旬，中共中央、国务院对实施西部大开发战略提出明确要求。指出：当前和今后一个时期，在实施西部大开发战略、加快中西部地区发展中，要突出抓好西部地区的开发，把加快基础设施建设作为开发的基础，把加强生态环境保护和建设作为开发的根本，把抓好产业结构调整作为开发的关键，把发展科技教育和加快人才培养作为开发的重要条件，把深化改革、扩大开放作为开发的强大动力。至此，西部大开发战略基本成型。

2000年1月，国务院发出关于成立国务院西部开发领导小组的决定，国务院西部开发领导小组成立。国务院西部开发领导小组组长由朱镕基总理担任，副组长为温家宝副总理，组成人员包括国家计委、国家经贸委、教育部、科技部、国防科工委、国家民委、财政部、国土资源部、铁道部、交通部、信息产业部、水利部、农业部、文化部、中国人民银行、中央宣传部、国家广播影视局、国家林业局、国家外专局19个部门的主要负责同志。国务院西部开发领导小组的成立，为西部大开发战略的实施建立了组织和机构保障。

2000 年 6 月，江泽民在西北 5 省区党建工作和西部开发座谈上指出，西部大开发，加快中西部地区发展，是党中央在国际形势发生新的变化、我国经济进入一个新的发展时期做出的重大决策。经过 20 多年的改革和发展，我国相继实现了现代化建设的第一步和第二步战略目标。我们要向第三步战略目标不断迈进，必须继续深化改革，扩大开放，推进两个根本性转变，加快经济结构的战略性调整，增强经济发展的后劲。实施西部大开发，加快中西部地区的发展，将为 21 世纪我国经济的发展开拓新的广阔空间，是保持我国经济持续快速健康发展的重大战略措施，对于我们国家未来的繁荣昌盛和长治久安，具有极其重大的意义。江泽民强调，西部大开发具有重大的经济意义和政治意义，国家必须予以重点支持。国家要制定支持西部开发的财税、金融、外资外贸、吸引人才和科技教育等方面政策。要坚持立足当前、着眼长远、量力而行、逐步推进的方针。要坚持有所为、有所不为，搞好科学规划，选准实施重点，集中财力物力解决一些关系西部发展全局的重大问题，以带动西部开发的全局发展。要根据西部各地的经济优势，选好投资项目，努力提高经济效益，同时在开发和建设中要高度注重社会和生态效益。既要始终重视物质文明建设，又要坚持重视精神文明建设；既重视经济发展又重视社会发展，使物质文明建设和精神文明建设相得益彰，相互促进。西部地区广大干部、群众要大力发扬自力更生、艰苦奋斗的精神，认真分析并善于发挥自己的优势，在不断开拓创新中形成地区自我发展的良性机制，走出一条西部开发的新路子。力争用 5 ~ 10 年时间，在促进西部地区的经济繁荣、社会进步、民族团结和山川秀美上有一个新的良好开局。

2000 年 10 月 26 日，国务院批准颁发《国务院关于实施西部大开发若干政策措施的通知》，其主要内容包括：制定政策的原则和支持的重点，增加资金投入的政策、改善投资环境的政策、扩大对外对内开放的政策、吸引人才和发展科技教育的政策。这一通知的颁布，标志着西部大开发战略的正式成型和出台。

（二）西部大开发战略的初步实施

作为一项国家层面的区域经济发展战略，西部大开发的战略目标与历史使命不是在一朝一夕的短期之内可以完成和实现的，而注定是一个漫长的历史过程。从前5年的实施来看，西部大开发的效果还是比较显著的。[①]

第一，逐渐增加的中央投入促进了西部地区的快速发展。为了缓解社会资本不足造成的资本瓶颈，中央政府不断加大对西部地区的财政投入力度。战略实施前5年，中央财政累计向西部地区投入建设性资金4 600多亿元，累计安排财政转移支付和专项补助5 000多亿元，长期建设国债的1/3以上也被用于西部地区。在国家投入的带动下，西部地区社会投入也呈现出不断增长的态势，全社会固定资产投资年均增长达到20%。在强力投入增加的刺激下，西部地区发展明显加速。西部地区国内生产总值年均增长速度达到10.2%，与全国平均增长速度的相对差距由"八五"期间的2.8个百分点和"九五"期间的1.3个百分点缩小到了0.8个百分点，有效遏制了区域经济差距进一步恶化的趋势。

第二，加大了基础设施建设与生态环境保护力度，一批重点工程取得实质性进展。作为西部大开发战略的基础保障，基础设施建设是西部大开发开局阶段的重中之重。战略实施前5年，国家在西部地区投资8 500亿元（其中国债投资2 700多亿元）开工建设了60项重点工程。在交通干线建设方面，5年新增公路通车里程9.1万公里，其中高速公路5 600公里；建设铁路新线2 824公里，复线1 518公里，电气化铁路1 779公里；青藏铁路累计铺轨777公里，预计可在2006年按时完工；建成干线机场和支线机场23个，在建项目13个。在西电东送工程方面，累计开工项目总装机容量3 600多万千瓦，输变电线路13 300公里，新增的向广东送电1 000万千瓦建设任务提前一年完工。在西气东输工程方面，仅用了不到3年的时间，于2004年12月30日全线建成并且商业供气。在水利设施方面，建设了四川紫坪铺、宁夏沙坡头、广西百色、内蒙尼尔基等一批大型水利枢纽工程，对115个灌区进行了改造，建设了535个节水示范工程。作为西部大开发战略的根本要求，西部地区的生态环境保护与建设工作也得到了高度的重视。在退耕还林工程方面，累计完成退陡坡耕地还林1.18亿亩，荒山荒地造林1.7亿亩。从2003年开始实施的退牧还草工程，已经累计治理严重退化草原1.9亿亩。同时，天然林保护、京津风沙源治理、长江上游水污染防治、西部中心城市环境污染治理等重点工程也进展顺利。许多地方把退耕还林、退牧还草等生态建设工程同加强基本农田建设、后续产业

---

① 国务院西部地区开发领导小组办公室：《不平凡的五年——西部大开发战略实施五年来进展情况》，2005年1月。

发展、农村能源建设、生态移民、封山绿化、舍饲圈养结合起来，不仅改善了生态，有的地方粮食产量还有所增加，并促进了农民增收，使农民当前和长远生计问题得到了较好解决。

第三，农村基础设施和社会事业建设得到提升，农民生产生活条件初步得到改善。"三农"问题是西部大开发要解决的核心问题之一，而加大农村基础设施和社会事业建设力度则是解决"三农"问题的重要手段。战略实施前5年，西部地区建成贫困县出口公路1.7万公里，通县油路2.6万公里，并开工建设4.6万公里的县际公路。通过推进人畜饮水工程，解决了西部地区3 210万人的饮水困难和饮水不安全问题。通过农村电网改造工程，解决了969个不通电乡的用电问题，并使6.8万个行政村通了广播电视。通过农村能源工程，建设了约100万户农用沼气池，使农民使用上了清洁能源。通过生态移民工程，对生活在生态脆弱地区的102余万贫困人口进行了异地安置，不仅保护了生态环境，又改善了他们的生活环境。

第四，农村教育卫生投入大幅增加，社会事业得到进一步发展。社会事业的发展是经济发展的重要推动力，而农村教育和卫生领域则是西部地区社会事业的薄弱点和重点。通过加大农村地区的教育和卫生投入，西部大开发力图为西部地区的经济发展奠定良好的社会基础。继贫困地区义务教育工程、农村中小学危房改造工程后，国家在2004年启动了西部地区"两基"攻坚计划，累计投入150亿元支持西部地区教育特别是农村义务教育发展。同时，向西部地区农村公共卫生设施建设投入80亿元，基本建成了疾病预防控制体系和公共卫生突发事件医疗救治体系，农村乡镇卫生院的基础设施建设已经展开。

第五，特色优势产业发展步伐明显加快，对外开放和东西部经济合作不断加强。作为西部大开发战略的关键环节，产业结构调整是开发西部地区的重点突破。战略实施前5年，西部地区的电力、煤炭、石油、天然气等能源产业，有色金属、棉花、畜牧等原材料和农牧产业，以及部分装备制造和高新技术产业加快发展，在全国市场上已占有越来越重要的位置。随着改革开放的不断深入，西部地区的对外开放不断扩大，5年累计吸收外商直接投资90多亿美元，加上国际组织和外国政府贷款等，实际利用外资接近150亿美元。同时，在西部大开发的号角下，越来越多的东部地区企业开始到西部地区投资创业。数量已经超过1万家，投资总规模超过3 000亿元，东西合作可谓方兴未艾。

第六，有效地拉动了国内需求，促进了全国区域经济发展格局的战略性调整。随着西部大开发战略的稳步实施，西部地区为东、中部和东北地区提供了大量能源、矿产品和特色农产品，为东、中部和东北地区的经济发展和人民生活改善提供了要素和商品支持。同时，西部地区重点工程建设所需的设备、材料、技术和人才，大部门来自全国各地，给东、中部和东北地区企业"西进"提供了大量的投资机会，扩大了市场空间，促进了产业结构调整并增加了就业机会。另外，东、中部和东北地区同时也是西气东输、西电东送、交通干线、退耕还林、天然林保护、京津风沙源治理等一大批西部开发重点工程的直接受益者。因此，通过西部大开发的实施，不仅加快了西部地区的经济社会事业发展，而且促进了全国生产力合理布局和产业结构的战略性调整，对整个国民经济的持续、快速、稳定增长发挥了重要的拉动和促进作用。

（三）西部大开发战略实施初期的反思

对于经济高速增长的发展中国家而言，落后区域的开发不能按照传统的经济发展进程按部就班，而应该以对发达区域的赶超为目标，通过开发的高速推进实现跨越式发展，方能实现区域经济发展的总体均衡。通过西部大开发战略的初步实施，西部地区的经济发展取得了显著的成就。但是，推进速度与实施效果与社会各界的预期存在较大差距，还不足以推动西部地区实现跨越式发展，战略实施初期出现的一些问题很值得反思。

1. 西部大开发不能照搬东部地区的发展经验

作为区域经济成功发展的典范，东部地区的发展经验对其他地区的发展有着积极的借鉴意义。但是，由于所处的时代背景、政策环境和市场条件不同，东部地区的发展经验不一定适用于所有地区。因此，在西部大开发的过程中可以充分借鉴东部地区的发展经验，但是不能形而上学的照搬。东部地区实行对外开放时，全国商品市场处于卖方市场阶段，短缺经济使得各类商品只求生产，不愁销售。而农村家庭联产承包责任制和城市经济体制改革极大地促进了市场需求，生产资料和生活消费品市场异常活跃，使得生产厂商较为容易得就获得了可观的效益，乡镇企业如雨后春笋般地迅速发展壮大起来，这一切都推动了东部地区经济的快速发展。但在现阶段，商品市场已由卖方市场转变为买方市场，商品总体上供大于求。由于市场的有效需求不足，只有适销对路、具有高科技含量和高附加值，或者满足消费者新的需求热点的产品才具备占有市场的能力，并可获取经济效益。可见，短缺经济时的东部开放和有效需求不足时的西部开发，使两者拥有着明显不同的外部环境。另外，东部地区开放时，全国只有东部沿海享受对外开放的优惠政策，东部沿海地区可以以很低的价格获取其他区域的原材料和劳动力供给。在引进外资和与外商合作中，给予三资企业减免关税和降低税费等优惠政策，使外商的投资收益相对较高，有效地吸引外资进入中国市场。而西部开发处于全球经济一体化的形势下，中国已经加入了WTO，降低关税的吸引力下降，市场竞争异常激烈。加上西部地区投资环境比较落后，在这种条件下，招商引资的难度就更大，外资投入很难满足西部地区的需要。当前各地大规模的经济开发区建设，基本上是在模仿东部地区当年的经验。但是实践证明，很难获得预期的效果。因此，西部大开发必须结合自己的实际情况制定发展规划和目标，构建西部地区特色经济，方能有效促进西部经济发展。

2. 政府引导不能排斥市场主导

作为落后区域，西部地区经济发展滞后，生产要素投入匮乏，经济增长的内生动力不足。因此在西部大开发的过程中，必须要给予西部地区足够的外部动力。也就是中央政府既要加大对西部地区的财政投入，也要号召和引导东部发达地区帮助西部地区发展。但是这种政府行为只能作为宏观调控的手段，不能排斥市场机制的主导作用。在资金投入方面，西部大开发需要大量的资金投入，但是作为发展中国家，我国中央政府的财政能力毕竟是有限的，有限的政府资金只能用于解决西部落后地区某些基础设施的最低标准建设问题。而大部分的西部大开发资本需求，要在市场经济的框架下，在资本市场中利用各种金融手段去满足。因此，西部地区政府和企业要克服"等、靠、要"的思想，自力更生，自强自立，自主创业，在竞争中求生存，在创新中求发展，逐步培养起适应市场的创业意识。在跨区域合作方面，虽然政府主导的各种"对口支援"有很大作用，但是经济合作必须要以获得经济利益为前提。那种为了追求政绩而强行安排的跨区域经济合作，无论是对于先进地区还是对于落后地区都是没有好处的。因此，西部地区要尽可能创造有利的投资环境，激发东部等发达地区企业到西部创业的热情，吸引它们进入西部，带动西部经济共同开发、共同发展。要开创市场经济条件下平等竞争、相互协作、互惠互利的新型合作关系，在援助中求结构调整，在竞争中求观念更新，使西部地区在东西互助、政府引导下，通过竞争增强自身的竞争、创新和发展能力，促进西部经济的发展。

3. 资源优势不等于经济优势

西部地区资源丰富，具有较强的资源比较优势，但是资源优势不等于经济优势。随着经济形态的不断高级化，传统的粗放的资源主导型经济已经被技术主导和知识主导型经济所替代。只有以资源的充分、科学开发为基础，进行资源的产业化、科技化和增值化，促进产业调整和产业升级，才能使西部地区的资源优势转化为经济优势。但是在西部大开发的过程中，很多地区都在强调自己的资源丰富，而资源的开发和经济转化做得很不够。部分地区依托资源优势，却从事传统的粗放型资源产业。虽然投入高、消耗好、污染高，但是产出低、效益低、附加值低，使得资源产业的市场竞争力低下，无法实现对区域经济的拉动。部分地区无视自己的资源优势，以资源难以开发和转化为借口，一味引进模仿其他地区的产业，可谓捧着"金碗"讨饭吃。因此，在西部大开发的过程中，各地区不能只在表面上强调自身的资源优势，而要在深层次上以技术研发、产业延伸为手段，加强资源优势到经济优势的转化。

4. 生态建设不等于生态产业

在西部大开发的过程中，如何处理经济发展与保护脆弱生态环境的关系问题一直为社会各界所关注。很多地区被脆弱的生态环境束缚了经济建设的手脚，在进行生态建设的同时荒废了生态脆弱区的经济开发。然而，单纯的生态建设并不是对生态环境的最好保护。只有把生态建设上升到生态产业的高度，实现在进行生态建设的同时推动经济发展，才能够消灭贫困这个脆弱生态环境的最大敌人，才能真正实现生态脆弱地区的可持续发展。因此，西部地区在实施退耕还林、退牧还草、防沙治沙等生态建设的时候，应该引导企业进入其中，实行生产建设的产业化。同时，还可以唤起农民为经济利益而保护生态环境的意识，保证生态建设工程的顺利开展。为了实现这个过程，要把市场机制引入到生态建设中，采取谁投资、谁受益的办法，完成从生态建设到生态产业的转化。西部生态建设中的退耕还草、封山绿化、防沙治沙、植树造林等项目，必须相应地与农业产业结构调整相结合。发展新优林果，发展畜牧养殖业及食品加工业，才能使生态建设投资转变为生态产业收益，提高企业和农民投资生态建设的积极性。西部大开发必须从思想上废旧立新，以生态建设为重点，把生态环境保护和水资源的开发利用放在突出的位置上。只有坚持把生态建设与调整农业产业结构相结合，生态效益、环境效益与经济效益相结合，坚持走可持续发展的道路，才能真正振兴西部经济，使西部经济朝着健康轨道发展[1]。

5. 区域竞争不能排斥区域合作

区域竞争与区域合作是不同经济区域之间关系的两个方面，它们之间可以相互促进，也可能互相排斥。通过开展区域竞争，可以提高各个区域的经济水平，确定各自的比较优势，从而更好地开展区域合作，实现区域经济的共同发展；但是区域之间的竞争如果过于注重对于资源和要素的争夺，就会造成不同竞争主体的封闭发展，排斥区域合作的进行，最终影响区域经济的共同发展。改革开放之初东部地区的迅速起飞，就是因为在当时高度集中的计划经济体制下，中央政府掌控资源配置的主导权和区域经济发展的优先赋予权。在非均衡区域经济发展战略的指导下，当中央政府将区域经济发展的优先权赋予东部地区时，全国的资源和要素都无条件地服从中央政府的调遣向东部地区倾斜。因此，在基本上没有区域竞争而只有服从型垂直区域合作的国内区域经济环境下，东部地区获得了单独而且巨大的支持，经济迅速发展。相比之下，如今西部大开发所处的国内区域经济环境要比当年东部地区所处的环境恶劣的多。在社会主义市场经济体制的框架下，中央政府在经济中的主导地位逐渐让位于市场机制，只能依靠宏观调控去调节经济发展。因此，中央政府不可能给予西部地区像当年支持东部地区一样的倾斜力度。在均衡区域经济发展战略的指导下，没有中央政府的特殊庇护，原本就落后的西部地区在开发的过程中时时刻刻受到其他区域竞争的威胁。东部地区要率先发展，中部地区要立意崛起，东北老工业基地要振兴，西部地区的大开发就被转移走了大量经济吸引力。而且，在我国目前的政府绩效考核体制下，各个区域为了追求自身经济的发展，不惜设置各种壁垒阻止区域内资源和要素的外流，严重干扰了区域间经济合作的开展，产生了区域竞争对区域合作的排斥。区域合作被区与竞争排斥，受害者肯定是经济发展最为落后的西部地区。因此，西部大开发战略要得到有效的事实，必须通过设置科学合理的制度安排，协调好区域竞争与区域合作的关系。

---

[1]　张艳：《关于西部大开发战略的反思》，内蒙古大学学报，2001 年第 2 期。

第二节　西部区域经济格局的演变

一、新中国成立前的西部区域经济格局

新中国成立前，由于少数民族政权割据、地方军阀势力盘踞等原因，西部地区只是一个模糊的地理名词，既没有成为以整体面貌出现的行政单元，也没有成为承载区域经济发展的经济单元集合，因而针对西部的区域经济发展战略更是无从谈起。区域经济格局在自然禀赋、区位条件、外部推动等因素的影响下处于缺乏战略引导的自运行状态，不同地区差距悬殊，地区之间经济联系稀疏，区域经济发展严重失衡。

在我国的四大经济区域中，西部地区的地域最为广袤。但是，落后的生产力水平和稀少的人口使西部大部分地区在很长的历史时期内并没有被开发，少数被开发的地方则集中了大部分的人口和生产力。总体来看，在两千多年的封建社会时期，西部区域经济格局呈现出四大特征：一是自然条件优越的地区成为西部区域经济发展的重点区域。作为封建社会的支柱产业，农业对土壤、河流、光照等自然条件具有很强的依赖性。因此，关中平原、四川盆地、河西走廊点状绿洲、新疆天山以南以及云贵小部分地区等适合农业生产的地区就成为西部最为发达的区域。二是政治格局的演变对西部区域经济格局的演变产生了重大的影响。自秦汉开始，西部地区曾长期是我国的政治重地。古都西安繁盛十代，张掖、武威等京畿门户欣欣向荣，而内蒙、新疆、宁夏、西藏等地的少数民族政权中心也曾繁华似锦。但是，在朝代更替的过程中，随着政治中心的移动和少数民族政权的结束，这些曾经的首都与要塞的发展经历了大起大落，在区域经济发展中的地位也就时有起伏。三是发达地域在西部区域经济格局中的非均匀分布。西部发达地域不仅数量不多，而且分布非常不均匀，大多集中在西部的东南部。四川的天府之国可与江南的鱼米之乡相媲美，古长安地区曾经的繁荣与当今的现代大都市相比也毫不逊色，而西北的绝大部分地区则都处于未开化状态。四是西部各地之间联系稀疏。对于尚不存在产业协作的古代而言，各地之间的经济联系主要依靠商贸关系进行。由于幅员辽阔，并且发达地

域呈非均匀分布，西部各地之间的经济联系非常困难，主要通过沿陆路和水路交通的连接实现。丝绸之路的兴起曾经使西安、武威、张掖、敦煌和乌鲁木齐等地之间产生了较为密切的商贸联系，但是随着海上丝绸之路的兴起，这些商贸联系逐渐断裂直至消失。而长江中上游和西南地区各河流的水运则由于地势复杂、水流湍急而困难重重，使西部各地的经济逐渐割裂开来。

辛亥革命以后，国民政府虽然成为统管全国的中央政府，但是西部地区的发展仍然缺乏统一的区域经济发展战略的引导。一方面，由于西北和西南各有军阀盘踞，中央政府的统筹管理实际上非常有限；另一方面，由于忙于党派斗争和聚敛财富，国民党政府根本无暇对落后的西部地区的发展进行战略思考和规划。因此，20 世纪上半叶西部区域经济格局仍然处于封建社会遗留的不均衡状态，只是在部分方面发生了些许变化。其一，国外势力对西部区域经济格局的影响加强。鸦片战争后，帝国主义对中国的经济渗透和侵略虽然主要集中在东部沿海，但是也没有放过国境线漫长的西部地区。国民政府成立后，为了获得国际支持更是听任帝国主义国家在西部横行。沙俄（包括后来的苏联）对新疆和内蒙虎视眈眈，英国对西藏心怀叵测，法国则对西南地区垂涎欲滴。通过资本输出等形式，它们在对西部进行经济渗透的同时也推动了部分地区的发展，影响了西部区域经济格局。其二，抗日战争提升了西南在西部区域经济格局中的地位。抗日战争爆发后，随着华北和华东地区的迅速失陷，国民政府迁都重庆，西南成为全国抗日的大后方。大量企业迁入，大批物资聚集，大量人才荟萃，以重庆为中心的西南迅速发展。特别是率先进行了工业生产力布局，使西部完全摆脱了只能依靠农业发展的局面，西南在西部区域经济格局中的重要地位得到了巩固和提升。其三，西北在西部区域经济格局中的地位进一步滑落。受生态环境恶化的影响，西北旱灾频发，水土流失和土地沙化严重，农业生产出现退步，人民生活困苦不堪。工业发展极其缓慢，除了甘肃玉门老君庙和新疆独山子等地存在的小油田外，几乎没有正规的工业生产。历史上繁盛一时的众多城镇逐渐破败，除西安外几乎再无都市可言。

二、改革开放之前的西部区域经济格局

新中国成立后，西部地区终于摆脱了地方军阀的控制，成为中央政府统一管理的行政单元。在国家区域经济均衡发展战略的引导下，作为内地一部分的

西部地区得到了国家的重点投入和建设，区域经济发展得到了较大的提升，区域经济格局也朝着均衡的方向发展。

第一，城市建设明显加强。作为人类社会进步的重要标志，城市在区域经济发展中具有无可替代的要素聚集和扩散带动作用。新中国成立后，为改变西部地区城市发展数量少、规模小、分布不均匀的情况做出了很大努力，使西部地区的城市建设水平得到了显著的提升。一方面，一批新兴工业城市陆续建成。为了满足社会主义现代化建设对能源、矿产和原材料的巨大需求，国家加大了对西部地区资源的勘探、开采和加工力度，包头、酒泉、金昌、兰州、白银、攀枝花等工业基地陆续建成。另一方面，原有城市得到了改造升级。为了节约建设投入、加快建设速度、提高建设效率，国家在充分发挥城市原有经济优势的基础上对西部地区原有的一些城市进行了改造升级，西安、重庆、成都等西部古城焕发了新的经济活力。同时，为了促进民族团结，国家加强了少数民族地区的城市建设。乌鲁木齐、石河子、呼和浩特、西宁、拉萨、西双版纳、南宁等城市迅速发展，在一定程度上缓解了西部城市分布不均匀的程度。

第二，若干经济带初步形成。作为资源配置空间与组织拓展的较高级形态，经济带在区域经济发展中具有重要的协调和联动作用。新中国成立后，中央政府对地方高度集中的经济与行政管理有效遏制了西部各地间关系日趋割裂的势头，若干经济带初步形成。一方面，生产力布局促进了经济带的形成。中央政府在西部的生产力布局呈现出宏观分散、微观成组的特点。宏观上，重点工程与资助项目遍布西部各个省区；微观上，相当一部分企业经过联合选场、成组布局，与城市建设相协调，逐步建设成为综合配套的工业区。在集中与分散相结合的生产力布局原则指导下，构建了各地间简单的合作与协调关系，以西安为中心的陕西工业区、以兰州为中心的甘肃工业区、以重庆为中心的川南工业区等经济带初步形成。另一方面，铁路交通建设促进了经济带的形成。对于地域广袤的西部地区而言，交通不便是各地间经济联系稀疏的重要原因。通过兰新、包兰、宝成等铁路的建设，西北的交通运输能力大大增强，而川黔、成昆、贵昆、湘黔、襄渝铁路的建成则从根本上改变了西南地区交通闭塞的状况。各地间的要素交流与产业协作变得便利，陇海—兰新交通带、成渝经济区等经济带初步形成。

第三，区域经济格局的均衡发展出现反复。新中国成立后，在区域经济均衡发展战略的引导下，严重失衡的西部区域经济格局总体上在向均衡方向发展，但是在部分历史阶段出现了反复。"二五"计划期间，以"大跃进"为代表的"左"倾思潮对我国的经济建设产生了负面影响。虽然国家建设重点进一步向包括西部在内的内地倾斜，但是由于在经济过热和片面追求布局均衡的形势下提出了建立地方完整独立工业体系的要求，西部各地间艰难建立的经济联系又被割裂，区域经济格局出现了回归失衡的迹象。"三线"建设期间，作为大"三线"的西部各地在国家的号召下又在内部划分出小"三线"加以重点建设，加深了西部区域经济格局的失衡程度。而且，由于过分强调分散、靠山、隐蔽的要求，"三线"建设时期布局的企业大都孤立存在，基本上很难与周边地区产生经济联系特别是产业协作。贵州和四川等地产生了若干"飞地"，对区域经济发展的促进作用并不明显，反而制约了区域经济格局向均衡发展的演变。

第四，西北在西部区域经济格局中的地位得到了提升。作为西部地区乃至全国最为落后的区域，西北的经济发展自汉唐以后一直非常困难，到20世纪上半叶已经几近凋敝。新中国成立后，西北在中央政府的支持下迅速发展起来，在西部区域经济格局中的地位得到了显著的提升。通过开展农田基础水利设施建设和荒地开垦，西北的农业生产规模不断扩大，甘肃河西走廊、陕西关中平原、宁夏引黄灌区等地成为我国重要的商品粮基地。通过矿产资源开发，西北的工业生产水平不断提高，独山子、玉门、兰州等地成为我国重要的石化基地，金昌、白银等地成为我国重要的有色金属基地，宝鸡、天水等地成为我国重要的制造基地。通过铁路交通建设，西北的交通枢纽地位不断加强，兰新、宝兰等铁路不仅成为国家交通运输的主干线，而且为西部与东、中部地区的经济往来创造了有利条件。

第五，高度集中的计划经济体制是西部区域经济格局较快调整的制度保障。区域经济的发展是一个漫长的历史过程，区域经济格局的调整也需要经历较长时期的演变才能完成。但是，从新中国成立到改革开放前不到30年的时间里，西部区域经济格局已经发生了较大的改变，原先严重失衡的局面已经得到了有效的控制，这在很大程度上要归功于高度集中的计划经济体制提供了制度保障。新中国成立伊始，百废俱兴，极度稀缺的生产要素在区域间配置的方式就决定了区域经济格局的发展方向。如果在自由放任的市场经济体制内进行资源配置，生产要素将首先聚集到发达地区，再通过发达地区的率先发展对周边落后地区进行扩散带动，那么区域经济格局则将先过度失衡，才能再向均衡发展，必然会消耗大量时间，区域经济发展将失去诸多机遇。而在高度集中的计划经济体制内，中央政府强制将生产要素优先配置给落后地区。虽然使发达地区损失了一定的经济效率，但是通过落后地区的快速发展，实现了区域经济格局的较快调整。

三、改革开放之后的西部区域经济格局

20世纪70年代末，随着文化大革命"十年动乱"的结束，党和国家的工作中心终于回归到经济建设上来。由于改革开放采取了渐进推行的实施方式，非均衡发展观就成为了必然之选，区域经济发展战略也相应被调整为非均衡型。到20世纪末，以鼓励东部沿海优先发展为特征的国家区域经济非均衡发展战略为我国经济的腾飞做出了巨大的贡献。但是，西部地区的经济发展却随着国家重视程度的减轻而放缓，艰难出现均衡趋势的区域经济格局重新陷入失衡的泥潭。

1978～1991年，是改革开放之后西部区域经济格局演变的第一阶段。这一时期，虽然高度集中的计划经济体制已经有所松动并开始向商品经济过渡，但是中央政府在资源配置中的主导地位仍然没有动摇。随着国家区域经济发展重点向东部沿海的转移，经济基础差、"造血"功能低下、对国家投入依赖性强的西部地区的经济发展迅速降温。一方面，新兴工业城市的发展遇到困难。作为新中国成立后西部区域经济发展的重要推动力量，在各地星罗棋布的众多新兴工业城市的发展是西部区域经济格局向均衡发展的重要标志。受苏联模式的影响，这些城市中的绝大多数都以采矿冶炼、原材料加工、机器制造等重工业生产为主，对资本的需求极为旺盛。20世纪80年代，由于国家投入的重点转向东部沿海，而国家产业结构调整的重点又是鼓励农业和轻工业快速发展，因此西部新兴工业城市的发展遇到了很大的困难。由于资本不足，他们的生产规模难以扩大，生产技术无法升级，生产设备无法更新换代，西部区域经济格局中的亮点逐渐暗淡。另一方面，西部地区内部的经济联系难以维系。改革开放后，中央政府对东部沿海优先发展的支持不仅体现在对外开放的先行权和国家投入的重点倾斜上，还体现在要求包括西部在内的其他地区对东部沿海优先发展提供要素支持上。东部沿海虽然经济基础雄厚，但是自然资源特别是矿产资源是比较匮乏的，无法满足经济发展对要素的巨大需求。中央政府利用在资源配置和行政体系中的主导权，使用调拨等方式要求资源最为丰富的西部地区向东部沿海提供要素供应。这样，为了满足东部沿海的要素需求，西部地区内部的要素交流就难以保障，新中国成立后艰难建立的西部内部的经济联系更是

难以维系。

1992～1999 年，是改革开放之后西部区域经济格局演变的第二阶段。作为改革开放的先行者，东部沿海再次成为经济体制改革的前沿阵地，市场经济体制建设为东部沿海的经济腾飞增加了新的动力。而在僵化的思维、落后的体制等因素的制约下，西部地区的经济发展更加困难。总体水平的落后愈加显著，与东部地区的差距越来越大，区域经济格局在失衡的趋势中愈加模糊而混乱。第一，城市与经济带发展更加困难。随着社会主义市场经济体制的不断完善，中央政府虽然交出了资源配置的主导权不再随意"调拨"西部的资源要素，但是在市场条件下西部地区的各种资源要素受更高收益率的吸引仍然大规模向东部沿海聚集。在人才外流、资本不足等问题的制约下，集聚了西部绝大多数企业的各个城市的发展更加困难，而资源枯竭、下岗失业等难题更使西部城市的发展举步维艰。同时，以这些城市为发展中心或节点的经济带的发展也必然受到极大影响，而西部部分地区在落后的困境中实施的地方保护主义行为也在很大程度上造成了西部部分经济带的割裂与分离。这样，可以充当西部发展增长极的城市寥寥无几，可以承载西部地区间产业协作与部门合作的经济带也松散而模糊，西部区域经济发展的主导区和重点区难以辨认。第二，生态脆弱和"三农"困境等制约区域经济发展的问题日益显现。20 世纪 90 年代，由于沙尘暴、泥石流、旱灾与水灾等自然和地质灾害频发，并且对全国乃至东南亚都产生了一定的影响，西部地区的生态问题开始被重视。由于农业生产方式不科学、工业污染未得到有效治理、人口过载等原因，西部部分地域的生态环境已经极为脆弱。在环境保护与经济发展的博弈中，无论是追求眼前利益不顾生态环境的恶化大规模进行经济建设，还是为了长远利益不顾经济停滞的危险大规模进行生态建设，都会对区域经济发展产生显著的消极影响。同时，随着工业化和城镇化进程的不断前行，西部地区的"三农"问题也愈加显现。在整体落后的宏观经济环境中，在日益恶化的生态环境中，西部地区的农业之落后、农民之贫穷都成为全国之最，农村也就成为制约西部区域经济发展的主要地域，并和生态脆弱地域一起成为西部区域经济格局中的制约区。第三，逐渐形成的全方位开放格局并未对西部区域经济格局产生显著影响。面对日益扩大的区域经济差距，中央政府在进一步巩固沿海地区对外开放成果的基础上逐步加快了中西部地区对外开放的步伐，西部地区的部分沿边口岸城市、沿江和省会城市陆续对外开放，并且享受与东部沿海类似的优惠政策。但是，由于交通偏远、基础设施不健全、经济体制不够灵活、地方政府服务意识不强等原因，西部的绝大部分对外开放地区并没有通过吸收外资获得东部沿海一样的高速发展。西部区域经济中的涉外比重一直不高，外部力量对区域经济格局的影响甚微。

第三节 当前西部区域经济格局的特点

进入 21 世纪后，面对世界经济一体化浪潮中愈演愈烈的国际竞争，尽快实现由经济大国到经济强国的转变、实现可持续发展成为我国经济社会建设的主要目标。但是，在产业结构不尽合理、生产技术不够先进、生态环境日益恶化、自然资源稀缺度加重等因素的桎梏下，我国经济发展还存在着诸多危机，特别是以东、西部地区之间巨大发展差距为代表的区域经济失衡问题已经成为关系到社会主义现代化建设成败的大事。因此，鼓励发达地区优先发展的区域经济非均衡发展战略被支持落后地区快速发展的区域经济均衡发展战略取代就成为必然要求。以西部大开发战略的出台和实施为标志，国家的支持为西部区域经济发展增加了强大的外部动力，西部区域经济格局也形成了新的特点。

一、区域经济发展差距显著

作为我国四大经济区域之一，西部地区涵盖的 12 个行政单位（直辖市、自治区、省）可以作为它的 12 个子经济区域，共同成为西部区域经济发展的空间载体。从西部地区经济总量在各子经济区域间的空间分布来看，西部区域经济格局呈现出明显的内部经济发展差距显著的特点。如表 3 – 1 所示，在 2009 ~ 2013 年西部各省区平均国内生产总值排名中，四川、内蒙古、陕西和广西分别名列前 4 位，他们的经济总量之和占西部地区整体的一半以上（59.1%）；甘肃、宁夏和青海分别名列第 9 ~ 11 位，三省区经济总量之和还不到西部地区整体的 1/10（8.72%）；新疆、西藏、贵州等省区也没有达到西部地区的平均水平。从经济增长速度来看，陕西、内蒙古、四川、和广西分别位于 5 年增速均值的第 4、6、7、10 位，甘肃、云南、新疆等地区则没有达到西部地区的平均水平，而宁夏虽然增速较快但是基数过低，因此，西部地区这样的区域经济总体格局将持续较长的一段时间。

表 3-1　　　　2009～2013 年西部各地区经济总量与增长速度情况

地　区	5 年 GDP 均值（亿元）	经济总量排名	5 年增速均值（%）	增长速度排名
四川	20 499.40	1	16.10	7
内蒙古	13 697.02	2	16.99	6
陕西	12 260.89	3	18.66	4
广西	11 292.60	4	15.10	10
重庆	9 706.65	5	20.14	1
云南	8 863.49	6	15.61	8
新疆	6 438.02	7	15.08	11
贵州	5 817.13	8	19.18	2
甘肃	4 891.38	9	14.72	12
宁夏	2 010.30	10	18.68	3
青海	1 619.35	11	17.07	5
西藏	612.67	12	15.35	9
总体均值	8 142.41	—	16.89	—

资料来源：《中国统计年鉴 2013》

　　造成西部内部区域经济发展差距显著的原因是多方面的。一方面，四川和陕西等省区自古以来就是富庶之地，新中国成立之后特别是"三线"建设时期又得到了国家的重点建设。成都平原与关中平原的农业生产、川南地区与西安周边地区的工业生产不仅在西部领先，在全国都具有重要的地位。另一方面，东强西弱的全国区域经济总体格局对西部区域经济格局产生了深刻的影响。由于与东部地区距离较近甚至接壤，西部地区的陕西、四川、内蒙古等省区比其他西部省区受到的东部地区的辐射和带动更为明显。内蒙古依托自身独特的农牧资源和丰富的矿产资源，已经成为东部地区重要的农牧产品基地和能源基地。广西利用毗邻广东的区位优势，积极承接产业转移、参与产业协作，已经成为珠三角地区重要的经济合作伙伴。

　　在全国区域经济失衡发展的背景下，西部地区与东部地区之间巨大的经济发展差距成为社会各界关注的焦点，而西部地区内部的经济发展差距却没有得到应有的重视。由表 3-2 可以看到，从 2007～2013 年，西部地区内部的发展差距是非常显著的。经济最为落后的三个地区的国内生产总值之和还不到最为发达的三个地区的10%，并且从2008年开始差距日益扩大。从人均国内生产总值来看，西部地区内部的经济差距扩大趋势更加明显。2007年，经济最为发达的三个地区的人均国内生产总值比最为落后的三个地区多9 750元，而2013年这一数字则为26 895元，增长了2倍多。与东、西部之间巨大的经济发展差距危害全国经济一样，西部地区内部显著的经济发展差距是制约西部区域经济健康、稳定、可持续发展的重要因素，必须给予高度重视。

表3-2　　　　　　　　2007～2013年西部地区内部发展差距情况

项　　目	2007年	2008年	2009年	2010年	2011年	2012年	2013年
GDP排名后三位与前三位地区比（%）	8.93	8.95	8.97	9.10	9.14	9.11	9.25
人均GDP前三位与后三位绝对差（元）	9 750	12 277	16 086	19 031	23 555	25 827	26 895

资料来源：《中国统计年鉴2013》

二、城市发展逐渐反弹，但大多尚难承担区域增长极的重任

在漫长的历史演进过程中，西部城市的发展经历较为跌宕起伏。汉唐时期，以西安和河西走廊若干要塞为代表的西部城市风光无限，名扬世界；从明清到近代，西部城市随着西部区域经济的日益萎缩而迅速衰败，生产力倒退，城市面貌死气沉沉；新中国成立早期，在大力开展内地建设特别是"三线"建设的大潮中，包头、金昌、攀枝花、咸阳、绵阳、柳州等一批西部新兴工业城市拔地而起，成为新中国区域经济发展的亮点；改革开放前20年，由于国家支持力度的减弱和自身改革开放进程的缓慢，西部城市的发展逐渐减速，在西部区域经济格局中的主导地位日趋模糊。

进入21世纪以后，西部一些城市仍然受到许多顽疾的困扰。其一，资源枯竭。经过几十年甚至上百年的开采，西部部分地区的部分矿产资源已经枯竭或者将近枯竭，依托这些资源建立起来的城市的发展受到极大的限制。由于产业结构过于单一，资源开采相关产业在城市经济中占绝对的主导地位。因此，

在新的接续产业或产业升级没有形成或完成以前，资源枯竭城市的发展将处于"无米之炊"的艰难困境。其二，生态脆弱。作为产业经济在空间上集聚的产物，城市经济的优势在于通过外部经济效应的发挥实现规模经济。但是西部地区大部分城市的规模过小，难以提供大规模产业化生产所需要的地域空间。而由于生态环境非常脆弱，城市经济规模的扩展受到很大的约束。既不能影响周边地区的生态环境，又要为规模经济的实现提供充足的土地和基础设施供给，西部部分城市的发展处于两难境地之中。其三，产业结构不合理。由于受到苏联模式的影响，新中国成立后在西部大部分城市进行的生产力布局都是以"重积累，轻消费；重工业强于轻工业"为特征的，而"三线"建设时期向西部城市内迁或者新建的工厂也是以重工业特别是军工企业为主，造成重工业在西部城市经济中的比重过高，产业结构不尽合理。在满足人民群众日益丰富的物质文化需要和落后的社会生产之间的矛盾成为社会主要矛盾的背景下，不合理的产业结构必然成为西部城市发展的桎梏。其四，改革阵痛强烈。由于计划经济在我国已经根深蒂固，因此社会主义市场经济体制改革必然要付出一定的代价，相关地区必然要承受改革的阵痛。由于国有经济比重高，非公有制经济不发达，西部城市承受的改革阵痛要比其他地区更为强烈。落后的设备和技术无法增强企业的核心竞争力，落后的宏观经济环境无法为企业提供有力的外部支持，下岗分流的职工与离退休人员形成的沉重的社会负担，西部城市的发展只能负重前行。

随着西部大开发战略的实施，西部城市的发展迎来了新的契机。虽然没有如同东部城市一般迅速腾飞，但是也在克服困难中逐渐反弹。首先，基础设施建设不断加强。作为西部大开发战略实施的重要内容，中央政府通过财政支出倾斜、发行国债、划拨特别经费等渠道大力支持西部地区的基础设施建设。作为西部区域经济格局中的主导区，城市承接了大部分的中央各项投入，交通、通信、电网、卫生等基础设施的建设水平得到了很大的提高，为西部城市经济发展创造了良好的硬件基础。其次，产业结构不断优化。通过提高开采水平、延伸产业链条和发展接续产业，尽可能延长资源枯竭城市的开采期，扩大附加值增长空间，并为产业转型提前做好准备；通过淘汰落后生产力和支持高新技术产业发展，对西部老工业基地城市进行产业升级，增强他们的核心竞争力，使老工业基地焕发了新的活力；通过市场经济意识的加强，在"立足西部、开拓全国、放眼世界"的思维指导下开拓市场，为西部城市经济发展营造良好的市场氛围。再次，循环经济发展不断扩展。为了实现经济发展与生态改善的共赢，西部部分城市在进行新型工业化建设的过程中开展了循环经济的探索和尝试。根据现有资源优势和工业体系，在产业结构调整中大力推进企业的清洁生产。结合生态工业园的建设，加强公众的环境教育，形成物质资源在社会经济系统中的良性循环。随着循环经济涉及产业的逐渐增多和覆盖面的逐渐扩大，生态效益与经济效益的协调发展逐渐显现，西部城市经济的可持续性逐渐增强。最后，城镇化水平不断提高。作为西部大开发战略的主要目标之一，提高西部地区的城镇化水平是 21 世纪西部区域经济发展的重要抓手。作为开展生态移民和自然村与行政村整合等工程的配套项目，一批小城镇陆续建成，与原有城镇一道推动了西部地区的城镇化进程。同时，对于西部地区大、中型城市而言，小城镇大有成为其卫星城的潜质，在要素供给、产业承接和活跃市场等方面都促进了西部城市的发展。

在整体落后的西部区域经济中，城市发展的反弹对西部区域经济格局的调整具有非常重要的意义。一方面，城市在西部区域经济发展中的主导地位得以巩固。在以工业化为主要特征的社会主义现代化建设进程中，对于具有鲜明城乡"二元结构"的西部地区而言，饱受"三农"难题困扰的农村不可能成为西部区域经济发展的主导区。作为先进生产力的集合体，经济实力超群并能够带动周边地区发展的城市才是决定西部区域经济发展状况的主导区。改革开放前 20 年，西部城市在诸多问题的制约下举步维艰，经济实力日趋下滑，对周边地区的辐射和带动非常微弱，区域经济发展主导区的地位只是有名无实。21世纪以来，随着自身发展的逐渐反弹，生产力水平不断提升的西部城市对农村地区的发展优势不断扩大，对周边地区的辐射和带动也成为力所能及的分内之事，其在西部区域经济发展中的主导地位终于名正言顺。另一方面，西部区域经济格局的调整更加顺畅。对于整体落后的西部地区来说，当城市的发展没有达到能够对周边地区产生较强"势能"的水平时，地区之间的要素交流和产业协作将处于杂乱无章的状态，西部区域经济格局将处于一片低水平的混沌之中。而在西部城市发展出现反弹之后，随着城市这个区域经济发展的主导区对周边地区进行要素集聚和辐射带动行为的展开，区域经济发展的空间脉络逐渐清晰，地区之间进行要素交流的方向和开展产业分工的原则得以明确，西部区域经济格局的调整日益顺畅。

不过，尽管西部城市的发展在西部大开发战略实施后迎难而上取得了显著的成绩，但是与成为西部区域经济发展增长极的要求还存在较大距离。作为中国区域经济发展的主导区，东部地区的快速发展在很大程度上得益于拥有上海和深圳两个区域增长极。在国家政策的强力扶持下，上海和深圳充分利用雄厚的经济基础和优越的区位条件实现了经济的跨越式发展，其辐射和带动作用的涵盖面已经超出了长三角和珠三角的范围，对东部地区乃至全国的经济发展都有积极的作用。与以上海和深圳为代表的发达地区区域增长极相比，西部城市的发展还处于较为低层次的阶段。城市基础设施不够完善，产业结构不够合理，经济竞争力不够强劲，综合实力不够强，辐射和带动作用的涵盖范围十分有限，大多城市还不具备担当西部区域经济发展增长极的重任。

三、经济带发展初具规模，经济联系不够紧密

新中国成立后，西部地区经济带的发展大体上可以分为两个阶段，即计划经济体制中的萌芽阶段和社会主义市场经济体制建设中的成长阶段。新中国成立初期，在对内地进行重点建设的过程中，中央政府在生产力布局上坚持了微观成组的原则。相当一部分企业经过联合选场、成组布局，并与城市建设相协调，逐步成为综合配套的工业区，初步构建了区域间简单的经济合作与协作关系。经过"大跃进"时期各地进行的独立完整的工业体系建设和之后开展的以铁路为主的交通网络建设，西部地区经济带的萌芽呼之欲出。以兰州为中心的甘肃工业区、以西安为中心的陕西工业区、以重庆为中心的川南工业区成为西部地区最早的经济带雏形。但是，计划经济体制中产生的经济带在稳定性和紧密性等方面具有诸多的先天不足。由于地区间的经济合作与协作关系是在由行政命令控制的资源配置引导下实现的，其主要目的不是追求经济效益最大化而是加快经济建设速度和构建独立完整的工业体系，因此，各经济主体参与经济合作与协作的主动性不强，合作与协作的领域不宽、程度不深。一旦资源配置的引导随着国家区域经济发展重点的转移而减弱，经济带往往会停止发育甚至土崩瓦解。改革开放后，随着国家对西部地区支持力度的减弱和东部地区的迅速发展，西部地区经济带萌芽进一步发展的势头被遏制。作为经济带骨干的企业不是由于自身发展困难而难以维持与其他企业的经济合作与协作，就是为了追求更高的经济效益而去谋求和东部地区企业进行经济合作与协作，西部地区经济带的发展陷入停滞状态。党的十四大以后，随着社会主义市场经济体制的建立和完善，西部地区经济带进入了发展的新阶段。作为区域经济发展的高级形态，经济带的产生与发展是市场选择的结果。为了追求更低的生产成本、

更高的生产效率和最大化的经济效益，不同地区的产业以企业为载体开展各种形式的经济合作与协作，不符合价值规律的经济合作与协作都会被市场淘汰。因此，在社会主义市场经济体制建立和完善的过程中，计划经济体制中产生的西部经济带雏形被重新审视和洗牌，一批新的经济带陆续产生并快速发展起来。

目前来看，经过西部大开发战略实施多年的促进，西部地区经济带的发展已经初具规模。其一，交通经济带的发展不断延伸。西部地区地域广袤，人口分布极不均匀，交通不便是各地之间经济合作与协作开展的首要障碍。作为西部大开发战略的建设重点，中央政府为西部地区的交通建设进行了巨额的投入。以青藏铁路建设、陇海铁路复线建设和西南铁路网升级为代表的多项铁路工程相继完工，以西北地区为主的高等级公路里程迅速增长，大部分省会城市的机场得到了扩建，黄河与长江中上游部分地区的航道与码头也得到了一定的修缮。逐渐发达而立体的交通网络为西部各地区之间的经济合作与协作创造了优越的交通条件，西陇海—兰新经济带、青藏铁路经济带、长江中上游经济带等交通经济带的发展不断延伸。其二，产业经济带的水平不断提高。西部地区生态多样，自然资源丰富，不同地区具有不同的气候特点和优势资源。在实施西部大开发战略的过程中，西部各地在自足自身气候和资源特点、鼓励特色产业发展的同时，着眼于资源互补和产业链条延伸，以企业为载体积极与其他地区进行经济合作与协作，通过产业生产的区域分工促进了专业化水平的提高，从而提高了劳动效率，增加了经济效益。以"制种—种植—加工"为产业关联的河西走廊农业经济带，以清洁能源生产和传统能源输送为产业关联的"新疆—甘肃—内蒙"能源经济带，以第三产业为产业关联的西南地区旅游休闲经济带，都是西部地区产业经济带水平不断提高的代表。其三，城市经济带的规模不断扩大。西部地区城市数量偏少且分布较为稀松，城市之间的经济联系不多，城市经济带发展长期处于较低的水平。西部大开发战略实施以来，在区域经济一体化的过程中，随着城市发展水平和城镇化水平的不断提高，在逐渐便利的交通条件和逐渐紧密的产业关联的促进下，西部地区城市经济带实现了快速发展，涉及的城市越来越多，规模不断扩大。成都—重庆经济带、西安—宝鸡经济带、兰州—白银经济带、昆明—贵阳—南宁经济带、包头—鄂尔多斯—呼和浩特经济带等城市经济带在西部区域经济格局中已经占据了非常重要的地位。

经济带的发展对西部区域经济格局的稳定和均衡具有非常重要的承上启下

的作用。受制于整体落后的区域经济，可以成长为区域增长极的西部城市非常少，只能在面积广袤的西部地区零星分布，很难担当起带动整个西部地区快速发展的重任。在作为区域经济发展主导区的增长极与承载区域经济发展的整个经济区域之间，需要作为区域经济发展重要区的经济带的出现。虽然综合经济实力落后于增长极，但是由于具有更大规模的产业组织和更为紧密的产业关联，经济带在接受增长极辐射和带动的同时可以对更大的地域范围进行辐射和带动。随着增长极与经济带的快速发展和辐射带动作用的不断加强，区域经济关系的层次逐渐丰富，渠道逐渐通畅，网络化特征逐渐清晰，西部区域经济格局也将逐渐稳定和均衡。但是，由于各地之间的经济联系不够紧密，西部地区经济带在区域经济格局中的地位还不够显著，在西部区域经济发展中的重要作用还不够显著。一方面，地方保护主义阻碍着地区间经济合作与协作的开展。随着经济合作与协作规模的不断扩大，横跨不同行政区域的联合生产成为经济带发展的必然要求。然而，在错误的政绩观和落后的市场经济意识的引导下，西部部分省区对参与省区之间的经济合作与协作缺乏主动性，甚至通过设置行政障碍以地方保护主义的形式阻挠地区间经济合作与协作的开展，使得西部地区经济带内部的经济联系无法向更为紧密的方向发展。另一方面，产业结构趋同制约着省区间经济合作与协作的开展。在我国的四大经济区域之中，西部地区内部的产业结构趋同问题是比较严重的。新中国成立后在西部地区进行的生产力布局是以重工业为主的，采掘业、冶炼业、制造业等产业在西部各地区的产业结构特别是工业结构中普遍具有重要地位。西部大开发战略中，西部一些省区又普遍将钢铁产业、加工制造业、房地产业、金融业等产业作为重要产业加以扶持，使得西部地区内部的产业结构趋同性更加明显。对于省区间经济合作与协作而言，过于趋同的产业结构会在要素需求、产品销售等方面滋生经济竞争与排斥，西部地区经济带内部经济联系的广度和深度都难以延伸。

四、特殊经济地域愈加明朗，制约作用日益显现

作为我国四大经济区域中发展水平最为落后的区域，西部地区在经济发展中面对的问题是最为复杂的。从区域经济发展来看，在生态环境、社会结构或经济特征等方面因素的制约下，西部部分地区的开发和发展是非常困难的。作为西部地区的子经济区域，这些地区的经济发展属于绝对落后的水平。不仅不

能对其他省区的经济发展产生辐射和带动作用，自身的经济建设任务都很难完成，只能作为区域经济联系的最末端接受增长极与经济带的辐射和带动，成为西部区域经济发展的特殊经济地域，处于西部区域经济格局的最底层和最边缘。

西部大开发战略实施以来，西部地区经济社会发展的总体水平有了很大的提升。但是，与城市和经济带相比，西部特殊经济地域的发展缓慢而艰难。第一，生态脆弱区的发展受到诸多限制。西部地区虽然地域广袤，但是沙漠、戈壁、高山等不宜开发的地域占了很大的比重，适宜人类生活并开展生产活动的空间并不比东部、中部和东北地区宽裕多少。经过长期无节制、不合理的开发，部分地域的生态环境在人口过载和生产过载的双重压力下已经变得十分脆弱。或干旱或泛滥的降水，或沙化或石化的土地，不断暴发的极端天气和地质灾害，都对西部生态脆弱区的经济发展产生了严重的限制。按照国家"十一五"规划提出的主体功能区划分原则，西部生态脆弱区基本将被划入限制开发和禁止开发地区，如何协调生态文明与经济发展的关系成为西部生态脆弱区亟须解决的问题。第二，发展困难的民族聚居区更加集中。西部地区是我国少数民族人口最多的地区，不仅拥有内蒙、宁夏、西藏、新疆和广西5个少数民族自治区，而且甘肃、青海、四川、云南和贵州等省的局部地方也都有大量的少数民族聚居地。经过新中国成立后几十年的扶持建设，这些民族聚居区的经济面貌有了很大的改观，内蒙和广西已经成为西部地区经济增长速度最快、经济实力最强的省区之一。但是，从更为微观的角度看，小范围的民族聚居区特别是民族聚居核心区的经济发展还存在很多困难。由于文化传承具有一定的封闭性、人力资源素质普遍不高、市场经济意识较为落后、地理位置偏僻等原因，西部民族聚居区进行经济建设的主动性不强，也难以被其他地区辐射和带动，区域经济腾飞还需要比较长的历史时期才能实现。第三，农村贫困区的发展受到三农困境的严重束缚。由于工业化进程和城镇化进程的落后，农村在西部地区的城乡结构中占有绝对的劣势。与东部地区农村的繁荣景象不同，西部地区大部分农村都属于贫困区。对于以传统农业为主导产业、以农业收入为主要收入、与城市距离遥远的农村贫困区而言，恶劣的自然环境、落后的生产方式、聚集的贫困人口、偏僻的地理位置都是经济发展道路上难以逾越的大山。经济自生能力严重不足，又难以接收到经济发达地区的辐射和带动，在"贫困—人口过度增长—环境退化"的PPE恶性循环和"农村社会发育程度低—传统农业所占份额大、农业经济结构单一—农民文化素质低"的RAP恶性循环耦合作用下，西部农村贫困地区成为西部地区乃至全国建设全面小康社会的重点和难点地区。

在西部区域经济格局中，以生态脆弱区、民族聚居区和农村贫困区为代表的特殊经济地域是一直都存在的，只是在不同阶段具有不同的轮廓。在整体水平低下、处于混沌状态的区域经济格局中，不同子经济区域的经济发展水平没有太大的差距，区域经济发展的主导区和重要区难以辨别，各子经济区域之间的经济联系稀疏且杂乱无章，各种特殊经济地域也比较模糊。随着区域经济发展水平的不断提高，区域经济格局逐渐清晰和均衡。在确定了区域经济发展的主导区和重要区即增长极和经济带之后，经济水平落后、并处于经济联系的末端和被动方的特殊经济地域才凸显出来，并对区域经济发展产生显著的消极影响。西部大开发战略实施后，城市和经济带的发展不断提速，带动了西部区域经济总体水平的快速提升。但是，生态脆弱区、民族聚居区和农村贫困区为代表的特殊经济地域的发展依然困难。随着特殊经济地域与其他地区经济差距的不断扩大，其在区域经济整体发展中的失陷越来越深，在区域经济格局中愈加明朗。作为区域经济格局的最底层和最边缘，特殊经济地域的发展对区域经济整体的发展难以起到积极的促进作用。从西部地区当前的现实看，特殊经济地域已经成为西部地区发展的制约区，威胁着西部区域经济格局的均衡和稳定，对西部区域经济发展的制约作用日益显现。一方面，特殊经济地域限制了城市和经济带的进一步发展。城市和经济带的发展离不开周边地区在生产要素供给和经济合作与协作方面的配合，产业生产的组织规模与地域范围的扩大是经济效率提高的主要途径。但是，由于生产水平过于低下，产业结构过于不合理，市场发育过于不成熟，特殊经济地域既难以向城市和产业带提供合格的初级产品和生产要素，也难以承接城市和经济带的产业转移或与之进行产业协作。城市和经济带要实现进一步发展，只能舍近求远的从西部地区以外寻求生产要素供给者和经济合作与协作对象，必然会造成成本上升和效率损失，从而制约了西部区域经济的整体发展。另一方面，特殊经济地域已经成为西部区域经济发展的"短板"。为了加快西部特殊经济地域的经济发展，中央政府和东、中地区对之进行了大力的政策倾斜和生产要素支援，相当于在一定程度上减少了对西部发达地区的支持和投入，造成了西部地区整体经济效率的损失，无形中制约了西部区域经济的发展。在落后面貌没有得到改观之前，特殊经济地域就是西部地区优惠政策和生产要素投入的"无底洞"，必然制约西部区域经济向更高水平的发展。

第四节　西部区域经济发展战略与区域经济格局的发展方向

进入 21 世纪以来，党中央在继承和发展有中国特色社会主义理论与"三个代表"重要思想的基础上，贯彻和落实科学发展观，以建设全面小康的社会主义和谐社会为目标，在实现中华民族伟大复兴的中国梦框架内，明确经济建设、政治建设、文化建设、社会建设和生态文明建设的"五位一体"中国特色社会主义总体布局，开始了新一轮的经济发展理论探索和建设实践。在区域经济发展战略的制定和选择上，跳出了均衡与非均衡的传统思路，通过总结新中国成立以来区域经济发展战略的经验和教训，将追求区域协调发展作为新世纪国家区域经济发展战略的目标。国家区域经济协调发展战略的提出，要求西部地区在继续深入推进西部大开发战略的过程中转变发展战略思路，也为西部区域经济格局的发展指明了新的方向。

一、区域经济协调发展战略

（一）协调发展是我国区域经济发展战略的必然选择

一方面，协调发展是我国区域经济发展客观规律的必然选择。经济发展水平的失衡是区域经济发展过程中客观存在的、不可避免的经济现象。无论面积与经济规模的大小，不同经济区域之间和同一个经济区域的不同子经济区域之间都很难实现生产力发展的绝对平衡。对于我国这样国土面积广袤的大国而言，区域经济差距的存在是非常正常的。同时，也不能因为过于追求发达区域的经济发展而压制有发展潜力的欠发达区域的发展，而应该通过加强发达与欠发达区域之间的经济联系尤其是产业关联实现共同发展。新中国成立初期实施的均衡型区域经济发展战略之所以效果一般，是因为当时对内地的经济发展前景过于乐观，没有充分认识到在全国实现均衡发展目标的艰巨性。改革开放之后非均衡型区域经济发展战略之所以毁誉参半，是因为东部地区的发展在很大程度上是以牺牲中西部地区的发展机会为代价的，在促进国家整体经济发展的同时引发了严重的区域经济差距问题。因此，我国的区域经济发展战略不应该还在传统思想的禁锢下盲目的追求均衡或是非均衡，而应该在承认区域不平衡发展这个客观规律的基础上，追求区域经济的协调发展。在充分认识和分析既定区域经济格局的基础上，根据不同区域的生态条件、战略地位和经济发展水平，确定其主体区域功能尤其是经济功能；进一步，通过对区域间与区域中增长极、经济带和特殊经济地域的甄别和分析，建立层次分明、关系紧密、渠道通畅的区域间、产业间、部门间经济联系尤其是产业协作，重新建立新的更加合理和科学的区域经济格局，从而实现区域经济的协调发展。

另一方面，协调发展是完善社会主义市场经济体制的必然选择。计划经济时期，我国实行的各种区域经济发展政策都是以中央政府在投资和项目布局方面对某个区域的重点倾斜为特征的。无论是为了追求全国各地区的均衡发展而向落后的内地的倾斜，还是在效率优先原则下向发达的东部沿海地区的倾斜，都是政府在计划经济体制下通过资源配置的主导权来完成的。随着我国社会主义市场经济体制的建立和完善，市场机制在资源配置中的主导地位越来越突出，政府从经济"当家人"到"守夜人"的职能转换也将要完成。作为市场经济中经济运行的宏观调控方，政府对生产力布局的直接控制力越来越弱，政府直接投资在区域经济发展中的地位也将逐渐下降。因此，在市场经济体制中，传统的以政府在投资和项目布局方面对某个区域的重点倾斜为特征的区域经济发展战略的效果将十分微弱。如果政府的投资和项目布局成为了区域经济发展的主导力量，就意味着计划经济色彩仍然浓重，不利于我国市场经济体制的发展和完善。在市场机制的作用下，区域经济发展不能再依赖于政府，而要通过自身经济能力的不断增强和区域间经济关联的不断发展实现。适应完善市场经济体制的要求，协调发展的区域经济发展战略不再通过政府对生产要素的强行支配促进区域经济发展，而是通过加强基础设施建设、营造良好经济发展外部环境、清除生产要素流通障碍、处理好区域竞争与区域合作关系等措施实现区域经济的持续、健康和稳定发展。

（二）区域经济协调发展战略的早期探索

20 世纪 90 年代中期，面对愈演愈烈的区域经济失衡发展格局，国家有关部门曾经进行了区域经济协调发展战略的相关研究。1994 年，国务院发展研究中心在全国率先对区域经济协调发展进行了研究，从四个方面解释了区域协调发展的内涵：第一，先富后富，共同富裕。第二，公平竞争，特别强调发展机会的公平。第三，承认市场机制作用下区域发展的不平衡性，但政府要扶持欠发达区域的发展，消灭绝对贫困。第四，实施空间一体化战略。并指出，在实现区域经济协调发展的过程中既要发挥市场机制对区域经济发展的作用，又要加强政府对区域经济的干预。[1] 1996 年，八届人大四次会议通过了《中华人民共和国国民经济和社会发展"九五"计划和 2010 年远景目标纲要》，在第六部分"促进区域经济协调发展"中，从国家实际操作层面上对区域经济协调发展战略进行了阐述：一方面，引导地区经济协调发展，形成若干各具特色的经济区域，促进全国经济布局合理化，逐步缩小地区发展差距；另一方面，要按照统筹规划、因地制宜、发挥优势、分工合作、协调发展的原则，正确处理全国经济发展与地区经济发展的关系，正确处理建立区域经济与发挥各省区市积极性的关系，正确处理地区与地区之间的关系。

与政府层面的研究相比，学术界对区域经济协调发展战略的研究虽然稍晚，但是角度和层次都更为丰富。1996 年，翁君奕和徐华在《非均衡增长与协调发展》一书中提出，协调发展就是多数人都满意的发展，是在社会愿意承受非均衡代价的情况下可实现的最大幅度的经济增长。它既是一个最优化的状态，又是主观心理承受的结果。在实际操作中，由于无法具体地计算协调的量值，也不可能在动态上准确地把握人们的主观感受，所以可行的办法是采取满意协调发展原则，即依据随机调查样本。只要多数受访者认为调查期内的区域经济发展状况是满意的，则可做出区域经济发展协调的判断。同年，石康在《一九九五年地区经济协调发展观点综述》一文中提出，协调发展就是控制区域差距扩大，区域经济协调发展的核心内容是协调地区间的产业分工关系和经济利益关系。一方面，要发挥各地的优势，形成合理的地域分工，促进经济整体效益的提高。另一方面，要将地区经济发展差距控制在适度的范围内，以促进经济整体的协调。

1997 年，蔡思复在《我国区域经济协调发展的科学界定及其运作》一文中提出，均衡优先、兼顾效率的发展才是协调发展。从效率与均衡的关系角度分析，区域经济协调发展有三种可供选择的模式：一是效率优先、兼顾东西部地区均衡的模式，即相对倾斜于东部发达地区的协调发展模式；二是东西部地

---

[1]　国务院发展研究中心：《中国区域协调发展战略》，中国经济出版社 1994 年版。

区均衡优先、兼顾效率的模式，即相对倾斜于西部不发达地区的协调发展模式；三是兼顾效率与东西部地区均衡的模式，即东西部地区同步增长的中性协调发展模式。我国应采取强有力的宏观区域经济调控措施，实现第二种协调发展模式。

1998 年，区域税收政策课题组在《促进区域经济协调发展的税收政策》一文中提出，协调发展就是积极的发展。区域经济协调发展并不是硬性地把地区之间的差距完全拉平，而是通过大力促进相对落后的中西部地区的发展缩小地区差距。协调发展也不是要中西部各省市区全面快速增长和齐头赶上，一些内部条件较好的中西部地区可以发展得快一些。协调发展是要控制各地区间差距的继续扩大，通过逐步稳定进而缩小差距。

2001 年，陈计旺在《地域分工与区域经济协调发展》一书中提出，效率优先、兼顾公平的发展就是协调发展。要在市场机制和中央政府的协调下，充分发挥区域优势，使区域间形成相互依赖、合理分工、共同发展的经济统一体。区域经济协调发展所依赖的区域经济关系，是一种建立在公平竞争基础上的、平等的相互联系和依赖的关系。区域经济协调发展的关键在"协调"，核心是"效率"。同年，张敦富和覃成林在《中国区域经济差异与协调发展》一书中提出，协调发展是关联互动的发展。区域之间在经济交往上日益密切、相互依赖日益加深、发展上关联互动的过程，就是区域经济协调发展的过程。具体而言可以从三个方面把握：其一，区域经济协调发展的目的和核心是实现区域之间经济发展的和谐、经济发展水平和人民生活水平的共同提高、社会的共同进步；其二，完成区域经济协调发展的基本方式是使区域之间在经济发展上形成相互联系、关联互动、正向促进；其三，衡量区域经济是否协调发展，可以把区域之间在经济利益上是否同向增长、经济差异是否趋于缩小作为检验的标准。

2002 年，王亭亭在《浅谈京津冀区域经济协调发展》一文中提出，协调发展是多方面的发展，具有丰富的经济含义。包括：区域经济系统中生产力布局的空间协调，主要是强调人口分布和产业分布在区际空间上要合理；区域经济系统中城乡经济的协调，意在强调城乡之间经济功能的传递与辐射力不断增强；区域经济系统中的产业结构协调，包括区域内部和区际之间的产业结构协调及向高度化有序演进；区域经济发展与资源环境的协调，意在强调经济发展不能造成资源浪费和环境质量恶化。

（三）区域经济协调发展战略的形成

2003 年 10 月，中共中央在十六届三中全会通过的《中共中央关于完善市场经济体制若干问题的决定》中提出了科学发展观。其基本内涵是"坚持以人为本，树立全面、协调、可持续的发展观，促进经济社会和人的全面发展"，强调"统筹城乡发展、统筹区域发展、统筹经济社会发展、统筹人与自然和谐发展、统筹国内发展和对外开放"。作为新世纪我国社会主义现代化建设的指导思想，科学发展观对区域经济发展战略提出了新的要求，"五个统筹"思想更是明确了区域经济协调发展的方向。

2004 年 9 月，中共中央在十六届四中全会通过的《中共中央关于加强党的执政能力建设的决定》中提出要坚持以人为本、全面协调可持续的科学发展观，更好地推动经济社会发展。通过推动建立统筹城乡发展、统筹区域发展、统筹经济社会发展、统筹人与自然和谐发展、统筹国内发展和对外开放的有效体制机制，重视实施西部大开发战略和振兴东北地区等老工业基地战略，促进中部地区崛起，支持革命老区、少数民族地区、边疆地区和其他欠发达地区加快发展。这表明，国家区域经济发展战略已经由以西部大开发为主的均衡发展战略向以支持西部、东北和中部地区共同发展为主的协调发展战略转变。

2005 年 10 月，中共中央在六届五中全会审议通过的《中共中央关于制定国民经济和社会发展第十一个五年规划的建议》中指出，在"十一五"规划的制定过程中，要坚定不移地以科学发展观统领经济社会发展全局，坚持以人为本，转变发展观念、创新发展模式、提高发展质量，把经济社会发展切实转入全面协调可持续发展的轨道。"十一五"时期，必须保持经济平稳较快发展，必须加快转变经济增长方式，必须提高自主创新能力，必须促进城乡区域协调发展，必须加强和谐社会建设，必须不断深化改革开放。2006 年 3 月，十届人大四次会议审查并批准的《中华人民共和国国民经济和社会发展第十一个五年规划纲要》提出，根据资源环境承载能力、发展基础和潜力，按照发挥比较优势、加强薄弱环节、享受均等化基本公共服务的要求，逐步形成主体功能定位清晰，东中西良性互动，公共服务和人民生活水平差距趋向缩小的区域协调发展格局。进入"十一五"规划，意味着区域经济协调发展战略得到了政府和社会的认可。

2006 年 10 月，中共中央在十六届六中全会通过的《中共中央关于构建社会主义和谐社会的若干重大问题的决定》中指出，要落实区域发展总体战略，促进区域协调发展。继续推进西部大开发，振兴东北地区等老工业基地，促进中部地区崛起，鼓励东部地区率先发展，形成分工合理、特色明显、优势互补的区域产业结构，推动各地区共同发展。这标志着区域经济协调发展战略已经基本成形，东部率先发展、西部大开发、中部崛起和东北振兴成为区域经济协调发展战略的主要内容。

2007年2月，胡锦涛同志在中央政治局第三十九次集体学习时强调，促进区域协调发展是改革开放和社会主义现代化建设的战略任务，也是全面建设小康社会、构建社会主义和谐社会的必然要求。要继续推进西部大开发，振兴东北地区等老工业基地，促进中部地区崛起，鼓励东部地区率先发展，形成合理的区域发展格局。这是实现我国经济社会又好又快发展、确保实现全面建设小康社会、进而基本实现现代化宏伟目标的重大举措，是发挥我国社会主义制度优越性、促进社会和谐稳定的重大举措，也是保证我国各族人民共享改革发展成果、逐步实现共同富裕的重大举措。为了实现区域协调发展，要重点抓好四项工作：第一，坚持统筹城乡区域发展。要从新世纪新阶段我国发展的新形势新任务出发，统筹制定城乡发展规划、区域发展规划，并扎扎实实加以落实。要根据西部地区、中部地区、东北地区、东部地区的不同情况，加强统筹规划、细化政策，通过深化改革、扩大开放，形成更加科学合理的体制机制，加快产业结构调整和增长方式转变，加强基础设施建设和生态环境保护，加快科技、教育、卫生事业发展和人才开发，增强国际竞争力和可持续发展能力。第二，加快形成主体功能区。要统筹考虑未来我国人口分布、经济布局、国土利用、城镇化格局，明确不同区域的功能定位，优化生产力空间布局，规范空间开发秩序，逐步形成合理的空间开发结构。第三，健全区域协调互动机制。要加快健全有利于促进区域协调发展的市场机制、合作机制、互助机制、扶持机制。要加大国家对欠发达地区支持力度，加快革命老区、民族地区、边疆地区、贫困地区经济社会发展，引导发达地区通过对口支援、社会捐助等方式帮扶欠发达地区。东部地区发展是支持区域协调发展的重要基础，要在率先发展中带动和帮助中西部地区发展。第四，完善分类管理的区域政策。要完善财政政策、投资政策、产业政策、土地政策、人口管理政策，提高区域政策的有效性和针对性，推动形成主体功能区，促进区域协调发展。至此，我国区域经济协调发展战略正式形成。在获得中共十七大的肯定之后，区域经济协调发展战略正式成为了我国国家区域经济发展战略。

二、区域经济协调发展战略引导下的西部区域经济格局与发展思路

（一）内部协调与外部协调是西部区域经济发展的双重动力

随着西部大开发战略、振兴东北战略、中部崛起战略和东部率先发展战略相继出台，我国的经济发展已经由重度依赖东部地区转为通过四大经济区域的协调发展而实现。在四轮驱动的中国区域经济基本格局中，西部地区的战略地位被重新提升，压抑已久的经济发展要求得到了中央政府的肯定和支持。作为全国经济发展最为落后的地区，西部对区域经济协调发展的要求无疑是最为迫切的。一方面，与外部地区的协调是西部区域经济发展的外部动力。作为改革开放的先行者，东部等发达地区对西部地区拥有责无旁贷的"先富带动后富"的义务。在市场经济体制中，外部地区对西部地区的带动不应该再依靠中央政府的行政指令和地方政府的盲目热情完成，而应该在双赢的目标指向下通过区域经济关系的协调来实现。西部地区丰富的自然资源、广袤的待开发土地和巨大的市场需求潜力，对全国经济的发展都具有举足轻重的意义。以此为基础，通过承接发达地区产业转移，与外部地区开展经济合作特别是产业协作，西部与外部地区的区域经济关系将不断丰富化和立体化。随着全国四大经济区域关系的不断协调，西部地区将从其他地区的要素供给者和产品接受者转变为经济合作者特别是产业协作者，对经济发展成果共享的广度和深度都将有所增加，国民经济发展的质量与社会和谐的程度也就有所提高。在从资源开发、要素供给、市场拓展等方面为东部地区率先发展、中部地区崛起和东北老工业基地振兴提供支持和配合的同时，西部大开发也可以获得强劲的外部动力。另一方面，西部内部各省区之间的协调是西部区域经济发展的内部动力。由于市场化进程严重滞后，"等、靠、要"等计划经济残余思想在西部地区还具有一定的普遍性，使得西部地区对外部协调的重视程度远大于对内部协调的重视程度。同时，由于对国民经济发展的促进作用十分微弱，西部在区域经济协调发展的研究与实践中大多处于被动和边缘地位，其内部协调在很大程度上被社会各界所忽视。但是，在社会主义市场经济的框架内，在四轮驱动的中国区域经济基本格局中，随着中央政府集权管理的逐渐放松和四大经济区域之间竞争的逐渐

加剧，西部区域经济发展的主导力量只能是西部自己，而内部省区之间的关系协调则是西部区域经济发展的内部动力。只有实现了内部协调，西部才能够获得区域经济发展的向心力，与外部地区协调的程度才能更深，自身区域经济系统的运行才能更高效。在西部区域经济发展的过程中，内部协调与外部协调同时存在、缺一不可，但地位和作用是不同的。作为区域经济发展的内部动力，内部协调是西部地区实现跨越式发展的基础，决定着西部区域经济发展的质量、速度和方向。而作为区域经济发展的外部动力，外部协调只是西部区域经济发展的外部条件。虽然可以通过对由内部协调产生的向心力的因势利导加速西部的区域经济发展，但是不能改变西部区域经济发展的根本性质和发展的基本方向。因此，必须提升内部协调在西部区域经济建设实践中的地位，西部区域经济格局与发展战略也要进行相应的调整和发展。

（二）层次清晰、功能明确、关系协调是西部区域经济格局的发展方向

在协调发展观的引导下，为了充分发挥内部协调与外部协调对区域经济发展的推动作用，西部区域经济格局的发展也应该跳出均衡与非均衡的传统思路。按照科学发展观的要求，为了构建社会主义和谐社会特别是实现全面小康，西部区域经济格局必须以层次清晰、功能明确和关系协调作为发展方向。

所谓层次清晰，是指西部区域经济的发展要形成清晰的地域空间脉络。西部区域经济发展的总体水平落后且内部差异巨大，反映在地域空间上尤为显著。由于不同地区的发展水平、发展能力和发展潜力各不相同，因此不同的地域空间发展脉络对西部区域经济的发展会产生不同的影响。在不同地区经济内生能力参差不齐的基础上，如果外部推动力量的分布不能在地域空间上进行科学合理的安排，区域经济是难以实现协调发展的；只有实现了不同地区经济内生能力与外部推动力量关系的统筹，才能够促进区域经济的协调发展。一方面，西部区域经济的协调发展要以发展能力强、发展水平高或发展潜力大的地域作为首要层次。这些地域不仅经济内生能力强，而且对外部推动力量的反应迅速和积极，是西部区域经济发展的重心和重点。但是，从西部区域经济发展的现实看，以城市地区为代表、属于这一层次的地域空间的范围还比较小而且模糊，制约了外部推动力量与区域经济自生能力的有机结合。因此，在西部区域经济格局的发展过程中，这一层次的地域空间范围需要大力扩展和明晰。另

一方面，西部区域经济的协调发展要以发展能力弱、发展水平低或发展潜力不明朗的地域作为基础层次。这些地域不仅经济内生能力弱，而且难以将外部推动力量转化为生产力，是西部区域经济发展的底层和边缘。但是，从西部区域经济发展的现实看，以农村为代表、属于这一层次的地域空间范围非常大，造成了大量的资源浪费和效率损失。此外，西部区域经济的协调发展还存在着中间层次，其发展能力、发展水平和发展潜力介于首要层次和基础层次之间。在西部区域经济发展的现实中，中间层次通常在围绕首要层次的同时被基础层次围绕，成为联结首要层次和基础层次的重要地域空间。因此，在西部区域经济格局的发展过程中，这一层次的地域空间范围需要巩固和延伸。总体来看，首要层次、中间层次和基础层次将构成区域经济发展的"点——线（轴）——面"，成为西部区域经济发展的基本脉络。

所谓功能明确，是指西部区域经济的发展要形成明确的经济功能区。在区域经济发展的地域空间脉络逐渐清晰的基础上，要将西部不同地区在西部区域经济整体发展中的作用明确化，通过不同经济功能区的区域分工和共同进步促进西部区域经济的协调发展。作为西部区域经济发展的子经济区域，经济功能区大体上可以分为主导区、重要区和制约区这三大类。那些处于区域经济发展的首要层次、作为区域经济发展重心和重点的地域空间是西部区域经济协调发展的主导区，其经济发展的水平、速度、质量和方向对西部区域经济的整体发展起着决定性的作用。依托自身强大的经济自生能力和对外部推动力量的吸收转化能力，主导区在对生产要素进行集聚的同时必须着眼于对西部区域经济整体发展的带动，在区域经济协调发展中充分发挥增长极的积极作用。那些处于区域经济发展的中间层次的地域空间是西部区域经济协调发展的重要区。在西部区域经济格局中，主导区虽然处于核心地位，但是其地域空间范围毕竟非常有限，因此难以成为西部区域经济协调发展的主体。而重要区虽然不能主导区域经济的发展，但是地域空间范围要远大于主导区，其经济发展的水平、速度、质量和方向才代表了西部区域经济发展的整体水平。在区域经济一体化的潮流中，通过开展地区间的部门合作特别是产业协作，重要区完全可以成为西部区域经济发展的骨干力量，在区域经济协调发展中充分发挥经济带的积极作用。那些处于区域经济发展的基础层次、作为区域经济发展边缘的地域空间是西部区域经济协调发展的制约区。在生态环境、自然禀赋、区位条件、经济结构等综合因素的影响下，制约区的经济内生能力严重不足，对外部推动力量的吸收和转化能力也非常微弱，对西部区域经济整体发展的制约作用要大于促进作用。因此，制约区在西部区域经济发展中的功能就是通过加强自身的经济建设减弱对区域经济整体发展的制约作用，以特殊经济地域的发展促进西部区域经济的协调发展。总体来看，主导区、重要区和制约区分别与西部区域经济格局中的增长极、经济带和特殊经济地域相对应，共同推动着西部区域经济的协调发展。

所谓关系协调，是指西部区域经济发展的不同经济功能区之间要形成协调的关系。区域经济的协调发展是一项系统工程，而作为其空间载体的经济区域之间的关系则是区域经济发展整体性和系统性的保证。对于西部区域经济而言，要在整体水平落后且内部差异巨大的情况下实现协调发展，其处于不同发展层次的不同经济功能区之间应该保持科学合理的关系。通过不同地域之间网络式的良性互动缩小区域发展差距，在推动发达地域向更高水平发展的同时加快落后地域的发展速度。总的来说，西部区域经济关系的协调是由四方面组成的。一是同处于区域经济发展的首要层次的主导区之间的关系协调。由于经济发展的水平都比较高，并且对区域经济发展起着相似的带动作用，这些地域之间本应该比较容易产生较为紧密的部门合作特别是产业协作，共同推动西部区域经济向更高水平发展。但是，由于以城市为代表的主导区数量不够多、实力不够强且分布稀疏，使得西部区域经济发展的主导区之间的关系协调远没有达到东部地区的高度，需要在西部区域经济格局的发展中不断改善。二是处于区域经济发展的不同层次的地域之间的关系协调，即主导区、重要区和制约区之间的关系协调。由于经济发展的水平存在显著的差异，并且在区域经济发展中的功能各不相同，这些地域之间的关系通常最为复杂，但对区域经济协调发展的影响最大。在市场机制的作用下，制约区的生产要素为了获得较高的经济收益将向重要区和主导区流动；而在边际收益递减原理的作用下，随着生产规模的不断扩大，主导区的经济部门为了降低成本将向重要区和制约区扩散。如果主导区、重要区和制约区之间的这种关系可以持续保持并稳定发挥集聚作用和扩散作用，区域经济的协调发展是完全可以实现的。但是，作为全国发展最为落后的地区，西部大量生产要素流向东部等发达地区，主导区和重要区的集聚效应难以发挥，对制约区的扩散效应也就十分微弱。另外，由于西部区域经济发展的主导区和重要区的发展起点较低、速度较慢，即使获得充足的生产要素支持，在短时间内也只能实现自身的经济发展，对制约区扩散作用的发挥是难以保障的。因此，加强主导区、重要区和制约区之间的关系协调，以集聚效应和扩散效应的结合遏制回波效应，是西部区域经济格局发展的重大目标。三是同处于区域经济发展的中间层次的重要区之间的关系协调。与主导区之间的关系协调相似，由于经济发展的水平和在区域经济发展中的作用都非常接近，重要区之间同样比较容易产生较为紧密的部门合作特别是产业协作，共同推动西部区域经济向更高水平发展。与主导区之间的关系协调不同的是，由于重要区的空间范围较大而且分布较为密集，因而在区域经济发展的现实中更容易实现，应该成为西部区域经济格局发展的重要突破口。四是同处于区域经济发展的基础层次的制约区之间的关系协调。与主导区的关系协调和重要区的关系协调不同，虽然制约区之间的发展水平比较接近，但是较低的发展水平却使得他们之间很难产生良性的经济关系。不过，部分落后地区的经济发展实践表明，由于在区域经济发展中处于相似的被动和边缘地位，并且具有相同的快速发展诉求，只要能够处理好区域竞争和区域合作的关系，制约区之间同样可以建立起良性互动的协调关系。

（三）西部地区实施区域经济协调发展战略的主要思路

从区域经济发展的空间载体的角度看，全国区域经济的协调发展不仅包括东部、中部、西部和东北地区这四大经济区域之间的协调发展，还包括他们内部不同地域之间的协调发展。从区域经济发展的条件和现实看，西部区域经济的协调发展无疑是全国区域经济协调发展的重点和难点地区。在差异巨大的区域条件、整体落后的区域发展水平、复杂多样的社会经济特征等因素的综合影响下，西部区域经济的内部协调发展还存在大量的问题，不仅阻碍了西部与其他地区之间的协调发展，而且制约了全国区域经济协调发展的实现。因此，西部地区必须坚定不移地实施区域经济协调发展战略，以内部协调发展促进外部协调发展，通过构建层次清晰、功能明确、关系协调的区域经济格局推动西部区域经济的协调发展，最终实现全国区域经济的协调发展。

首先，西部区域经济协调发展战略要坚持走创新的道路。作为落后地区，西部区域经济的发展必然要借鉴东部乃至国外发达地区发展与落后地区开发的成功经验，但是必须要对区域经济发展战略进行自主创新。一方面，时代背景的变化要求西部区域经济发展战略进行创新。改革开放30余年来，西部区域经济发展的时代背景发生了显著的变化。随着世界经济格局特别是国际分工秩序的改变，东部地区和亚洲四小龙实现经济腾飞的区域经济发展战略模式对西部地区已经逐渐失去了意义；随着中国经济体制改革的推进和科学发展观的贯彻，依靠输血式中央重点扶持与"高消耗、高产出、高污染"工业支撑的区域经济发展战略模式也必须要被西部地区摒弃。因此，西部区域经济协调发展战略必须要随着时代背景的变化进行创新。另一方面，自身区域条件的特殊性要求西部区域经济发展战略进行创新。西部地区资源丰富但生态脆弱，人口稀少但民族众多，历史悠久但思想保守，国境线长但邻国落后，面积广袤但区划复杂，区域条件的特殊是其他地区难以比拟的，导致以税费减免、重点投资、扩大开放为主要特征的传统区域经济发展战略的常规实施效果羸弱。因此，西部区域经济协调发展战略必须要针对其特殊的区域条件进行创新。需要指出的是，区域经济发展战略的创新并不仅限于区域经济发展战略理论的创新，还包括区域经济发展战略实施方法的创新。面对浩如烟海的区域经济发展理论，对已有的区域经济发展战略进行全新的排列组合，或者改变区域经济发展战略发挥作用的途径和渠道，同样可以促进西部区域经济的协调发展。

其次，西部区域经济协调发展战略的实施主体要向多元化发展。在实施计划经济体制的几十年时间里，中央政府一直是西部区域经济发展战略的实施主体。关于西部地区资源配置与生产力布局的绝大多数决策均由中央政府决定并组织实施，西部地区只是"全国一盘棋"中的一颗棋子。党的十四大以后，随着社会主义市场经济体制的建立和不断完善，中央政府从经济运行的主导者变为调控者，对地方经济发展的控制也日益放松。由于经济自生能力不强而且市场化进程缓慢，西部地区对中央政府的依赖性仍然较强，中央政府依然是西部区域经济发展战略实施的绝对主体。但是，为了实现西部区域经济的协调发展，西部区域经济发展战略的实施主体必须要向多元化发展。一方面，地方政府在西部区域经济发展战略实施中的地位要提高。在四轮驱动的中国区域经济发展格局中，中央政府对全国区域经济发展的关注将从某个地区的区域经济发展转向各个地区的协调发展。在市场经济发展还不够完善、经济自生能力还不够强的情况下，地方政府必须填补中央政府在某些方面的空缺。而且，在促进西部区域经济发展的内部协调方面，地方政府比中央政府拥有更强的能力。另一方面，企业等经济组织要积极参与西部区域经济发展战略的实施。中央政府与地方政府都只是西部区域经济发展的宏观调控方，而企业才是西部区域经济发展的真正主体和根本推动力量。因此，中央政府和地方政府要积极鼓励和吸收企业参与到西部区域经济发展战略的实施中，以市场化的企业行为配合和逐渐替代政府行为，通过"政府搭台、企业唱戏"加强区域经济发展战略的实施效果。

第四章

西部区域增长极与发展思路

第一节　增长极发展战略是西部区域经济协调发展的必然选择

一、增长极理论国际实践的启示与反思

（一）增长极理论的国际实践

20世纪中叶，西方国家的经济在战后重建的过程中迅速恢复并逐渐繁荣，但阻碍其区域经济进一步发展的问题也同时显现出来：一方面，大城市出现了以过度增长和产业结构恶化为特征的"聚集不经济"现象，在区域经济发展中的主导地位有所下降；另一方面，城市周边地区出现经济衰退并引发区域经济发展差距的扩大，区域经济发展的协调性和稳定性受到挑战。为了遏制这些制约区域经济发展的消极因素，部分国家陆续将增长极理论与区域经济发展战略结合起来，运用于区域经济发展的实践中。

在发达国家中，法国是增长极理论实践的先行者和成功的典范。第二次世界大战后，虽然法国的经济增长速度仅次于日本，但是区域经济发展失衡问题却日益严重。以巴黎为中心的巴黎区是法国唯一的经济中心，在全国经济中占有绝对的主导地位，而其他地区的经济发展与巴黎存在着明显的差距。为了减轻巴黎的发展压力，法国政府曾试图利用建设卫星城市的办法控制首都的发展，

但收效甚微，巴黎区的人口仍然持续增长。因此，法国政府转而通过区域经济发展战略进行调控和引导，决定在 1966～1969 年的第五个国家计划中建立一个遍布全国的增长极体系。一方面，平衡巴黎区的过度吸引力即所谓的"反磁力"作用；另一方面，解决法国城市体系上部缺乏有影响力的大城市或特大城市的问题。在选取增长极时，以城市规模、城市中支持经济活动的服务设施和基础结构的水平、城市在城市体系中实施的职能、城市腹地的性质和范围作为考察标准，最终将马赛、里昂、南锡、斯特拉斯堡、里尔、南特、波尔多、图卢兹等城市确定为国家的平衡大城市即增长极。通过政府公共投资的重点支持和倾斜，这 8 个城市的经济吸引力迅速提高，城市人口总数从 1968 年的 503.6 万人增加到 1975 年的 555.6 万人，而巴黎同期的人口增长只有 35.3 万人，这就在缓解巴黎经济发展压力的同时促进了法国区域经济的均衡发展。①

　　在发展中国家中，巴西和马来西亚是增长极理论实践比较成功的典型。为了改变本国区域经济发展南强北弱的局面，巴西采取了适当的政府干预和激励政策。将首都从繁华的里约热内卢迁到落后的巴西利亚，修建了贯穿亚马逊河流域的公路体系。同时，通过税收减免政策鼓励外国资本积极参与落后地区的开发，在亚马逊河中游大力建设新工业区和内地自由贸易区。于 1957 年成立的玛瑙斯自由港在 1967 年被改为自由贸易区，逐渐发展为拉美地区唯一的综合型经济特区和世界最大的城市区域增长极之一。到 2005 年年底，玛瑙斯自由贸易区共引进工业项目近 1 000 项，吸收外资 30 多亿美元，实现销售约 180 亿美元，提供就业岗位超过 50 万个，有力地带动了巴西落后地区的快速发展。作为全球经济增长最快的国家之一，马来西亚针对本国西强东弱的区域经济失衡发展现实提出了既不损害发达地区经济利益、又使欠发达地区经济快速增长的适度不平衡发展战略。政府鼓励人才和资金向中等发达的帕朗地区转移，利用其良好的基础设施和发展潜力克服发达地区带来的不利的回波效应，通过政府投资为建立西北地区增长极提供优惠政策以产生扩散效应。这样，就使那些相对贫穷、停滞的地区逐步发展为富裕的地区。在政府对高科技电子等创新产业的扶持下，帕朗及周围地区通过企业的模仿和创新发展成为世界性的电子产品出口基地。同时，马来西亚政府也鼓励发展全国各地的贫困中小城市。这既考虑到地区优先发展战略，又兼顾了落后地区的发展，从而较好地解决了地区

---

　　① 李仁贵：《增长极思想在世界各地的实践透视》，甘肃社会科学，1995 年第 4 期。

发展差距和地区收入差距的问题。

作为尚处于发展阶段的区域经济理论，增长极理论的国际实践并不是一帆风顺的，失败的案例同样鲜明。在战后重建的过程中，意大利政府为了通过加快东南部落后地区的发展改变南贫北富的二元经济结构问题并创造更多的就业机会，于1957~1966年在南部精选出卡塞塔—那不勒斯、卡塔尼亚—锡腊库扎、卡利阿里、巴里—布林的西—塔兰托四个区域增长极典型区，并先后建立了钢铁、电机、精密机械、石油化工、汽车、电子、航空、机床、造船等大型推进型产业，还配置了大批相关的小企业。但是，由于忽视了中小企业和周围腹地农业的发展，这些措施不仅未能达到所预期的目标，反而造成推进型企业与当地的要素禀赋相脱节，浪费了稀缺的区域资源，加重了对外国资源需求的依赖。结果，在1973年石油危机的冲击下，这些地区的经济陷入了困境，增长极发展战略遭受了惨痛的失败。除此之外，西班牙、英国等发达国家和印度、泰国等发展中国家也遭遇到过近乎相同的情况，增长极理论的国际实践遇到了严峻的挑战。

（二）增长极理论国际实践的反思与启示

从20世纪70年代开始，伴随着世界经济增长的放缓，增长极理论和政策的影响力下降，越来越多的学者开始对增长极发展战略进行反思。总体来说，认为增长极理论在区域经济发展实践中存在四大弊端。其一，飞地性质制约了增长极对区域经济发展带动作用的发挥。作为增长极发展的经济依托，后天植入的推进型产业与企业难以与当地传统落后的产业与企业之间产生紧密的联系。由于生产规模和技术水平相差悬殊，二者之间无法形成产业之间的连锁，无法形成资源要素向外扩散的网络，必然出现产业链的断层和连锁效应的中断，也就无法通过部门合作特别是产业协作带动增长极所在区域的经济发展。其二，增长极规划和抉择的政治性和计划性造成极化区域和计划区域产生非兼容性和非协调性。随着市场经济体制的发展和完善，增长极规划和抉择的政治性与计划性将受到严格的约束，而其造成的计划区域和计划区域之间的非兼容性和非协调性必然会对市场经济条件下区域经济的稳定和协调发展产生威胁，并对区域经济一体化产生消极影响。其三，增长极的定位带有盲目性。在西方国家的增长极理论实践中，增长极位置的选择大多是建立在城市人口增长计划或全国部门计划的基础上，而不是建立在自身发展潜力或周围偏远地区需求的基础之上，这不符合增长极理论的初衷，也不利用增长极对区域经济发展带动作用的发挥。[①] 其四，增长极理论和政策过于简单化和理想化。增长极理论只是一种发展理论，没有经过严格的逻辑证明，也不具有操作性。因此，他是制定区域经济政策和区域发展规划时的理论依据，而不是区域社会经济发展的地域组织模式。[②]

但是，从社会科学发展的历史经验看，任何经济理论都是在对现实经济发展指导的实践中不断发展、完善并走向成熟的。因此，不能因为在国际实践中出现失败的案例就对增长极发展战略进行全面否定。各种发展理论的产生都有一定的时代背景和区位背景，在实践中的应用也有一定的限制条件和区位条件，不能形而上学的生搬硬套。世界各国和不同地区的情况千差万别，政府和不同经济主体理解增长极的角度各不相同，区域经济政策更是错综复杂，因此并不存在一种"放之四海皆可行"的区域经济发展的增长极模式。法国、巴西和马来西亚等国实践增长极理论的成功经验表明，只要从本国或本地区的实际情况出发，制定或选择适合本国或本地区区域经济发展的增长极模式，同时政府能够避免错误决策或过度干涉，增长极理论在区域经济发展实践中的四大弊端完全可以克服，增长极发展战略完全可以对区域经济发展起到重要的引导和促进作用。

20 世纪 80 年代以来，增长极相关理论再次繁荣起来，并针对自身的不足和外界的质疑进行了新的补充和发展。参与区域经济发展实践的角度更加丰富、层次更加深入，增长极发展战略日趋完善和成熟。随着全球性新区域主义（New Regionalism）的兴起，发展中国家逐渐放弃了闭关自守的反市场体制的宏观经济政策，区域增长方式和发展模式的选择也随之发生变化。传统的自上而下建立增长极和增长中心的方式受到抨击，依靠以知识和技术创新能力为代表的内生动力发展成为区域经济发展战略的主要选择。通过黏胶效应的发挥和黏性区域的培育，防止新兴增长极和增长中心由于资金、企业和人才外流而产生空洞化和空壳化。同时强调竞争优势、合作优势与本地化战略在增长极发展战略中的重要性，要正确处理降低交易成本和运输成本的本地联系（增长极内各企业的联系）和降低直接生产成本的非本地联系（增长极内外企业的联

① 颜鹏飞、马瑞：《经济增长极理论的演变和最新进展》，福建论坛（人文社会科学版），2003年第1期。

② 安虎森：《增长极理论述评》，南开经济研究，1997年第1期。

系）的关系，以及规模经济（生产系统的大小）和范围经济（生产系统的集合分离）的关系。[①]

二、增长极发展战略是西部区域经济协调发展的必然选择

（一）西部增长极的发展可以缓解东部增长极的发展压力

如果说东部地区是中国经济发展的发动机，那么以深圳和广州为中心的珠三角地区、以上海为中心的长三角地区与以北京和天津为中心的环渤海地区则是东部经济发展的发动机。它们在东部区域经济发展中的主导地位要高于东部在全国区域经济发展中的主导地位，经济扩散、辐射和带动作用的范围已经超出了东部地区的界限，成为了全国区域经济发展的三大增长极。但是，进入21世纪以来，珠三角、长三角和环渤海地区的经济发展遇到了前所未有的挑战。一方面，经过30余年的高速增长，三大增长极的地域空间开发已经接近极限，劳动力和土地成本的迅速上升使其以劳动密集型产业为主的外向型经济参与国际竞争的能力大为减弱，而人民币的不断升值更是令这一局面雪上加霜；另一方面，随着世界经济格局的演变和国际产业分工秩序的调整，国际影响力越来越大的中国在国际贸易中的地位越来越突出、遇到的困难越来越复杂，落后的科学技术水平特别是核心竞争力使中国在国际贸易中的地位越来越被动。作为中国参与国际经济活动的代表，三大增长极受到的影响是首当其冲的。面对严峻的挑战，三大增长极在科学发展观的指导下决心进行以增强自主创新能力为目标的经济结构优化升级，通过从世界工厂向世界制造中心的提升完成经济增长方式的转变。一边要开展自身经济的改造升级，一边要兼顾对全国经济发展的带动，他们承受的发展压力无疑是巨大的。而通过西部增长极的培育和发展，则可以大大缓解东部三大增长极的发展压力。一方面，西部增长极可以分担东部增长极的一部分经济功能。在较短的时间内，西部增长极的发展水平难以达到东部增长极的高度，但可以逐渐减轻西部区域经济发展对东部增长极扩散、辐射和带动等"远水解近渴"行为的依赖，增强西部区域经济

---

① 颜鹏飞、马瑞：《经济增长极理论的演变和最新进展》，福建论坛（人文社会科学版），2003年第1期。

发展的自生能力；另一方面，西部增长极可以促进东部增长极的进一步发展。在经济结构优化升级的过程中，东部增长极有大量的生产力需要转移，同时需要从外部补充大量的生产要素。通过开展"点对点"式的区域合作和协调，西部增长极可以承接东部增长极需要转移的生产力，而东部增长极所需的生产要素也可以以市场方式从西部增长极获得。这样，东部发展极与西部发展极获得了共赢，西部区域经济发展的外部协调也获得了新的推动力。

（二）　西部增长极的发展可以制约发达地区极化效应的发挥

20 世纪八九十年代，我国实行支持东部地区优先发展的区域经济非均衡发展战略的主要指导思想和政策目标之一是"部分先富，以先富带动后富"。改革开放 30 余年的经济建设实践表明，我们成功实现了"部分先富"的目标，东部地区已经成为全国乃至全球经济发展最为迅速和活跃的地区，为我国国民经济的快速发展和综合国力的提升做出了无可比拟的贡献。但是，"以先富带动后富"的目标则没有很好的实现，东部地区在全国经济发展中一枝独秀，中部地区逐渐塌陷，东北地区逐渐衰败，西部地区贫穷落后的局面也没有得到根本性的改变。全国区域经济发展差距越来越悬殊，区域经济格局的失衡程度越来越严重。造成我国区域经济失衡发展的原因是复杂的，其中发达地区极化效应对落后地区发展的消极作用是非常重要的一个方面。作为改革开放的先行者和先富者，东部地区以其先进的生产技术、发达的生产力水平和丰厚的经济收益对生产要素产生着较强的吸引力。以珠三角、长三角和环渤海地区等三个增长极为中心，东部地区通过集聚效应的发挥从周边地区乃至全国吸收了大量生产要素参与到经济生产中，实现了经济发展水平的进一步提高。由于西部等落后地区与东部发达地区的经济发展水平差距过于悬殊，本该在集聚效应之后产生的扩散效应被极化效应代替，东部发达地区通过生产要素的进一步集聚得到了更强大的经济发展动力，西部等落后地区则由于生产要素的进一步流失而发展更为艰难。在极化效应的作用下，增长极和发达地区的扩散效应难以发挥，区域经济发展失衡将陷入恶性循环中。在区域经济整体发展水平不可能在短时间内发生质的飞跃的情况下，以西部为代表的落后地区的增长极发展可以制约以增长极为中心的发达地区极化效应的发挥。相对于西部整体而言，西部增长极发展所需要的时间更短、所需要的条件更容易满足。只要西部增长极发展到一定水平，即使经济收益稍低于东部地区，绝大部分生产要素也会放弃舍近求远的东向流动而通过向本地区增长极集聚而留在西部地区。在西部增长极的带动下，随着西部地区与东部地区发展差距的逐渐缩小，以东部增长极为中心产生的东部区域经济发展的极化效应将逐渐减弱，东部发达地区对西部等落后地区的扩散效应将逐渐增强，全国区域经济的协调发展将逐渐实现。

（三）西部增长极的发展可以促进西部区域经济关系的内部协调

在很长的时间内，增长极发展战略是否适用于落后地区都存在着争论，推进型产业的发展带动能力和增长极的极化效应是争论的两大焦点，直接关系到落后地区能否实现协调发展。事实上，随着区域经济发展理论的不断丰富特别是增长极理论的不断发展和完善，通过区域经济发展战略的调整，西部增长极的发展完全可以避免或者解决这两个问题，从而促进西部区域经济关系的内部协调。一方面，推进型产业的本土化可以避免增长极飞地性质的产生。作为增长极发展的主导力量，推进型产业虽然不是本地区区域经济自然发展的产物，但是也没有必要完全依靠区域外部力量的移植或植入。作为落后地区，为了确保增长极与周边地区存在较为密切的经济联系，同时避免资源浪费和生产力闲置，西部地区在创建增长极的推进型产业的过程中可以通过对原有产业的改造和升级加强推进型产业的本土化特征。这样，作为西部区域经济自然发展产物的原有产业与周边地区的经济联系可以被新生的推进型产业充分利用，原有产业拥有的生产要素也可以缓解新生的推进型产业的生产要素稀缺压力。随着推进型产业的快速发展，在政府相关政策的配合引导下，经济水平快速提升的西部增长极对生产要素的吸引力快速增加；随着推进型产业活力和竞争力的增强，通过与周边地区开展密切的部门合作特别是产业协作，西部增长极可以对更大范围的区域经济发展起到带动作用。另一方面，市场化利益联结机制的建立可以解决增长极极化效应制约区域经济协调发展的问题。东部地区增长极的极化效应之所以能够对西部等落后地区的经济发展产生强烈的消极影响，很大程度上是因为当初在支持东部地区优先发展的区域经济非均衡发展战略中没有预先进行有针对性的制度安排。因此，只要在增长极战略的制定和实施中提前进行有针对性的制度安排，西部增长极的极化效应对区域经济协调发展的制约作用是可以被预防和遏制的。在西部增长极推进型产业创建和发展的过程中，通过市场化利益联结机制的建立，周边地区无论是以生产要素供给的方式简单的参与推进型产业的生产，还是以向前关联或向后关联的方式与推进型产业进行产业协作，都可以获得相应的经济收益，分享增长极发展的成果。总体来说，在本土化的促进下，在市场化利益联结机制的保障下，以推进型产业为载体，西部增长极与周边地区的互动发展可以促进西部区域经济发展的内部协调。

第二节　西部区域增长极的选择

一、西部区域增长极应具备的基本条件

（一）区位条件

作为区域经济发展的主导区，增长极的率先快速发展和对区域经济发展带动作用的发挥都需要优越的区位条件作为保障。如果区位条件不够理想，增长极不仅难以从外界获得充足的生产要素供给和产品销售需求，而且难以参与更大范围和更高水平的经济合作和产业协作，带动区域经济发展的范围和力量都会受到很大的限制。

对于西部区域增长极而言，优越的交通区位比地理区位更为重要。西部地区幅员辽阔，生态环境和地质地貌复杂多样，人口分布极度不均匀，很多地理区位优越的腹地由于自然条件恶劣或人口稀少不可能形成区域增长极，青海省就是这方面的典型。但部分地理区位不佳的西部边远地区由于处于多条交通干线的汇集处而交通区位颇佳，拥有便捷、安全且具有比较优势的对外交通线路，就更容易成为区域增长极，如陕西省的关中平原。另外，作为落后地区区域经济发展的主导区，西部区域增长极在发展的过程中必然会得到西部地区以外力量的扩散、扶持和推动。因此，西部区域增长极应该还具有与西部地区之外甚至国外联系便利的区位条件，可以从更大范围得到更强的外部推动力。

（二）生产要素条件

随着科学技术水平的不断提高，以自然资源和人力资源为代表的传统生产

要素对经济进步的贡献率有降低的趋势。但是，西部区域增长极的选择和培育仍然要着眼于传统生产要素的自有水平和可得能力。毕竟，丰富的自然资源和人力资源是西部地区相对于东部等发达地区重要的比较优势，对于西部区域增长极承接东部地区产业转移或与东部地区开展经济合作和产业协作有着重要的作用，更是西部区域增长极分享东部地区经济发展成果的重要筹码。

同时，随着产业结构的不断升级和经济形态的不断高级化，以科学技术和政策制度为代表的现代生产要素对经济进步的贡献率不断提高，而这也正是制约西部区域经济发展的"瓶颈"之所在。因此，作为代表西部区域经济发展的最高水平和发展方向的主导区，西部区域增长极必须也应该在科学技术与政策制度方面具有明显的优势或者潜力。与传统生产要素相比，现代生产要素的评价与对比是比较抽象和困难的，需要对评价体系和对比方法进行改造和创新，但也为西部区域增长极乃至西部区域经济整体的发展注入了新的活力。

（三）产业条件

作为增长极自身发展的核心动力和扩散带动作用发挥的主要载体，推进型产业在增长极的经济结构中有着非常重要的地位。技术进步与创新大都是集中在规模较大、实力较强、关联效应较广的推进型产业中，并在推进型产业的推进下向增长极周边地区扩散。在西部区域经济的现实发展过程中，增长极的推进型产业并不是完全从外部移植或新建的，大多是通过对原有产业的升级改造而来，在充分利用增长极原有经济基础的同时以本地化避免了增长极飞地性质的产生。因此，西部区域增长极的选择和培育必须注重产业条件的甄别。

在现实中考察，作为一个开放并可持续发展的增长极在产业条件方面必然包含以下六个战略要素：其一，形成了具有区域竞争力的主导产业；其二，由主导产业带动了其他产业的发展，形成了区域规模经济或产业集群；其三，由产业经济推动了基础结构的扩张，形成了具有聚集经济效应的城市化；其四，在城市化经济的对外输出商品和要素特征的基础上，形成区域比较经济优势；其五，对外输出不仅强化本地的经济实力，而且吸引外部要素和投资的输入，从而使一个城市成长为市场中心地；其六，在输入输出机制的相互作用下，中心城市的辐射和引力将推动相邻区域之间的经济合作或区域经济一体化。[①]

[①] 刘朝明、董晖等：《西部增长极与成渝经济区战略目标定位研究》，经济学家，2006年第2期。

（四）综合实力条件

进入 21 世纪以来，面对越来越激烈的国际竞争和越来越大的国内发展压力，我国区域经济对于协调发展的要求无疑是紧迫的。而作为全国区域经济协调发展的重点和难点地区，西部地区的经济只有实现跨越式发展才会减轻其对构建社会主义和谐社会与建设全面小康社会的消极影响。因此，用于西部区域增长极培育的时间并不多，要求其在较强的综合实力的基础上通过推进型产业的发展和外界力量的推动实现自身的快速发展和对区域经济发展带动作用的快速发挥。

综合实力属于比较笼统且宽泛的条件，从不同的角度出发可以包含不同的内容。总体来说，对西部区域增长极综合实力的考察可以从以下四个方面进行。一是发展水平，即增长极的备选地域已经达到的发展水平和通过发展速度预示的将来的发展水平；二是发展能力和质量，即增长极的备选地域的产业结构是否合理、核心竞争力是否强劲；三是基础设施水平，即增长极备选地域的基础设施能否满足增长极发展的需要；四是区域经济地位，即增长极备选地域是否在区域经济发展中占据主导地位，或者能否在区域经济未来的发展中占据主导地位。

二、西部区域增长极的选择范围

（一）城市是西部区域增长极发展的空间载体

在世界各国区域经济发展的实践中，以城市作为区域增长极发展的空间载体已经成为了共识并获得了良好的效果。作为经济区域中经济发达、功能完善、能够渗透和带动周边区域经济发展的行政社会组织和经济组织的统一体，城市在区域经济发展中具有天然的增长极性质。以城市为空间载体进行区域增长极的培育和发展，可以通过对原有经济基础的充分利用和因势利导提高经济效率，加快建设速度，实现区域增长极与区域经济的协调发展。

一方面，城市的生产功能、管理功能、服务功能和创新功能是增长极培育和发展的基础。作为较高水平生产力的集合体，在具有鲜明"二元经济"结构的经济区域中，城市比农村更容易通过吸引和利用区域内外先进生产技术达到较高的生产力水平，并利用区域内外经济和新技术的积极因素使生产要素达到最佳组合，形成以具有区域竞争力的主导产业为主体的优势产业和产业集群。作为较高等级政府机构的所在地，城市对自身及行政管辖地区发展的规划性和组织性具有管理功能，在不影响城市经济要素集散作用的基础上充分发挥其对区域经济与社会综合发展的管理与调控职能，并通过布局在城市的区域性经济组织的管理机构对区域经济系统内的投资决策和产业配置、生产组织功能进行引导和调节。作为区域市场和交通与信息网络的中心，城市通过市场机制为各类要素的区域性自由流动和优化配置提供服务，包括交通运输、通讯信息、中介咨询、会务展示、文化娱乐等多个方面的内容，以区域性商务营运中心、区域性物流中心、区域性旅游与休闲中心的定位与建设为区域经济的协调发展服务。作为较高等级人才的聚集地区，城市是各种新观念、新思想、新体制、新机制的发源地和示范地，拥有比其他地区更强的综合创造能力。在坚实的物质基础和发达的市场体制的促进下，城市的技术创新和制度创新是区域经济可持续发展的不竭动力。

另一方面，城市的集聚作用与辐射和带动作用是增长极培育和发展的目标。作为一定区域范围内的资金、商品、技术、人才和信息活动的中心，城市经济的发展能够实现商品和生产要素的集聚与扩散，是区域经济发展的产业集聚点和市场集聚点。在生产功能、管理功能、服务功能和创新功能的吸引下，大量产业与企业集聚于城市，以经济合作特别是产业协作的形式促进规模经济的形成，使城市经济的总体实力特别是核心竞争力明显强于区域内的其他地区，成为带动周边地区经济发展的发展极核，通过吸虹效应产生强烈的集聚效应和巨大的商业机会。在较为完善的现代市场经济体系的推动下，城市集聚作用的层次不断提高，综合性不断增强，在区域经济发展中的中心地位越来越巩固和突出。同时，作为一定区域范围内先进生产力的典型代表，城市的经济实力与规模优势是其他地区不能比拟的，经济势能也要远高于其他地区。以较为完备的基础设施和较为完善的金融、商贸、运输以及中介等服务机构为依托，以具有区域竞争力的产业为主导，以各类区域性经济组织总部为龙头，城市对周边地区产生较强的辐射力，并通过极化效应的克服与扩散效应的放大带动其他地区以致整个区域经济的发展。

不过，虽然以城市作为区域增长极发展的空间载体已经取得了共识，但是区域增长极以城市个体还是城市群的形式出现尚在讨论中。对于西部地区而言，由于城镇化水平不高，城市数量少、规模小且分布不均衡，以城市个体为中心的单核式增长极应该比多个城市共同发展的多核式增长极更有效率。从当前区域经济发展的现实看，西部地区还没有形成规模大、实力强、水平高、联系紧密的城市群。较低的城市密度、落后的交通建设和微弱的经济关联使西部地区的城市体系在整体上处于发育不良的状态，以西安为代表的超大型城市、以乌鲁木齐为代表的特大型城市、以西宁为代表的大城市与为数众多的中小型城市之间缺乏联动效应，呈现出显著的分散化自我发展的特点。① 如果以城市群为空间载体进行西部区域增长极的培育和发展，那么城市群自身的建设和发展将消耗大量的资源和时间。城市群中高水平城市的发展有可能被拖累，区域经济一体化的困难也会使城市之间强强联合的效果大为减弱，增长极对区域经济发展带动作用的发挥必将缓慢而低效，无法满足西部区域经济实现跨越式发展的要求。与城市群相比，城市个体在经济规模和区域经济带动范围方面稍有劣势，但在灵活性和快速性方面的优势则十分明显。没有兼顾同为增长极的城市群内其他城市发展的负担，城市个体对经济变化的反映更为敏捷，产业结构调整与升级更为迅速和果断，自身发展所需要的外界支持更容易得到满足，对周边地区经济发展的带动更容易实现。需要注意的是，以城市个体作为西部区域增长极培育和发展的空间载体不等于断绝了其与其他城市的往来和联系。城市个体的发展，需要周边城市尤其是中小型城市在生产要素供给和产业协作等方面的支持；城市个体对周边地区经济发展带动作用的发挥，也要通过这些中小型城市进行。他们不是西部区域增长极培育和发展的空间载体，但是对增长极集聚效应和扩散效应的发挥起着重要的媒介作用。

（二） 西部地区重点城市发展极潜力对比分析

在西部地区的区域经济体系中，由于城镇化水平的落后，那些规模较大、实力较强、影响力较大的中心城市基本上都是各省、自治区和直辖市的省会、首府和主城区。作为各自地区的经济中心、政治中心和文化中心，这些城市的发展对西部区域经济的发展起着不可替代的主导和带动作用，是西部区域增长

---

① 此处城市规模的划分是依据市区非农业人口规模进行的，即 200 万人以上为超大型城市，100 万~200 万人为特大型城市，50 万~100 万人为大城市，20 万~50 万人为中等城市，20 万人以下为小城市。

极培育和发展的重要空间载体。

从表4-1中可以看出，西部地区11个重点城市①在各自的省域经济中都扮演了重要的角色，但是距离增长极的要求还存在一定的差距。作为直辖市，重庆市主城区占重庆市的经济比重虽然超过60%，但位列中下游的人均国内生产总值和经济增长速度还是令人怀疑其是否可以担当起西部区域增长极的重任。作为西部地区最年轻成员的首府，呼和浩特市近年来的发展十分迅速，人均国内生产总值位列11个重点城市之首。但是，由于包头市和鄂尔多斯市等城市同样保持着迅猛发展的势头，使得呼和浩特市在内蒙古自治区经济发展中的主导地位和带动作用并不十分显著，也就更加难以胜任西部区域增长极的要求。相比之下，西安市的人均国内生产总值与经济增长速度虽然并不突出，但是却能够占据陕西这个西部经济强省超过1/4的经济比重；成都市不仅经济增长速度都名列首位，而且在四川这个西部第一经济大省经济总量中的比重接近1/4。从自身经济实力以及在区域经济发展中的地位来看，西安市和成都市与西部区域增长极的要求更为接近一些。

表4-1　　　　　　　2009~2013年西部地区重点城市发展情况对比

城　市	人均国内生产总值		经济增长速度		占所在省经济比重	
	平均值（元）	排名	平均值（%）	排名	平均值（%）	排名
呼和浩特	75 080	1	12.0	11	15.9	11
西安	52 017	2	12.1	10	25.6	8
兰州	49 818	3	13.7	6	46.1	2
银川	49 501	4	14.8	3	32.7	4
西宁	44 876	5	13.6	7	31.6	5
乌鲁木齐	39 493	6	14.9	2	29.1	6
重庆	37 691	7	13.4	9	—	—
成都	33 608	8	16.6	1	24.6	9
昆明	33 522	9	14.4	5	46.0	3
南宁	33 345	10	14.6	4	62.3	1
贵阳	30 566	11	13.5	8	19.1	10

资料来源：中国经济与社会发展统计数据库 http://tongji.cnki.net/kns55/index.asp

---

① 西部地区是由12个省、自治区和直辖市组成的，由于西藏自治区首府拉萨市相关资料数据的难以获得，此处只对其他11个省、自治区和直辖市的省会、首府和主城区进行分析对比。

从城市综合竞争力的角度看，西部地区11个重点城市的增长极潜力的对比更加清晰。如表4-2和表4-3所示，在由增量指数、效率指数和经济指数构成的城市综合经济竞争力排名中，成都市和西安市分别位于第一和第三位，在西部区域增长极空间载体的对比竞争中处于领先位置，这与由表4-1分析得出的结论是相符的。而重庆市的综合竞争力排名虽然高居第二，但是效率指数却仅为成都的1/4弱和西安的1/3弱，这在很大程度上与其落后的人均国内生产总值和经济增长速度相对应，再次印证了重庆市与西部区域增长极距离的遥远。银川市和西宁市在城市综合竞争力排名中的垫底并不出乎意料，其增量指数、效率指数和效率指数的得分都处于11个重点城市的最底层，这也从另一个角度说明，他们在各自省、区经济中的高经济比重和高排名并不是自身高水平发展的结果，而是其他城市经济发展的不足和省域区域经济整体发展水平落后的结果。

表4-2 **2012年西部地区重点城市可持续发展竞争力指数及排名**

城市	文化指数	生态指数	知识指数	全域指数	和谐指数	宜商指数	宜居指数	信息指数	可持续指数	排名
成都	0.593	0.521	0.700	0.376	0.610	0.584	0.508	0.564	0.628	1
西安	0.593	0.292	0.675	0.253	0.690	0.531	0.473	0.566	0.567	2
呼和浩特	0.373	0.472	0.589	0.346	0.507	0.432	0.460	0.415	0.532	3
重庆	0.581	0.419	0.571	0.190	0.283	0.496	0.505	0.581	0.524	4
银川	0.347	0.453	0.573	0.359	0.325	0.378	0.493	0.355	0.493	5
贵阳	0.264	0.380	0.560	0.306	0.430	0.417	0.446	0.436	0.486	6
南宁	0.279	0.540	0.531	0.168	0.395	0.484	0.508	0.435	0.484	7
昆明	0.508	0.321	0.551	0.347	0.208	0.448	0.432	0.455	0.483	8
乌鲁木齐	0.295	0.367	0.569	0.425	0.230	0.412	0.345	0.371	0.457	9
兰州	0.218	0.185	0.609	0.345	0.299	0.456	0.343	0.377	0.425	10
西宁	0.199	0.167	0.458	0.270	0.291	0.364	0.284	0.315	0.373	11

资料来源：倪鹏飞主编：《中国城市竞争力报告 NO.11》，社会科学文献出版社2013年版。

表 4 - 3　　　　　**2012 年西部地区重点城市综合经济竞争力指数及排名**

城市	增量指数	效率指数	经济指数	排名
成都	0.384	0.023	0.206	1
重庆	0.567	0.005	0.166	2
西安	0.225	0.016	0.143	3
呼和浩特	0.133	0.005	0.087	4
昆明	0.132	0.005	0.086	5
南宁	0.128	0.004	0.082	6
贵阳	0.072	0.007	0.070	7
乌鲁木齐	0.083	0.005	0.069	8
兰州	0.062	0.004	0.061	9
银川	0.046	0.004	0.055	10
西宁	0.040	0.002	0.050	11

资料来源：倪鹏飞主编：《中国城市竞争力报告 NO.11》，社会科学文献出版社 2013 年版。

三、西部区域增长极典型分析

陕西省省会西安市位于黄河流域中部的关中盆地，辖区总面积 10 096.81 平方公里，常住人口 858.81 万人。2013 年，西安市实现国内生产总值 4 884.13 亿元，比上年增长 11.1%；城镇居民人均可支配收入达到 33 100 元，比上年增长 10.4%，扣除价格因素，实际增长 7.5%。[①]

（一）西安市成为西部区域增长极的有利条件

第一，区位条件优越，交通网络发达。西安市地处我国中、西部两大经济区域的结合部，承东启西，贯通南北，既是西部大开发的桥头堡，又是新欧亚大陆桥中国段最大的中心城市，在西部区域经济发展乃至全国区域经济发展中都有重要的战略地位。以良好的地理区位条件为基础，西安市的交通区位条件不断改善，已经成为全国交通网络中的重要枢纽。在最重要的铁路方面，随着

[①] 《西安统计年鉴 2014》，中国统计出版社 2014 年版。

陇海、宝成、宝中、西康、宁西、襄渝、阳安、西韩、咸铜等铁路干线的建成通车，西安成为进出西南地区的交通咽喉；通过与兰新、兰青、青藏、包兰、天宝等铁路干线的连接，西安也成为西北地区与东部等发达地区之间交通运输的必经之地，对整个西部地区的交通辐射呈扇形展开。

第二，历史积淀厚重，城市知名度高。作为中华文明重要的发源地，西安市是我国最早的政治、经济、文化中心和对外开放城市，包括秦、汉、唐在内的13个王朝在此建都，同时是著名的丝绸之路的起点。3 000 余年的悠久历史给西安市留下了厚重的历史积淀，不仅包括秦始皇陵兵马俑、汉长安城遗址、大雁塔、碑林、鼓楼、明城墙等为数众多、星罗棋布的历史遗迹，而且还包括虽然没有具体形态但是影响力更为巨大和深远的历史文化。在现代区域经济发展的过程中，这种区域文化的作用是举足轻重的。作为历史文化名城，西安市具有很高的城市知名度，在国际知名度方面与北京和上海相比也毫不逊色，这就使西安市在外资吸引和市场开拓上拥有了先机和优势。

第三，科技实力强劲，高等教育发达。作为著名的科教城，西安市的综合科技实力位居全国城市的前列，拥有国内一流的科研机构、科研能力和科研水平。2013 年，全市拥有普通高等学校 63 所，研究生培养单位 46 个，全年实施市级科技计划项目 408 项，其中，高新技术专项 27 项，支持建设农业科技示范园 14 家，实施区县工业科技引导项目 8 个，全年技术市场交易额 415.67 亿元，申请发明专利量 23 534 项，发明专利授权量 3 708 项；拥有一大批科研专业人员和专家学者；拥有一批达到国际水平的开放型实验室和国内一流的试验和检测设备，一些尖端技术在国内处于领先地位。尤其在机械、化工、电子、材料、勘测、自控、航天、航空等领域具有国内一流和世界领先水平，并产生了一批具有自主知识产权和技术创新企业，各种学科的基础理论、应用研究和各种专利、成果转化成绩显著，形成了在国内举足轻重、在亚洲颇具影响的教育科技综合实力。近年来，西安市委、市政府以加快科学发展、实现率先发展为主题，确立了"五大主导产业"的发展重点和"五区一港两基地"的发展格局，基本形成了古代文明与现代文明交相辉映、老城区与新城区各展风采、人文资源与生态资源相互依托的城市特色。①

第四，西咸新区列入国家发展战略。2014 年 1 月，国务院批复设立陕西西咸新区，区域范围涉及西安、咸阳两市所辖 7 县（区）23 个乡镇和街道办

---

① 《西安统计年鉴 2014》，中国统计出版社 2014 年版。

事处，规划控制面积 882 平方公里。作为关中—天水国家级经济区的核心区域，西咸新区被定位为丝绸之路经济带重要支点、我国向西开放重要枢纽、西部大开发新引擎和中国特色新型城镇化范例，为西安西部区域经济核心带动作用的增强增加了动力和保障。通过创新城市发展方式先行先试权的赋予，重大产业项目的优先布局，以及中央政府和陕西省政府财税、金融等诸多扶持政策的给予，西咸新区的国家重要战略性新兴产业基地建设持续加速。空港新城国际航空物流枢纽稳步推进，沣东新城三桥商圈形象初现，秦汉新城健康、文化产业率先发展，沣西新城大数据产业不断提速，泾河新城高端制造业加快集聚，为西安西部区域增长极的建设提供了有力的支撑。

（二）西安市成为西部区域增长极的不利条件

第一，主导产业发展缓慢，不利于区域增长极推进型产业的培育和发展。在西部地区的省会城市中，西安市的经济发展水平和经济增长速度都处于中下游水平，其重要原因之一就在于主导产业发展的缓慢。作为西部地区重要的工业中心，西安市基础工业发达，工业门类齐全，重工业发展特别是制造业发展曾经为西部区域经济的发展做出了重要的贡献。但是改革开放以后，在社会主义市场经济建设和完善的过程中，西安市带有浓重计划经济色彩的"布局性工业"的发展逐渐放慢。由于工业体系缺乏整体联动性，导致产业集聚效应难以产生；由于国有经济比重较高，导致在国有企业改革中承受的阵痛最大。时至今日，西安市工业生产的元气仍然没有得到很好的恢复，致使区域经济发展的动力不足，区域增长极推进型产业培育和发展的产业基础不够坚固。另外，虽然以旅游业为主体的现代服务业在西安市经济发展中的地位不断提升，但是在西安市完成后工业时代的产业结构调整和升级之前，受制于第三产业在区域经济发展中的弱势，以旅游业为主体的现代服务业也很难成为西部区域增长极培育和发展的推进型产业。

第二，制度体系建设滞后，不利于区域增长极的培育和发展。作为区域经济发展的重要条件，以体制改革为代表的制度体系建设应该以诱致性制度创新为主，不应该依靠外部力量的强制性作用进行，要在政府的引导下通过实践中的探索与自主选择完成。但是，目前西安市经济体制改革的制度变迁大多为强制性植入，而与其相适应的非正式约束严重滞后，造成制度实施成本上升，改革效率低下，直接制约了区域经济发展速度的提升。通常情况下，政府在进行制度变迁时总想尽快通过改变制度约束实现新旧体制的转轨。虽然体制变迁可以跨越，但传统文化和意识形态的转变却是一个渐进的过程。这样，制度的改变与持续的非正式约束并不相容，导致体制转换过程中功能损耗，也使现行制度体系中仍然存在许多问题。在市场经济体制的建立和完善方面，西安市的进程是比较缓慢的。调控手段、市场秩序和竞争规则还不够健全和有效，宏观政策的连续性不强且带有很大的随意性，使得经济内在的增长动力迟迟不能形成。制度体系建设的滞后使西安市现代化建设难以获得有力的制度环境和市场环境支持，西部区域增长极培育和发展的速度和效果必然会受到显著的消极影响。

第三，都市圈体系不够完整，不利于区域增长极集聚和扩散作用的发挥。作为区域增长极，西安市的发展应该与周边城市的发展形成较为紧密的经济关系。西安市经济的快速稳定发展，需要周边城市在生产要素供给和产业协作等方面提供支持；而西安市对周边地区经济发展扩散带动作用的发挥，也要通过周边较小规模的城市进行。但是，当前西安都市圈的体系还不够完整。作为都市圈中心城市和首位城市的西安市的发展过于突出，而人口在 50 万 ~ 100 万的大城市严重缺位，小城镇发展迟缓并且规模普遍偏小。这种"特大城市—中等城市—小城镇"的规模结构，不利于城市间经济发展相互作用的有序传递，对距离中心城市和首位城市较远地区的发展尤为不利。对于西安都市圈这样的城市外延经济而言，不够完整的体系不利于充分、合理、有效地利用国土资源，不利于生产力的合理布局和城乡环境生态的改善，更不利于西安市作为区域增长极集聚和扩散作用的发挥。

（三）加快西安市发展的战略对策

第一，产业集聚发展战略。产业集聚既是城市化核心要素，也是城市地域空间扩展和城市数量增加的约束条件。西安市的产业体系虽然门类较为齐全，但是规模不够大、支柱产业不够突出、品牌知名度不够高，以高新技术产业为主体的现代工业和以旅游业为主体的现代服务业的发展尚处于早期阶段。从西安市的城市性质、禀赋条件和经济发展现状出发，其经济功能中的产业发展，必须坚持产业集聚的战略方向，走科技含量高、经济效益好、资源消耗低、环境污染少的新型工业化道路。一方面，要加快高新技术产业、装备制造业和现代服务业等重点产业的发展。通过信息技术的广泛应用和信息产业的深入发展，在加快国民经济和社会信息化的同时，大力发展对区域经济增长有突破性和重大带动作用的航天、航空、生物、新医药、新材料、新能源等高新技术产业，促进产业链的延长和区域经济发展主导地位的提升。同时，利用高新技术对传统产业进行技术改造和产业升级，大力振兴装备及现代制造业，力争形成交通运输、输变电、电子通讯、专通用设备和食品饮料、现代医药、精细化工、纺织服装等对西安市工业发展有重大影响和带动作用的优势产业。此外，加快以旅游业为主体的现代服务业的发展，通过资源的整合加速旅游业的规模化和国际化进程，并通过优化结构提升现代服务业的整体水平特别是对区域经济发展的带动水平。① 另一方面，从区域经济一体化、空间布局扩容和功能提升出发，整合工业园区和高新开发区，加强产业功能区的集聚效应。以选育重大项目、培育龙头企业、建设孵化基地、完善服务体系为重点，全面推进科技创新体系建设，促进科技与经济的紧密结合，促进科技成果就地转化；实施"青年科技人才创业计划"，继续扶持优秀科技人才以自有技术和项目创办企业，重点支持和吸引海外留学人员来西安创业；借助于信息技术进行更为广泛的产业分工，包括高新技术产业自身的分工特别是梯度分工。在产业集聚发展战略的引导下，西安市的产学研结合将更加紧密，主导产业发展与推进型产业的要求更为契合，西部区域增长极的培育和发展将更为顺畅。

第二，都市圈发展战略。作为陕西省的政治、经济、文化中心和关中城市群的发展核心，西安市要成为西部区域增长极必须充分借助和利用陕西省相对发达的区域经济和关中城市群相对完整的城市体系，而西安都市圈则是西安市与陕西省和关中城市群之间发挥集聚与扩散带动作用的重要媒介和纽带。按照都市圈发展战略的要求，要构建空间等级规模结构合理、有序的都市圈城镇体系，形成以西安为核心城市、以渭南为大城市、以杨凌和兴平为中等城市、以阎良和蓝田等周边县（市）为特色卫星城市的西安都市圈空间结构，使不同规模的城市和城镇之间相互补充、依存、协调和共进；要调整和完善都市圈产业发展战略，按照区域经济一体化的原则，在"一线两带"② 思想的指导下依据各城市现有资源和产业优势，扬长避短，合理布局，错位互补，促进产业结

---

① 邓玲：《加快提升西安城市竞争力的对策研究》，特区经济，2006 年第 1 期。

② "一线两带"思想是陕西省省委和省政府确定的陕西省区域经济发展的重要战略思想，"一线"是指以西安为中心、以陇海铁路陕西段和宝潼高速公路为轴线，以线串点、以点带面形成的以高新技术和先进技术为特点的产业经济体系，包括整个关中地区；"两带"是指建设国家级关中高新技术产业开发带和国家级关中星火产业带。

构升级，形成电子信息产业集群、装备制造产业集群等具有比较优势的产业集群，增强西安都市圈的经济集聚能力，提升区域竞争力；要建立完善的交通基础设施，在继续完善现有的城际公路、铁路交通网络的基础上，大力发展轻轨等快速交通，形成更加便捷、高效的城际交通网络，进一步加强都市圈内各城镇之间的交通联系，推动城市化进程，带动都市圈的升级和更高效运作；要采取相关的政策措施，建立统一的领导机制和统一的规划机制，制定相应的政策法规，加强产业发展的环境建设和生态环境保护，促进招商引资和民营经济发展，及时纠正市场机制作用下都市圈自发形成过程中出现的问题，使都市圈沿着良性轨道健康发展。[1]

第三节　西部区域增长极发展思路

一、层级网络式发展模式

对于实施增长极发展战略的地区而言，经济区域的地域范围越小、经济发展的水平越高、各次级经济区域的趋同性越强且关系越密切，区域增长极的培育、发展与集聚和扩散作用发挥就越容易实现。而对于幅员辽阔且整体发展水平落后、地区差异显著且关系松散的西部地区而言，区域增长极的培育、发展与集聚和扩散作用发挥就非常困难。一方面，西部地区虽然面积巨大，但是适宜人类生活和生产的地域空间十分有限。在沙漠戈壁和高山峻岭的隔离下，西部绝大多数城市和乡村的空间分布都比较分散，各地之间开展经济行为的交易成本高昂，效率不高。同时，作为区域经济发展聚落的城市的人口规模和人口密度也都处于较低的水平。过小的人口规模和过低的人口密度使城市对外交易的机会减少、交易成本提高，难以实现内部规模经济和外部规模经济，从而限制了城市自身的经济发展。另一方面，西部各地之间的生态环境、自然禀赋和经济发展水平存在显著的差异。为了促进西部区域经济的全面、协调发展，在一定的地域范围内的每个地区都要有自己的增长极。不同地区增长极的级别如

---

① 李博：《西安都市圈发展战略研究》，硕士学位论文，西北工业大学，2006年。

何确定、不同增长极之间的关系如何确定、同一增长极对不同地区的扩散带动作用有何差别、同一级别增长极的数量及如何分布都是西部区域增长极培育和发展需要处理的难题。综合来看，层级网络式发展模式是克服这些困难、促进西部区域增长极培育和发展的有效方法。

层级网络式发展模式的主体是增长极网络，指由处于不同层级的增长极组成的、存在内在有机联系、关系密切的开放型网络。在区域经济发展的过程中，受所在地区综合条件特别是经济发展水平的影响，不同增长极的经济发展水平、科技创新能力、基础设施建设程度和市场发育情况等条件各不相同，由此形成的核心竞争力存在较大的差异，导致集聚和扩散带动作用发挥的力度与范围也有所不同，从而在区域经济发展中处于不同的地位和层级。一般来说，可以把区域增长极划分为核心增长极、次核心增长极和边缘增长极，他们共同组成了增长极网络。数量最少的核心增长极处于增长极网络的最高层，在区域经济发展中的集聚和扩散带动作用最为突出，集聚和扩散范围最为宽广；数量最多的边缘增长极处于增长极网络的最底层，在区域经济发展中的集聚和扩散带动作用最为微弱，积聚和扩散范围最为狭小；次核心增长极的数量、在区域经济发展中集聚和扩散带动作用的力度和范围都处于核心增长极和边缘增长极之间。核心增长极不仅对周边地区发挥集聚和扩散带动作用，而且对次核心增长极和边缘增长极也发挥了集聚和扩散带动作用；边缘增长极也能对周边地区发挥集聚和扩散带动作用，并接受核心增长极和次核心增长极的集聚和扩散带动；次核心增长极在对周边地区发挥集聚和扩散带动作用的同时，即接受核心增长极的集聚和扩散带动作用，又向边缘增长极进行集聚和扩散带动作用。另外，同级别的增长极之间也存在着关系密切的有机联系，与不同级别增长极之间的关系共同构成了层级增长极网络（见图4－1）。

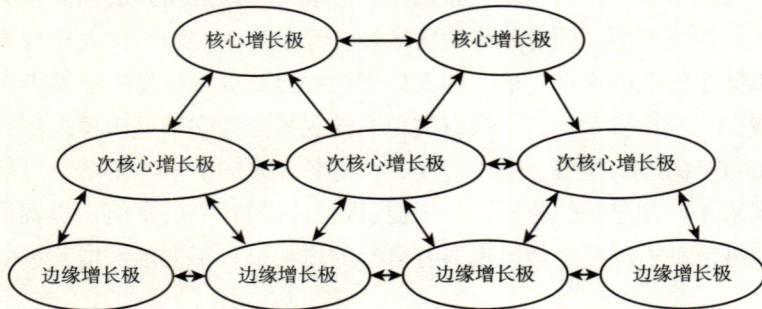

图4－1 层级增长极网络结构示意图

在内涵方面，西部区域增长极的层极网络式发展模式以获得规模经济效应、产生集聚经济效果为目标，以区域倾斜政策与产业倾斜政策相结合和区域补偿政策与区域扶持政策相结合为基本原则，以城市化为途径，在实现生产与人口集中分布的基础上进行生产与人口的合理布局，充分发挥各层级增长极的比较优势，调动各地的积极性，促进西部区域经济的协调发展。通过明确各层级增长极之间的产业分工、发展方向和规模，促进区域内产业结构的有机耦合和升级，形成区域产业特色，实现优势互补，在选准发展区位的前提下构建层级增长极网络。同时，建立科学、合理的核心增长极区际经济传递机制，促进区域内的要素流动和区域间的产业转移，在实现生产与人口集中分布的基础上充分发挥层级增长极网络的极化效应和扩散效应，促进西部区域经济协调发展。

在运行机理方面，交通和信息网络是西部区域增长极层级网络式发展模式运行的主渠道。以交通和信息网络为依托，西部高层级增长极对低层级增长极发挥扩散和带动作用，而低层级增长极同时也受到高层级增长极极化和聚集作用的影响，不同级别增长极之间就形成了一个相互作用的复杂网络系统。在这个层级增长极网络系统内，西部各不同层级的区域增长极之间的推进型产业选择要按照比较优势的原则确定，避免产业同构、重复建设等现象。此外，以区域交通主干道为轴线，以区域信息网络为补充，通过层极增长极网络的极化效应和扩散效应，可以形成西部层级增长极网络辐射带，促使西部人口、资源与生产力在辐射带内实现地域上的聚集分布。[①]

二、漂移与叠加式成长模式

（一）漂移式增长极成长模式

漂移式增长极成长模式是在借鉴地理学板块漂移学说的基础上产生的，认为增长极可以在地域之间发生移动，并通过扩散带动作用的发挥促进区域产业结构的换代升级。在漂移式成长模式中，区域增长极的发展并不是固定在原始的萌发地域，而是在综合因素的诱导下易于发生地域上的移动。在西部区域经

---

① 张建军、蒲伟芬：《西部区域层级增长极网络发展战略构想》，科技进步与对策，2006 年第 9 期。

济协调发展的过程中，要充分重视可以诱导增长极漂移的因素，促进西部区域增长极的培育和发展。①

第一，商品经济的发展与市场的扩展可以诱使生产布局发生改变以适应经济增长方式的变化，从而造成增长极的漂移。18 世纪开始，随着国际贸易范围的不断扩大和海上运输水平的不断提高，靠近大海成为发展商品经济的最佳地域选择，以增长极为代表的区域经济中心由以农业生产为主的平原向以手工业与贸易业为主的沿海地区转移。在大西洋取代地中海成为欧洲国际贸易的中心地区之后，地中海沿岸的众多意大利城市失去了以往商业中心的地位，葡萄牙的里斯本、西班牙的塞维利亚和英国的伦敦等大西洋沿岸城市则迅速成长成为新的贸易港口和欧洲经济中心。对于西部地区而言，在全面推进改革开放特别是社会主义市场经济体制完善的过程中，随着中国与中亚和东南亚地区国际关系的不断改善和经济往来的不断密切，这种增长极的漂移式成长很有可能发生，必须要予以充分的重视，审时度势的进行因势利导。

第二，自然禀赋和生产要素的改变对产业形成吸引力或离散力，诱使增长极从其他地区漂移过来或者从本地区飘离。受稀缺性的影响，随着增长极的不断发展特别是生产规模的不断扩大，其自然禀赋将趋于枯竭，生产要素成本将逐渐上升，市场将日益萎缩，生产要素报酬将显著下降。原有的推进型产业和主导产业所吸引的依附性生产要素会向其他更具发展潜力的产业转移，使该地区出现产业衰退而在其他地区形成新的增长极。亚洲"四小龙"在通过劳动密集型产业的发展实现经济腾飞后，劳动力和土地的成本快速提高，资本逐渐成为具有比较优势的要素禀赋，而劳动密集型产业则大规模向仍然以劳动力和土地为优势要素禀赋的国家和地区转移。通过国际区域经济格局特别是国际产业分工秩序的调整，以中国珠三角地区为代表的一批区域经济中心和区域增长极逐渐形成。作为中国资源最为丰富的地区，西部要充分发挥在要素禀赋上的优势，吸引其他地区的增长极漂移过来；作为中国资源枯竭型城市最为密集的地区，西部要充分重视资源的可持续开发和资源型产业后续产业的扶持，防止本地区增长极向其他地区漂移。

第三，创新能力的变化引起集聚能力的改变，导致增长极在壮大或萎缩中发生漂移。在市场经济中，激烈的市场竞争要求企业必须通过降价促销和推陈

---

① 段世德、寿厉冰：《漂移与叠加——增长极的两种成长模式及启示》，湖北社会科学，2008 年第 5 期。

出新吸引消费者并占领市场，使企业盈利在很大程度上只能依靠科技创新来实现。在某种程度上，科技创新的能力和速度主要源于区域科技知识存量和创新能力的推动，发展潜力巨大的技术在某一地区出现以后会形成以这种技术为核心的产业集聚并对周边地区产生辐射，增长极的持续成长就取决于科技创新的可持续能力与允许创新失败的文化环境。区域科技存量的多寡和科技创新可持续发展能力的强弱直接影响到增长极的壮大和萎缩。科技创新能力的削弱导致区域发展竞争力的下降，而可持续性发展的中断则导致增长极发生位移。从18世纪起，以蒸汽机技术的突破为契机，英国的纺织业、机器制造业、铁路运输业和煤炭业等产业集群迅速形成并持续发展，成为"世界工厂"与"日不落帝国"。但从20世纪初开始，电力技术和信息技术的落后使英国失去了世界第一经济强国的地位，美国取而代之成为全球经济发展的中心。改革开放以来，愈演愈烈的人才流失和落后的制度环境使西部地区的创新能力不断减弱，导致西部增长极发展不够理想。按照漂移式增长极成长模式的要求，只要西部提高对科技创新的重视程度，切实做到尊重知识、尊重人才并加强产学研的结合，西部增长极不仅会不断壮大和成长，而且很有可能发生从东部到西部的增长极漂移。

（二）叠加式增长极成长模式

作为与漂移式成长模式并列的增长极成长模式，叠加式成长模式源于区域发展机会在凸显的离心力的作用下出现的非均等化倾向。从国际经济发展的趋势看，世界经济格局在一个多世纪的历史时期中并没有发生根本性的改变，美国、欧洲和日本仍然是世界经济发展的主导力量和增长核心。而改革开放以后，中国区域经济发展的主导区和增长中心也一直在东部沿海地区。从这个角度看，经济增长在很大程度上源于原有增长极的继续成长，通过增长极集聚力的持续作用形成增长极的叠加。即在已有经济生产的基础上，结合产业发展的新要求，实现增长极的低成本成长，引领区域经济的持续发展。在西部区域经济协调发展的过程中，要充分重视可以诱导增长极叠加的因素，促进西部区域增长极的培育和发展。①

---

① 段世德、寿厉冰：《漂移与叠加——增长极的两种成长模式及启示》，湖北社会科学，2008年第5期。

第一，成本最小化战略有利于增长极的叠加成长。增长极在某一地区萌发、发展之后，会形成与推进型产业或其他主导产业相联系的基础设施和公共产品，成为以固定资产形成出现的沉淀资本。一旦发生增长极的漂移，这些沉淀资本很可能成为沉没成本，造成极大的资源浪费。而通过增长极的叠加成长，以基础设施和公共产品的补充和完善替代重新投入和建设，可以对这些沉淀资本进行充分的利用，实现增长极的低成本、高效率发展。另外，对于某些具有天然规模经济要求的产业而言，生产规模必须达到一定水平才能实现经济效益。通过增长极的叠加成长，可以在较短的时间内实现生产规模的扩大和生产成本的降低，从而提高产业生产的经济效益。20世纪80年代，在亚洲服装制造商低成本产品的竞争下，美国的服装制造业受到了严重的冲击，大批工厂倒闭，大量工人失业。而牛仔裤制造商利维·斯特劳斯公司依托原有的生产基础在全公司建立现代化的生产信息网络，利用信息化的优势实现了快速发展，随后利用信息技术对整个服装行业进行了重新调整。通过快速反应战略的实行，把从下游的制造商到上游的棉花种植者在内的纺织链上的所有的参加者都通过计算机信息交换联系起来，通过缩短供给对需求的反应时间提高生产效率，使北卡罗来纳州、纽约州、华盛顿州和加利福尼亚州等美国传统高档服装制造业获得了重生。作为新中国成立早期特别是"三线"建设时期国家生产力布局的重点区域，西部地区的很多城市都拥有雄厚的工业基础和较为完善的基础设施水平。如果采用漂移式的增长极成长模式，这些城市的工业基础和基础设施将成为巨大的沉没成本，造成巨大的浪费。从一定程度上看，对于整体发展水平落后、急需实现跨越式发展的西部地区而言，以产业改造和升级为主体的低成本叠加式成长模式也许更有利于区域增长极的培育和发展。

第二，技术创新和产业发展路径的依赖要求增长极的叠加式成长。技术创新源于科技知识存量，而知识存量比较大的地区往往是创新活跃的地区。增长极的支柱产业特别是推进型产业在技术上大多带有一定的相关性和路径的相似性，易于在原有技术基础上形成技术创新并带动产业升级。之所以脱离原来的技术和产业基础飘移到其他地区的增长极的成功案例相对较少，主要是漂移目的地的科技人员的数量和知识结构难以满足技术创新的要求，而作为科技人员集聚地的传统产业地区在进行技术创新时则具有天然的优势，能在原有产业的基础上进一步发展形成叠加。美国硅谷半导体工业的持续发展，在很大程度上是由于科技人员在同行业的企业间进行流动时促进了独立设备与配套服务的共享，既节约了巨额的基础科技与公共科技的研发费用，也强化了硅谷半导体产业生产专业化和产业集聚的趋势。在灵活的区域性知识传播机制的作用下，硅谷的公司比其他地方的任何公司都更加容易与技术发展的前沿保持一致，确保硅谷作为美国高新技术产业的集聚地而长盛不衰。20世纪90年代以来，西部各地建设了数量众多的高新技术园区和工业园区。由于与西部原有的工业基础和科研机构缺乏有机的联系，浓重的政府色彩也抑制了各种经济主体的积极参与，这些高新技术园区和工业园区的集聚作用普遍较弱，难以实现增长极发展的叠加，应该在今后的西部区域增长极培育和发展中予以重视。

第三，搬迁和交通运输的较高成本决定了以成熟产业为推进型产业的增长极更适宜以叠加模式成长。地区之间的地理距离不仅影响着经济活动的发生概率和频率，而且也对收入分配产生着重大影响。随着产业集聚水平的提高，不同生产地区之间距离的缩短将使企业的生产成本降低，使单位资本收益水平提高。由于远离产业集聚中心的企业会因为成本上升而降低工资，因此劳动者特别是科技人员一般不会离开已经形成的增长极。尽管交通运输工具的进步促进了运输成本的下降，但下降的幅度和空间终究有限，还要受到能源价格波动的影响。即使在信息技术不断进步的背景下，距离对经营活动也会产生影响。由于贸易、投资和技术转让活动大多具有本地性，距离越远，活动成功的概率和交易的频度越低，所以商贸交易量通常会随着距离的增加而缩小。据有关统计，美国在1999年有将近一半的购车信息是在网络上获得的，但是只有不到3%的汽车购买通过网络完成。尽管互联网能很好地提供信息，但信息却并不是完成商贸交易的唯一的条件。因此，尽管新技术的应用降低了成本，但增长极的漂移成本依然高昂。近几年，西部地区的众多城市都在大规模进行城市新区的建设。部分城市的新区与旧城区之间距离遥远、交通不便，生产区、商贸区和生活区之间缺乏有机联系，这对于西部区域增长极的叠加式成长是非常不利的，在很大程度上降低了西部区域经济发展的效率。

第五章

西部经济带与发展思路

第一节　经济带是西部区域经济协调发展的重要依托

一、经济带的内涵与类别

（一）经济带的内涵

作为区域经济发展的重要组成部分，经济带一直是研究的热点问题。由于研究背景、研究方法和研究目的的不同，目前专家学者们还没有就经济带的概念达成一致，对经济带的界定各有千秋。综合来说，经济带是指由承载区域经济发展的次级经济区域组成的，以产业集聚、城镇体系或线状基础设施为经济关系联结渠道的，具有特定结构、层次和功能的特定经济地域。

与其他形式的经济地域相比，经济带具有一些鲜明的特征。首先，经济带是多个地区经济联合发展的产物。这些地区在地理位置上相邻，在基础设施上相通，在产业发展上相连，区域经济一体化进程领先于其他地区。其次，经济带是高效率经济生产的产物。随着地区间产业分工与产业协作范围的不断扩大、层次不断丰富和程度不断加深，经济带生产的规模化和专业化程度不断提高，经济发展水平领先于其他地区。最后，经济带是市场自发选择的产物。地区之间产业分工与产业协作的开展和区域经济一体化进程的推进，是市场机制作用下市场自发选择的结果，使经济带的市场发育程度领先于其他地区。

（二） 经济带的主要类别

从不同的角度出发，可以将经济带划分为不同的类别。按照地区之间经济关系联结渠道的不同，可以将经济带划分为产业经济带、交通经济带和城市经济带三种类别。

所谓产业经济带，是指以产业集聚作为地区之间经济关系主联结渠道的一种经济带形式，也是经济带最主要的一种表现形式。作为产业集聚区域，产业经济带一般由相互关联的产业部门围绕中心城市或重要节点集聚而成，其产业密集程度和联系紧密程度明显高于周围地区。对于产业经济带而言，地区之间线状基础设施的联结是充分条件而非必要条件。只要符合市场机制的要求，即使没有线状基础设施的联结，产业经济带也会在产业集聚的引导下形成；而一旦产业经济带在产业集聚的引导下形成，作为配套和服务项目的线状基础社会自然会建设和完善起来。美国的硅谷是世界著名的以电子工业为主的产业经济带，甘肃的河西走廊是我国著名的以制种业为主的产业经济带。

所谓交通经济带，是指以线状基础设施中的综合运输通道作为地区之间经济关系主联结渠道的一种经济带形式。以综合运输通道为主轴线，交通经济带通过沿线经济部门的技术合作和生产协作对周边地区的资源、人口和产业进行集聚，其交通网络的发达程度和密集程度明显高于周围地区。对于交通经济带而言，以产业分工和产业协作为主要表现形式的产业集聚是与综合运输通道并列的必要条件，只是产业集聚的产生稍晚于综合运输通道的建设。如果只存在综合运输通道的联结而没有产业集聚的发生，那么综合运输通道也就失去了大部分的存在价值，交通经济带也失去了发展的经济意义。俄罗斯的西伯利亚是世界著名的以铁路运输通道为主的交通经济带，长江中上游经济带是我国著名的以水路运输通道为主的交通经济带。

所谓城市经济带，是指以城镇体系作为地区之间经济关系主联结渠道的一种经济带形式，也是经济带最年轻的一种表现形式。依托一定的自然环境条件和交通条件，城市经济带以一或两个超大城市或特大城市为发展核心，通过与周边不同规模、不同等级城市的网络式互动发展实现经济集聚和扩散，其城镇化水平明显高于周围地区。对于城市经济带而言，以综合运输通道为代表的线状基础设施和产业集聚是与城镇体系并列的必要条件，只是城镇体系处于首发和基础性的地位。没有线状基础设施的联结，城市之间就失去了实现网络式互动发展的纽带；没有产业集聚的联结，城镇体系就失去了推动区域一体化发展的经济动力。以巴黎、阿姆斯特丹、鹿特丹、海牙、安特卫普、布鲁塞尔等城市为主体的欧洲西北部地区是世界著名的城市经济带，以上海、苏州、无锡、常州、扬州、南京、南通、镇江、杭州、嘉兴、宁波等城市为主体的长江三角洲地区是我国著名的城市经济带。

二、经济带的形成与演化

（一）影响经济带形成的主要因素

其一，发展差距因素。经济带的形成是区域经济非均衡发展的结果，但是过于悬殊的区域发展差距对经济带的形成具有显著的消极影响。"三线"建设时期，国家将西部地区作为生产力布局的重点，一大批重点建设项目落户西部，众多新兴工业城市在西部拔地而起。但是，在整体发展极度落后的西部地区，这些高水平的重点建设项目和新兴工业城市却遭遇了"鹤立鸡群"般的尴尬。由于周边地区没有能力进行产业协作，他们的辐射带动作用难以发挥。不仅没有促进经济带的形成，自己也成为了区域经济发展中的飞地，发展前景堪忧。

其二，地理条件因素。作为多地区经济联合发展的产物，经济带的形成对包括地理距离和地理类型在内的地理条件有很高的要求。地理距离越远，地理类型越复杂，运输的难度就越大，运输成本就越高，对经济带经济效率的影响就越强烈。在地广人稀的西北地区，主要城市之间的地理距离都非常遥远，运输的经济成本和时间成本居高不下，对西陇海—兰新经济带等西北经济带产生了强烈的消极影响。在地形复杂的西南地区，交通基础设施的建设非常困难，落后的交通运输水平对南贵昆经济区等西北经济带的消极影响也十分显著。

其三，自然禀赋因素。随着科技水平的不断进步，经济发展对自然禀赋的依赖程度在逐渐降低，但是经济带形成对自然禀赋的依赖程度仍然保持在较高水平。绝大多数与农业和农产品加工有关的经济带都出现在适宜农业生产的平原地区，比如，以饲料加工业为主的产业经济带大多出现在粮食主产区，以水果加工业为主的产业经济带大多出现在水果主产区；绝大多数与重工业有关的经济带都出现在资源富集地区，比如，以石油冶炼化工为主的产业经济带大多出现在油田附近，以钢铁冶炼和机器制造为主的产业经济带大多出现在铁矿附近。

其四，利益推动因素。作为经济带发展的根本动力，经济利益对经济带的形成也发挥着重要的作用。为了在较高的经济起点上更多更快的获取经济利益，经济带一般倾向于在社会经济基础好、生产条件优越的地区间首先形成。经过一定时间的发展之后，随着成本逐渐上升和规模报酬逐渐下降，经济带会逐渐向较为落后但生产成本低廉的地区扩散或者转移，以追逐新的经济利益。珠三角地区是我国最早的以劳动密集型产业为主的产业经济带，通过劳动密集型产业的集聚促进了东部地区的快速发展。随着土地和劳动力价格的不断上升，大量劳动密集型企业开始从珠三角地区撤离，新的以劳动密集型产业为主的产业经济带正在中西部地区形成。

（二） 经济带形成的机理

不平衡发展理论认为，经济增长总是在某个地区或某个经济部门率先出现，然后在集聚效应和扩散效应的交错作用下扩展到更多的经济部门和更大的地域范围，这就是经济带形成的基本机理。在一定的地域空间中，受区位条件、自然禀赋、外部推动等因素的影响，某个或某几个经济区域会率先发展起来，经济发展水平尤其是主导产业发展水平明显高于周边地区，成为区域经济发展的中心点。为了追求更高的经济收益，周边地区的劳动力和资本等生产要素纷纷向中心点集聚，使其在区域经济发展中的主导地位更加突出和巩固。为了实现向更高水平的发展，中心点经济生产的规模化和专业化程度必须要有所提升。随着生产规模的不断扩大，中心点的生产要素价格会出现显著的增长。为了减轻成本上升压力对生产规模扩大的负面影响，中心点会将部分生产力向周边地区转移，形成新的区域生产格局。为了加强生产的专业化程度，中心点与周边地区之间或中心点之间会通过区域产业分工开展产业协作，对原有区域生产格局进行调整。这样，中心点与周边地区之间或中心点之间的经济联系就建立起来。随着周边地区与中心点之间或中心点之间的经济差距不断缩小，中心点的边界逐渐扩散，最终融入更大范围的区域经济发展的重要层面中，发展成为经济带。

（三） 经济带的空间演化

弗里德曼（Friedman）认为，区域经济发展的中心与边缘空间不平衡程度更多地与一国经济、社会和政治的发展水平相关，因而将空间组织演替序列划分为低水平均衡阶段、极核发展阶段、扩散阶段和高水平均衡阶段四个主要阶段。与之类似，经济带的空间演化过程也可以大致分为四个阶段：第一阶段，在国民经济快速发展的刺激下，国内产生强烈的投资冲动，一些发展潜力大、发展前景好的产业部门在某些区位条件优越的地区建立起来，区域经济发展中心逐渐形成。第二阶段，通过产业部门强烈联动效应的发挥，区域经济发展中心内部形成一个较为稳定的、由相关企业相互配合的、围绕主导部门发展的生产系统。第三阶段，以区域经济发展中心为核心城市的城镇体系逐渐形成，并通过以综合运输通道为代表的线状基础设施向外辐射扩散。在围绕核心城市的卫星城、抗磁中心和城市群纷纷涌现的同时，城市边缘区迅速变化，郊区并入城区，农业区成为新的郊区。城市之间的专业化分工逐渐明朗，沿线状基础设施发展的点轴状产业系统开始形成并进行集聚，经济带雏形日益明显的显露出来。第四阶段，经济带的发展趋于成熟。经济实力不断增强，产业结构转化不断加速；内部的产业系统性逐渐提高，外部的产业影响力逐渐加强，作为贸易、金融、信息中心和高科技产品孵化器的职能逐渐强化。在日益完善的沿海、沿江、沿边等主要交通干线等线状基础设施的促进下，多条由复合式点轴系统所构成的具有一定纵深配置的并行发展的大型经济带陆续出现。各经济带之间出现相互衔接、归并、融合的趋势，城市界限日益模糊，城市连绵逶迤可达数百上千公里。[①]

三、经济带在西部区域经济协调发展中的作用

面对整体落后的发展水平和复杂多样的内部情况，西部地区只有坚持"点——线——面"的开发次序和发展思路才能实现区域经济的协调发展。与作为"点"的区域增长极相比，更为辽阔的地域范围和更为庞大的产业组织

---

① 张从果、刘贤腾：《产业带内涵界定与发展演化探讨》，特区经济，2008 年第 3 期。

虽然使作为"线"的经济带在发展速度和整体经济实力等方面有所逊色，但是对周边地区和区域经济整体发展的辐射带动作用的范围和深度却更为突出。受落后的城镇化进程的影响，区域增长极虽然主导着西部区域经济发展的方向，但是在广袤的西部地区中终究形单影只，对许多边远落后地区的发展是鞭长莫及。而经济带在区域经济发展中的作用和地位虽然没有增长极那么突出，但是通过对增长极集聚作用的继承和扩散作用的吸收，由产业集聚、线状基础设施和城镇体系共同产生的扩散带动作用的范围和深度都要远超过区域增长极。从在区域经济发展中的功能来看，经济带是西部区域经济协调发展的重要依托。

　　一方面，经济带的传输功能为西部区域经济的协调发展提供了重要依托。作为不平衡发展的地域空间，在产业分工与产业协作的作用下，经济带内部存在着稳定的物质和信息交换关系，地区之间发生着物质与信息的频繁交换。同时，作为开放的经济系统，经济带必须与外界保持广泛的联系和交流才能实现自身产业集聚的可持续发展。因此，经济带既要充分发挥内部传输功能，以自有生产要素促进经济发展，又要充分发挥外部传输功能，通过引进外部的生产要素促进经济发展。经济带传输功能的意义在于，通过经济带内部之间以及经济带与外部之间的物质和信息交换，可以在促进经济带内部协调发展的同时实现经济带与周围地区的协调发展。西部地区虽然发展落后但是资源丰富，不同地区拥有不同的优势资源。通过充分发挥经济带的传输功能，不仅可以实现资源的合理配置，也可以在更大范围和更深的层次实现产业分工和产业协作，从而促进西部区域经济的协调发展。[①]

　　另一方面，经济带的梯度推移功能为西部区域经济的协调发展提供了重要依托。在产业集聚、线状基础设施和城镇体系的共同作用下，经济带的发展必然会领先于周围地区，而经济带辐射带动作用发挥的方向和力度也使周围地区的发展出现差距，形成经济带与周围地区在发展水平方面的梯度分布。在由梯度分布产生的经济势能的作用下，集聚效应与扩散效应相继产生，区域经济实现由高到低的梯度式发展。从主导产业来看，经济带一般会经历"劳动密集型或资源密集型——劳动与资源密集型——资本密集型——知识密集型"的由低级到高级的发展过程，而这一过程中的产业转移、产业改造和产业升级同时会对与之存在产业分工和产业协作关系的周围地区的发展产生影响，原有经

---

　　① 　陈才：《区域经济地理学》，科学出版社2001年版，第200页。

济发展梯度的顺序、层次和方向也会随之变化。通过这些变化，区域经济关系将在市场机制的作用下得到调整和重组，区域经济发展的协调性将不断加强。当前，西部地区呈现出明显的东强西弱的梯度发展特征，应该充分利用经济带的梯度推移功能，通过区域经济格局的调整促进西部区域经济的协调发展。

第二节　西部重点经济带的考察分析

一、成渝经济带

成渝经济带是指四川省和重庆市在秉承悠久的合作渊源的基础上，依托资源条件和产业基础建立以来的，以成都和重庆为发展龙头的特定经济区域。作为城市经济带的代表，成渝经济带的范围包括重庆市的万州、涪陵、渝中、大渡口、江北、沙坪坝、九龙坡、南岸、北碚、万盛、渝北、巴南、长寿、江津、合川、永川、南川、双桥、綦江、潼南、铜梁、大足、荣昌、璧山、梁平、丰都、垫江、忠县、开县、云阳、石柱 31 个区县，四川省的成都、德阳、绵阳、眉山、资阳、遂宁、乐山、雅安、自贡、泸州、内江、南充、宜宾、达州、广安 15 个市，区域面积 20.6 万平方公里。①

（一）成渝经济带发展现状

作为西部最发达的地区之一，成渝经济带的经济发展已经达到了比较高的水平。2011 年该区域实现国内生产总值 28 367.7 亿元，占全国总产值的 6%，占中国西部地区总产值的 28%，占川渝两地总产值的 91%；经济区内人均 GDP 达到 30 893.5 元，超过了川渝两省和中国西部地区的平均水平，但仍低于全国平均水平 35 181 元，相当于全国平均水平的 88%；区域经济密度达到

---

① 成渝地区存在成渝经济区、成渝经济带、成渝都市圈、成渝经济群等不同的命名，涵盖的范围也存在众多不同的界定。由于是从经济带的角度开展研究，因此本书将成渝地区命名为成渝经济带，范围界定来源于四川省人民政府和重庆市人民政府于 2007 年 4 月 2 日签署的《重庆市人民政府、四川省人民政府关于推进川渝合作、共建成渝经济区的协议》。

1 377.1 万元/平方公里，是全国经济密度 492.6 万元/平方公里的 2.8 倍，是中国西部地区经济密度 186.3 万元/平方公里的 7.4 倍，是川渝两省 547.4 万元/平方公里的 2.5 倍；人口密度达到 446 人/平方公里，高于川渝两省、西部地区及全国平均水平。从产业结构看，2011 年，成渝经济带的第一、第二、第三产业的比重为 11∶52∶37，川渝两省三次产业的比重为 12∶53∶35，西部地区为 13∶51∶36；全国为 10∶47∶53，若以上海的三次产业结构作为一个粗略衡量产业结构水平高低的标准，则成渝经济区三次产业结构的比重优于川渝两省和西部地区，较劣于全国的产业结构水平。①

　　作为西部最大的城市群落，在成渝经济带的建制城市中，除了成都和重庆两个特大城市外，还有 6 个大城市，众多中小城市和小城镇，大城市的缺失造成了城镇空间格局的断层。由于成渝交通轴线附近的城镇数量多、规模小、等级相近且综合经济实力较弱，很难为成渝经济带的发展起到有效的联结作用。以内江为代表的部分城市虽然位于成都和重庆之间的地理中点，但是城市规模与经济实力都与超大城市存在着显著的差异，很难对两地区域经济关系的联结起到积极作用。城镇体系的不完善，导致成渝经济带中间地域的生产要素和产业生产力向成都和重庆高度集聚，极化效应的产生影响了辐射带动作用的发挥，制约了区域经济一体化的进程。

　　由于地质地貌情况比较复杂，成渝经济带的交通网络建设一直进展缓慢。成都与重庆之间虽然实现了铁路和高速公路的互通，但是铁路运输高昂的时间成本和公路运输高昂的使用成本仍然对他们之间经济往来的规模和频率有着较强的限制。

　　成渝经济带拥有中国人民银行、国家开发银行等多家大区域金融分支机构，逐步形成了以资金存贷、同业拆借、证券买卖、外汇调剂为主的区域金融市场和产权交易市场。2010 年年末，重庆市存款余额 13 454.98 亿元，同比增长 23.1%，贷款余额 10 888.15 亿元，同比增长 24.2%，贷款与 GDP 的比例为 1.4∶1。②

---

　　① 王强：《成渝经济区县域差距及县域经济聚类发展研究》，博士学位论文，重庆工商大学，2013 年。

　　② 刘博：《区域金融发展与区域经济增长关系研究》，博士学位论文，中共四川省委党校，2011 年。

（二）国家综合配套改革试验区的设立

2007 年 6 月 7 日，国家发展和改革委下发《国家发展改革委关于批准重庆市和成都市设立全国统筹城乡综合配套改革试验区的通知》，宣布重庆和成都成为我国第三个综合配套改革试验区。《通知》要求成都市和重庆市从实际出发，根据统筹城乡综合配套改革试验的要求，全面推进各个领域的体制改革，并在重点领域和关键环节率先突破，大胆创新，尽快形成统筹城乡发展的体制机制，促进城乡经济社会协调发展，为推动全国深化改革，实现科学发展与和谐发展，发挥示范和带动作用。

作为全面推进改革开放事业中的新生事物，国家综合配套改革试验区与之前的经济特区和经济开发区存在很大的差异，具有鲜明的时代特征。主要表现为：第一，改革广度的差异。以往的改革试点，主要是以经济体制变革为主导，围绕建立和完善社会主义市场经济体制，进行有限度的革新。而综合配套改革试点将涉及到包括经济体制、政策体制、文化生活、社会和谐、生态环境等在内的社会经济生活的每一个方面，可以说是国家或区域现代化的缩影。第二，改革深度的差异。随着改革进入攻坚阶段，综合配套改革必然是在更深的层次展开。一些体制内的核心问题将不可避免地被触及，区域原有的经济、政治、社会、法律等制度势必会被调整、改造甚至再造，部分区域的经济、社会、政治、文化理念与氛围很有可能因此而被重塑。第三，改革路径的差异。以往的改革试点可以认为是"政策优惠牵引、开放搞活拉动"的初级循环，对政策势能差和开放时间差的依赖较强，是一种"外来型"的发展模式。其成功的发展大都是依赖资源和要素短期内向其高度聚集的结果，是一种相对剥夺其他区域发展机会的成长模式。相比之下，国家综合配套改革试验区的发展强调"内源式"的现代化模式，不依赖于特殊的优惠政策，而侧重于自主创新的历程。"先试权"的提出、实践都以区域自身的制度创新为依托，以不侵蚀其他区域，进而带动和影响其他地区的发展为根本。①

选择以成渝经济带为主体的成渝地区作为全国统筹城乡综合配套改革试验区具有一定的必然性。首先，在成渝地区进行统筹城乡综合配套改革符合国家深化改革和追求协调的战略发展方向。西部大开发"十一五"规划对成渝经

---

① 郝寿义、高进田：《试析国家综合配套改革试验区》，开放导报，2006 年第 2 期。

济带的建设提出了明确的要求，而以东西部差距和城乡差距为代表的区域发展差距的缓解乃至消除也需要在西部地区进行积极的探索和尝试。选择成渝地区开展统筹城乡综合配套改革试点，既有利于深入推进西部大开发，优化国家区域战略布局，又可以促进区域协调发展，遏制区域差距不断扩大的趋势。其次，在成渝地区进行统筹城乡综合配套改革具有典型意义。作为中国西部仅有的几个的特大型中心城市的代表，成都和重庆属于典型的"大城市带大农村"，城乡二元结构矛盾非常突出。重庆市的农村居民占全部人口的 4/5 以上，城乡居民收入比达到 4∶1；成都市的农村人口也接近 1/2，城乡居民收入比达到 3∶1。通过率先开放、积极吸引外资等措施，东部沿海地区探索和实践了以外向型经济为主导的区域经济发展模式，而时代的变迁与区域情况的差异使西部地区不能照搬东部沿海的发展模式，必须探索适合于自己的区域经济发展新模式。因此，选择成渝地区作为统筹城乡发展的探路者是非常恰当而且十分必要的。最后，重庆和成都自身具备的良好基础条件和在统筹城乡方面积累的探索经验增强了综合配套改革试验的现实性。重庆与成都的人均国内生产总值、人均可支配财力、居民收入、社会发展总水平等主要经济社会指标均处于西部前列，而且在统筹城乡发展方面已经开展了很多探索和尝试，积累了较为丰富的经验，这都为以后在更高层面和更大地域范围开展统筹城乡综合改革创造了良好的基础条件。[1]

（三）　成渝经济带在推进统筹城乡配套改革中应该注意的问题

第一，必须统筹协调经济发展与社会发展的关系。统筹城乡综合配套改革的根本目的是通过城乡壁垒的消除、城乡差距的缩小和城乡差别的消灭实现城乡一体化发展，共同分享社会主义现代化建设的成果。按照社会主义初级阶段理论，我国现在处于并将长期处于社会主义初级阶段，经历这一阶段需要几十年甚至一百年时间。因此，推进统筹城乡综合配套改革，逐步缩小城乡差距并最终消灭城乡差别必然会是一个长期的历史过程。统筹城乡综合配套改革的推进，要涉及大量与上层建筑有关的法律、政策和制度的变革。虽然经济基础决定上层建筑，但是上层建筑改革也必须与经济基础相适应。因此，统筹城乡的综合配套改革必须要统筹协调经济发展与社会发展的关系，实现上层建筑与经

---

[1]　张琴：《统筹城乡综合配套改革试验区为何"花落"成渝》，金融博览，2007 年第 8 期。

济基础的相适应。

第二，必须统筹协调各项改革举措间的关系。作为与上层建筑密切相关的改革，统筹城乡综合配套改革是一项长期的历史任务和任务艰巨的系统工程，不仅内容繁杂，而且涉及的各项改革都相互联系，互相影响。每一项改革的推进，都要充分考虑其对其他项目改革的关联和影响。比如，农村社会保障体制改革涉及到政府财政能力与政策支持等问题，而城乡户籍制度改革则涉及到法律保障、城市接纳能力等问题。因此，统筹城乡综合配套改革试验特别要强调"综合"的作用和地位，不能单项突进。

第三，必须统筹协调各项改革权限的关系。作为综合配套改革，统筹城乡改革必然会涉及到权限问题。统筹城乡综合配套改革试验虽然赋予了区县以试验权，但是一旦基层政府在改革实践中把握不好，就会对现有法律和政策体系造成很大的冲击。不但影响依法治国方略的实施，而且会扰乱经济社会秩序，破坏大好的经济社会发展形势。因此，在推进统筹城乡综合配套改革的过程中，要统筹协调各项改革权限的关系。法律与政策的解释和修改权属于立法机构和上级政府，区县等基层政府不能借统筹城乡综合配套改革去随便突破和超越法律规范上级的政策底线。①

二、西陇海—兰新经济带

作为西部开发"十五"总体规划确定的西部区域经济发展的重点地区，西陇海—兰新经济带是指沿亚欧大陆桥发展，以陇海兰新铁路和连霍公路等交通干线为依托，从陕西省的潼关到新疆维吾尔自治区阿拉山口的特定经济区域。作为交通经济带的代表，西陇海—兰新经济带将"三西"能源重化工基地、陕西关中城市群、甘肃兰白经济区和河西走廊星火产业带、内蒙古河套地区和青海柴达木地区、新疆天山北坡经济区串连起来，在西部区域经济格局中占有重要地位。

---

① 张洋东、赵永刚：《推进统筹城乡综合配套改革须解决的问题》，新重庆，2007 年第 12 期。

（一）　西陇海—兰新经济带的战略意义

首先，西陇海—兰新经济带的发展具有重要的军事意义。自古以来，以河西走廊为代表的西北腹地就是兵家必争之地，西北边关的安宁是我国社会主义现代化建设和改革开放事业顺利推进的重要保障。当前，中亚地区仍不太平，各种军事力量暗自涌动，威胁着西北地区的国防安全；而以"东突"为代表的恐怖主义势力在西北地区也时有闪现，威胁着西部地区的社会安定。通过西陇海—兰新经济带的发展，以经济建设带动国防建设，可以促进西北地区军事国防事业的长治久安。

其次，西陇海—兰新经济带的发展具有重要的国际意义。改革开放以来，环太平洋地区一直是我国外交活动和国际贸易活动的重点，与中亚地区的国际来往特别是经贸联系不多。随着国际经济格局的改变和中亚地区经济发展的提速，加强与中亚地区的来往和联系成为我国对外关系的必然要求。作为亚欧大陆桥的重要组成部分，西陇海—兰新经济带的发展可以促进我国与中亚地区的关系融合，重振丝绸之路的雄风。

最后，西陇海—兰新经济带的发展具有重要的民族意义。西北地区是我国少数民族人口分布最为密集的地区之一，但是受综合因素的制约，部分民族地区的经济发展长期处于较低的水平，人民群众生活质量不高，对民族团结和社会安定产生了不良的影响。通过西陇海—兰新经济带的发展，民族地区与外界联系的渠道被拓宽，经济发展潜力得以释放，从外界获得的支持和带动力量也不断增强，民族问题将成为构建社会主义和谐社会的积极要素。

（二）　西陇海—兰新经济带发展的优势与劣势

与我国其他经济带相比，西陇海—兰新经济带的发展拥有显著的优势。一是区位优势。作为西陇海—兰新经济带的主发展轴线，陇海兰新铁路和连霍公路也是西北地区最为重要的综合运输通道和我国与中亚地区主导性的综合运输通道，西安、兰州、乌鲁木齐三大中心城市和关中、陇中、河西走廊中的众多工业城市都位于主发展轴线中。二是资源优势。西陇海—兰新经济带涵盖了西部大部分的资源富集地区，矿产和能源资源丰富，而且品种多、储量大。目前已经探明的矿产有 123 种，其中钛、铜、铅、锌等 30 余种矿产的储量位居全国之首，天然气、富磷、钾盐等 23 种矿产的保有储量占全国的一半以上。三是市场潜力优势。西陇海—兰新经济带内部及周边地区大多是欠发达地区，企业发展水平、基础设施水平、人民生活水平与东部发达地区存在着相当大的差距。在建设全面小康社会的过程中，一旦欠发达地区的发展进入快速轨道，其巨大的市场潜力将得到释放，进而转化为巨大的、可以拉动西部乃至全国发展的内需动力。[1]

西部大开发以来，西陇海—兰新经济带的发展并不尽如人意，在很大程度上与其未能克服自身存在的发展劣势有关。一方面，落后的市场化进程导致统一的市场体系难以建立。作为改革开放后行者的西部地区的一部分，西陇海—兰新经济带的市场化程度处于较低的水平。在残留的计划经济思维的影响下，政府的行政力量对资源配置的干扰时有发生，经济带内部统一的市场体系一直难以建立。西陇海—兰新经济带横跨西北五省，行政隶属关系复杂，协调地区关系的难度非常大。长期的条块分割管理使经济带内各自为政的风气非常严重，制约了经济带内更高层次、更大领域和更大空间范围合作的开展。在地方本位主义和功利主义的影响下，部分地区的政府建立"小而全"的经济体系，以行政区域为界实行经济的封闭化发展。并利用行政手段实施地方保护主义，严重干扰了生产要素的跨地区流动和企业的跨地区发展。[2] 另一方面，大城市的缺失导致合理的城镇体系难以建立。西陇海—兰新经济带地域范围巨大，西安、兰州和乌鲁木齐三个中心城市之间距离遥远，只有在合理的城镇体系的促进作用下才能通过"点——轴——面"的梯次推进实现区域经济的协调发展。不过，虽然西陇海—兰新经济带的城镇化水平高于西部地区并达到了全国平均水平，但是城市的分布过于集中，规模等级也不够完整。在兰州和乌鲁木齐两个特大城市之间近 2 000 公里的范围内，没有一个大城市存在，甘肃和新疆也没有别的大城市存在，中等城市的数量也非常少。大城市的缺失和中等城市的不足，使西陇海—兰新经济带在西安—兰州间和兰州—乌鲁木齐间出现经济低地，导致中心城市的扩散带动作用难以发挥，经济带内的区域经济一体化进程被延缓。

---

① 苟三勇、张优智：《西陇海—兰新经济带区域经济整合条件及其发展战略研究》，特区经济，2006 年第 6 期。

② 张优智：《西陇海—兰新经济带经济一体化进程中的制度建设问题研究》，中国地质大学学报（社会科学版），2006 年第 2 期。

（三）　加快西陇海—兰新经济带发展的对策

首先，要明确各节点城市的发展方向与产业分工，通过城镇体系的完善推进西陇海—兰新经济带的区域经济一体化进程。例如，把西安—咸阳都市圈建设成为西部地区一级主节点城市和西陇海—兰新经济带东段一级主节点城市，成为关中城市群和关中高新技术产业开发带的核心；把兰州—白银都市圈建设成为西部地区一级副节点城市和西陇海—兰新经济带中段一级主节点城市，成为黄河上游多民族经济区的核心；把乌鲁木齐—昌吉—米泉—阜康都市圈建设成为西部地区二级主节点城市和西陇海—兰新经济带西段一级主节点城市，成为天山北坡经济带的核心；把宝鸡、天水、酒泉—嘉峪关—敦煌、哈密、奎屯—独山子—乌苏建设成为西部地区二级副节点城市和西陇海—兰新经济带一级副节点城市，成为各一级主节点城市之间的联系媒介；把渭南、铜川、韩城、华阴、武威、张掖、金昌、吐鲁番、石河子、伊宁、塔城、库尔勒 12 个城市建设成为西陇海—兰新经济带城镇体系中的重要补充力量。[①]

其次，通过与协调机制相关制度的完善提高市场化水平，加快西陇海—兰新经济带的统一市场的建设。[②] 在区域经济利益主体缺失的情况下，中央政府有义务作为西陇海—兰新经济带利益的代表推动经济带内区域经济的一体化。通过协调地方发展与经济区发展关系的制度体系的建立，明确经济带内各级政府在促进区域经济一体化进程中的权利和义务，并对之进行监督。同时，也要加快经济带内部的区域经济一体化协调机制的建设。可以制定制度化的议事和决策机制，定期召开经济带内的政府高层会议，为各地政府就地区经济发展问题进行协商并形成共识提供必要的经常性机制；可以设立各种专业委员会和工作小组等功能性机构，赋予其一定的管理、协调、研究分析和组织职能，并逐渐向常设性质过渡；可以建立合理的投资管理机制和区域共同发展基金制度，按照区域开发银行的模式组建西陇海—兰新经济带开发银行，对西陇海—兰新经济带的开发项目实行一般商业贷款或短期融资，并以此为基础上建立区域共同发展基金，使协调机构具有较强的经济调控能力和投资管理能力，促进区域

---

① 方创琳、张小雷：《西陇海兰新经济带节点城市的发展方向与产业分工》，地理研究，2003 年第 4 期。

② 洪银兴、刘志彪：《长江三角洲地区经济发展的模式和机制》，清华大学出版社 2003 年版，第 113 页。

经济一体化。

最后，在区域产业结构优化升级的过程中加强产业集聚，加快西陇海—兰新经济带的发展。西陇海—兰新经济带内的相当一部分城市都是改革开放以前中央政府对西部进行重点建设时生产力布局的产物，其产业结构特别是工业结构具有很强的趋同性，不利于产业分工和产业协作的开展，制约了产业集聚对经济带积极作用的发挥。因此，经济带内各地区要以优势资源为依托，在市场的导向下发展特色经济，并在规模化和产业化的过程中开展跨地区的产业分工和地区间的产业协作，延伸产业链条，提升附加值。要正确引导生产力布局的调整，按照资源优势和区位优势布局新的产业和进行产业空间结构调整，引导产业园区向中心城市集聚，形成产业群带和产业集聚。在调整过程中，要充分考虑到西陇海—兰新经济带的功能定位及在全国的战略地位。切实加强区域内产业的分工协作和配套，避免不必要的重复建设。加大同类企业重组力度，依托优势企业引领产业经济。要通过兼并、破产、收购、参股等方式，实现经济带内优势企业的强强联手，依托优势企业引领区域内的产业经济发展。

三、南贵昆经济带

作为西部开发"十五"总体规划确定的与西陇海—兰新经济带并列的西部区域经济发展的重点地区，南贵昆经济带是指以南宁、贵阳和昆明等城市为中心，以西南出海通道、南昆铁路和重庆至湛江国道主干线为依托，以滇中地区、贵中地区和南柳桂地区为核心区域，以云南、贵州和广西三省区为腹地的特定经济区域。

（一）南贵昆经济带的后发优势

与成渝经济区和西陇海—兰新经济带相比，虽然广西、云南和贵州之间同样有着悠久的合作渊源，但是南贵昆经济带建设的起步要晚一些，知名度要小一些，发展水平也要低一些。不过，南贵昆经济带也因此拥有了作为落后者才能享受的特殊利益——后发优势。①

---

① 涂妍：《论南贵昆经济区的后发优势》，贵州财经学院学报，2003 年第 6 期。

其一，区位后发优势。作为西部地区唯一同时具有沿海、沿边和沿江特征的经济带，南贵昆经济带的区位优势在很长的历史时期内并没有显现出来。与天津、青岛、上海和广州等东部港口城市相比，西南地区出海口几乎已经被人遗忘；而未能成为改革开放事业的先行者，也使南贵昆经济带的沿边和沿江优势未能及时转化为生产力。20 世纪末以来，随着我国改革开放事业的不断深入，特别是中国—东盟自由贸易区的逐渐形成和泛珠三角地区范围的不断扩大，南贵昆经济带的区位优势终于显现出来。广西面向东南亚，邻近港澳台，建港条件优越，是东南沿海地区与西南地区的结合部，可以得到东南亚经济圈和华南经济圈的辐射和带动。贵州位于大西南腹地，是西部与中部地区的结合部，也是西南地区通往中南和东南地区的必经通道。云南是西南地区最重要的对外通道，与东南亚地区的国家可谓"山脉同缘，江河同源"，中国—东盟自由贸易区一旦正式形成，云南就成为西南与东南亚地区区域经济一体化的前沿。

其二，资源后发优势。南贵昆经济带属于资源富集地区，矿产资源与水能资源尤为突出。到 2007 年年底，云南已发现的矿产种类达 142 种之多。在已发现的矿产中，已查明资源储量的矿产有 86 种，有 62 种固体矿产资源保有储量居全国前 10 位，其中 44 种居前 5 位。更有铅、锌、锡、铟、铊、镉、磷、蓝石棉、水泥配料用砂岩 9 种矿产探明储量居全国第 1 位，磷、铜、铅、锡、锌、锑、银、锗、玻璃石英砂、褐煤、水泥硅灰岩、盐 12 个品种在全国都最具有比较优势。贵州的矿产资源整体具有规模大、品位高、分布集中的特点，目前已发现 110 余种，其中保有储量位居全国前十位的多达 41 种，尤其是煤炭、磷矿、铝土矿、锌矿、重晶石、稀土矿、锰矿等最具竞争优势。作为全国10 个重点有色金属产区之一，广西已发现矿种 145 种（含亚矿种），占全国探明资源储量矿种的 45.7%。探明储量的矿藏有 97 种，其中储量居全国前 10 位的有 64 种，居全国第 1 位的有 12 种，居全国第 2～6 位的有 25 种。[①] 与西陇海—兰新经济带等同样资源富集的经济带相比，南贵昆经济带的资源在计划经济时期受掠夺式野蛮开采的伤害比较小，资源枯竭率和生态破坏率都比较低。在逐渐完善的市场经济体制中，在日益发达的科学技术的支持下，在新型工业化道路的引导下，丰富的资源将有利推动南贵昆经济带的发展。

---

① 陈胜男：《低碳经济背景下的贵州资源型产业发展研究》，博士学位论文，贵州财经大学，2013 年。

其三，科技后发优势。科技进步是提高生产效率和资源配置效率的主要途径，是所有国家或地区工业化进程的一项基本内容。对于南贵昆经济带而言，科技后发优势表现为后发地区的技术学习。即从先发地区引进各种先进技术，经模仿、消化吸收和改进提高后获得利益和好处。一方面，学习和引进先进技术可以迅速促进技术进步，节约研究和开发技术所需要的资源和时间。这种技术引进虽然需要支付有关的技术转让费，但由于不需要再进行有关科学原理的研究和应用技术的开发转化。对于基础科学研究薄弱和高级人力资源稀缺的南贵昆经济带来说，这就大大节约了技术进步的时间和相应资源的投入。另一方面，通过学习和引进先进技术，可以迅速增加经济产出，降低生产成本和增强产业竞争力，从而在高起点上推动工业化进程。如果南贵昆经济带抓住机会，及时学习引进的先进技术，可以大大降低生产成本，增加国民收入和改善人民生活水平，相关的产业也可以迅速达到发达地区的产业发展水平，甚至形成自己的绝对优势。

其四，制度后发优势。作为内生变量，在经济增长的诸多要素中，制度因素起了相当重要的作用。合理的制度安排，不仅可以降低交易成本和交易风险，而且可以实现资源的科学配置，从而推动区域经济的快速发展。制度安排的后发优势是指后发区域学习、效仿和借鉴发达区域先进的制度安排和管理经验，并经本土化改造所产生的效率和利益。一种有效制度的形成，是一个需要支付高额代价的不断排除错误的过程，只有经过反复、动荡、危机甚至冲突等才能形成。而制度又是一种公共产品，一旦这种制度形成并行之有效，后来者就可以避免这种排除错误的高额代价，通过制度的移植、模仿和创新，实现以相对较小的社会成本和代价取得相对较大的发展收益。综合来说，南贵昆经济带制度安排的后发优势包括由避免制度创设中不断"试错"高额代价产生的成本优势，对创设制度的及时模仿、跟进和移植产生的时间优势，以及通过先发区域制度变迁的经验教训获得后发利益、减少沉没成本的经验优势。

（二）南贵昆经济带在中国—东盟自由贸易区建设进程中面临的挑战

2001年11月，中国政府与东盟10国政府联合签署了《中国—东盟全面经济合作框架协议》，共同倡议通过合作促进东盟各国经济的发展。中国—东盟自由贸易区的建设为以南贵昆经济带为主体的西南地区提供了发展的机遇，但是也使其面临着严峻的挑战。[①]

　　一方面，自然禀赋和产业结构的趋同制约了南贵昆经济带与东盟国家经贸往来的开展。作为相邻地区，南贵昆经济带的自然禀赋和产业结构与东盟国家存在着很高的趋同性，非常不利于追求比较优势的国际贸易的开展。而越南、老挝、柬埔寨、缅甸、泰国等国家的某些消费群体与南贵昆经济带的产品结构、质量、水平比较对应，可以开展一定的产业内贸易，因此只能以跨国经营带动对外贸易。随着中国—东盟自由贸易区建设的推进，南贵昆经济带与东盟国家的产业结构会更加趋同，更加激烈的竞争很可能会导致一些企业被迫做出调整。而区域经济一体化进程中贸易壁垒的消除，必然会造成一些关税收入的损失。目前，中国和东盟国家之间的关税仍然偏高，因而南贵昆经济带与东盟国家之间的贸易增长大多来自于贸易转移。尽管中国—东盟自由贸易区的建设在近期内对经贸合作不会有太大影响，但由于南贵昆经济带很有可能在中国—东盟自由贸易区方面先行先试，因此对其与东盟国家经贸关系的影响会显现得比较快。

　　另一方面，对东盟国家经济贸易法规了解的不足影响了南贵昆经济带与东盟国家经贸往来的开展。由于参与国际经济活动的时间尚短，南贵昆经济带对东盟国家的经济贸易法规和惯例的了解还有待加强，既懂经济贸易法律、又懂英语和相关国家语言的特殊人才非常稀缺，非常不利于南贵昆经济带在中国—东盟自由贸易区进程中与东盟国家在经济、贸易、金融、产业、交通、技术、禁毒、水利、环境、热带雨林保护等方面开展积极的合作。

　　同时，在日本直接投资滑坡和美国经济不景气的情况下，东盟国家对南贵昆经济带的直接投资寄予了很大的期望。这本来是南贵昆经济带走出国门的大好机遇，但是，由于南贵昆经济带绝大多数企业的经济实力、竞争能力、技术力量、管理水平、国际化程度和跨国经营经验都难以胜任大规模跨国生产的要求，致使机遇变成了挑战。

（三）推进南贵昆经济带参与中国—东盟自由贸易区建设的建议

　　面对严峻的挑战，要推进南贵昆经济带参与中国—东盟自由贸易区的建

---

① 胡长顺：《南贵昆经济区面临的机遇与挑战》，探索，2006 年第 1 期。

设，应该做好以下五个方面的工作：①

第一，协调政府与市场的关系，以政府与企业的互动强化企业在区域经济合作中的主体地位。作为市场经济的主体，企业在区域合作和自由贸易区建设中扮演着重要的角色。在南贵昆经济带与东盟国家合作的过程中，必须以企业为主体并使其发挥重要作用。由于南贵昆经济带和东盟的大部分国家经济发展水平不高，使得市场经济体制的发展和完善还需要较长的时间。因此，在南贵昆经济带与东盟国家密切往来的前期，政府仍然要给予大力支持，依靠政府和企业的双重动力建立起合作的良性互动机制。

第二，加快推进西南地区国际大通道建设。在周边国家的协调配合下，要尽快落实中国—东盟未来15年交通合作战略规划。在中央政府的支持下，以南贵昆经济带为主导，加快滇缅公路、滇老公路、滇越公路、泛亚铁路、澜湄航运、中缅陆水联运通道、红河航运等综合运输通道的建设和升级改造，形成连接东南亚的国际通道，完善面向东南亚、南亚，通江达海、联结周边的便捷立体交通网络。同时，加强口岸、沿交通线重要港口和码头的建设，促进边境地区口岸城镇发展，使中国西南—东南亚国际通道成为亚洲重要的经济走廊，共同建设关系更加紧密的、跨国多边合作的经济带。

第三，实施双向开放战略。将对东南亚的开放和对其他发达国家和地区的开放结合起来，优化西南地区产业结构和对外贸易结构，加快优势产业和特色产业的发展，提升南贵昆经济带在区域合作中的地位。南贵昆经济带要加大从发达国家和地区引资工作的力度，更加注重发挥高质量外资对西南地区技术进步、产业结构升级、管理水平提高的积极作用。同时，加强在自主创新方面的努力，加快优势产业和特色产业的培育发展，并对传统产业进行改造、升级，扶持和发展自主品牌，提升南贵昆经济带在与东南亚经济合作和区域分工中的地位。

第四，合理确定重点和优先发展领域。在与东盟国家开展区域合作的过程中，南贵昆经济带要将国际互补性强、自身具有优势而又符合国家发展利益的领域作为重点和优先发展领域。积极开展资源的合作开发，使南贵昆经济带及东盟国家的水能、矿产、生物等资源优势切实转化为经济优势；积极参与东盟国家石油、天然气和矿产资源的勘察和开发，建设连接中国西南与中南半岛的油气管道；拓宽和深化农林牧业合作，充分利用境外资源拓展南贵昆经济带的

---

① 贺圣达：《中国—东盟自由贸易区建设与大西南的参与》，贵州财经学院学报，2009年第1期。

农业发展空间，发挥其在水稻等农产品种植、良种选育和产业化、畜牧业品种改良等方面的技术优势和在烟草种植、烟草加工、林产品造纸、制糖等特色优势产业的优势。利用中国—东盟自由贸易区《服务贸易协议》生效的机遇，充分发挥南贵昆经济带在旅游、运输等传统服务方面的优势，以东盟国家为重点，推进与东南亚国家在服务业领域的合作。

第五，采用切实、有效的合作方式和措施加大微观层面的工作力度。要了解和熟悉东盟国家的经济法规，学习和运用中国与东盟已经签署的有关货物贸易自由化和开展服务贸易方面的协议，尽快提高开发东南亚市场的能力；要关注中国—东盟自由贸易区建设的最新进展，了解和掌握东盟有关投资的政策，努力扩大与东南亚国家的经济技术合作，吸引东盟尤其是东盟中较发达国家的投资并努力提高投资效益；要加快和扩大双方工商界的交流，增进双方企业和企业家之间的合作关系，协助企业扩大商务渠道，提供商务咨询，加强专业培训，促进双方企业合作；要加强合作平台建设，更好地发挥"昆交会"和"中国—东盟博览会"等合作平台在促进南贵昆经济带与东南亚经贸合作中的作用；要重视人力资源开发，加强人才培训，培训内容可以根据对象而有所侧重。

第三节　西部经济带发展思路

一、转换地方政府职能

（一）建设公共服务型政府

从当前西部区域经济发展的现实看，清除计划经济残留思维、打破行政分割、建设统一完善的市场体系是西部经济带向更高水平发展的必然要求。而地方政府职能从经济建设向公共服务的转变，则是实现这个要求的必由之路。

所谓公共服务型政府，一般是指可以满足社会公共需求、提供充足优质公共产品和公共服务的现代政府，主要包括三个方面的含义：从职能的角度是公共政府、有限政府和服务政府；从政府管理方式是法治政府和责任政府；从政府运作方式讲应当是企业家政府和电子政府。从政府职能的角度来说，政府要有所为有所不为，将自身行为严格限定在制定规则和实施监督，为经济社会发展创造良好的制度环境，为社会提供稳定而有保障的公共产品和公共服务活动中。政府要从具体的投资和参与微观经济活动中解脱出来，集中解决经济社会中重大的矛盾和问题，为整个社会的良性运转提供环境。

在经济带的发展中建设公共服务性政府，要求经济带内的各地方政府具有公共性，是公共政府。作为现代公共管理理念的核心，具有公共性的服务性政府意味着经济带内的各地方政府要正确处理政府与市场、政府与企业、政府与政府、政府与市民社会的关系，将政府的作用范围严格限定在公共领域，防止政府因追求自身利益造成经济带的分割和经济带内区域经济关系的断裂。

在经济带的发展中建设公共服务型政府，要求经济带内的各地方政府具有服务性，是服务政府。作为非经济生产部门，政府的价值在很大程度上体现在对公共服务的供给上。由于市场化进程落后、市场经济体制不够完善，西部经济带发展的内部动力不够强劲，地方政府必须主动提供优质周到的公共服务，通过基础设施建设等方面的工作弥补市场机制的缺位。

在经济带的发展中建设公共服务型政府，要求经济带内的各地方政府具有有限性，是有限政府。与无限政府推崇政府机制优先不同，有限政府奉行的基本准则是市场机制优先原则，政府只是作用于市场机制和公民自治都不能解决的公共领域。政府不是经济和社会发展的直接推动者，而是经济与社会可持续发展的促进者、合作者。只有做到有所不为，政府才能更好地集中精力做到有所为。

在经济带的发展中建设公共服务型政府，要求经济带内的各地方政府具有公平性，是公平政府。公平性是对服务型政府的基本要求，公共服务的提供者在程序及实体方面应公平对待每一位公民和组织，让每一个符合法定条件的公民和组织都享受到政府同等质量的公共服务。只有在确保可以获得政府的公平对待特别是公平服务的情况下，生产要素和企业才能够在经济带内实现自由和充分流动。

在经济带的发展中建设公共服务型政府，要求经济带内的各地方政府具有透明性，是透明政府。透明性是衡量善政的一个重要指标，透明政府是当代服务型政府的应有之意。作为一种制度安排，经济带内的各地方政府应该向社会公开除国家机密以外的公共信息。在提高市场信息精确性的同时，增强市场主体的预见性，降低寻租腐败等社会交易成本。

在经济带的发展中建设公共服务型政府，要求经济带内各地方政府具有法治性，是法治政府。受制于落后的区域经济发展水平，西部社会发展也处于较低的水平，欠佳的法制环境很难满足经济带发展的要求，依法行政在部分地区只是一句空话。通过法治政府的建设，经济带内的经济主体的经济活动可以得到制度保障，企业家与劳动者的合法权益也可以得到保障。[①]

（二）以政府职能转换推动西部经济带建设

首先，加快思想转换，树立推动经济带建设的主观意愿。受计划经济残余思维的影响，在地方主义和官本位主义的错误引导下，西部部分地方政府对经济带的建设并不是十分积极，有的持观望态度，有的甚至横加阻拦或大肆破坏。通过职能转换，地方政府要从实现西部区域经济协调发展的大局观出发，从经济带的发展中寻求共同利益，树立各地区共赢的理念；要鼓励地区之间的民间交往特别是经济交往，以民间交往促进地方政府之间的融合与协调；要加强舆论引导，使广大群众充分认识和理解经济带发展的意义、作用和效益，并积极投身到经济带的建设和发展中去。

其次，加快主体转换，提升企业和市场在经济带建设中的地位。由于非公有制经济发展的缓慢和国有企业改革的不彻底，企业和市场在西部经济带建设中的主体地位还不够突出，政府在相当程度上抢占了本应该属于企业和市场的位置。作为国有资产的所有者，在保证国有资产不被滥用和流失的情况下，地方政府必须要主动加快政企分开的步伐。通过加快国有企业产权结构改革，限制和约束政府对企业的资产性干预；通过加快国有经济的布局调整，重点解决政府退出机制的相关问题；通过社会保障体系的完善，减轻国有企业的历史沉淀负担。同时，地方政府也要强力推进政市分开，减少和停止对市场运行的微观干预，运用经济杠杆、法律制约等非行政手段加强宏观调控、维护市场秩序。只要市场是有序的、是公平的、是正当竞争的，政府就不要干预，要充分发挥市场机制对资源配置和经济整合的主导作用。

再次，加快实际操作，为西部经济带的建设提供组织保障。为了加强经济带内各地区在政府层面的组织和协调，应该设立区域性的协调机构，负责经济

---

① 肖陆军：《论服务型政府建设》，博士学位论文，中央民族大学，2006 年。

带内协调机制的建设和实施。经济带协调机构由省区首脑级别的决策层、市首脑级别的管理层和相关职能部门组成的执行层组成，并争取获得国家层面的认可和授权。要建立以联席会议制度和地区合作制度为主的协调机制，加强区域协调机构的权威性、有效性与执行力和影响，提高地方政府为西部经济带发展进行服务和调控的效率。

最后，加快具体操作，为西部经济带的建设提供基础保障。其一，要坚决消除地区间行政壁垒。作为地方保护主义的代表，地区间的行政壁垒阻碍了生产要素和生产力在区域间的市场化流动，是建立区域性统一市场体系的重要障碍。而行政壁垒设置所具有的连锁性会使各个地方的经济利益都受到损害，无法实现区域经济发展的帕累托改进。其二，要加快实现政策对接。由于地区间政策的不统一、不兼容和不协调，不同地区的不同利益主体存在大量的冲突和矛盾，导致经济带经济活动中的制度成本居高不下，严重制约了经济区的协调发展。各地方政府要清理和废除妨碍经济带建设的原有政策和制度，在户籍、就业、住房、教育、医疗、社保制度等方面加强协调对接，联手构建统一的制度框架和实施细则，从而为市场主体创造公平竞争的环境。其三，要加大线状基础设施建设力度。基础设施的建设是政府为经济发展服务的重要表现，也是西部经济带发展的重要依托。经济带内各地区基础设施的建设不仅要着眼于本地区经济发展的需要，还必须考虑到经济带发展对线状基础设施的需要，加强地区之间基础设施的相通相连和共享。由于财政能力和地质地貌条件的限制，西部经济带的线状基础设施建设可以以立体性综合运输通道为重点。即以电气化铁路和高速铁路为主题，以高等级公路为突破，以水路运输、航空运输和管道运输为补充。其四，要快速推进城镇体系建设。过低的城镇化水平、不合理的城镇分布、不完善的城镇体系是西部经济带发展的重要制约因素。地方政府要采取综合措施，通过都市圈和城市群的建设发展加快城镇化进程，特别是要通过中等城市的升级加快大城市的建设和发展，为经济带中心城市辐射带动作用的发挥提供地域媒介。①

---

① 文华：《成渝经济区协同发展与地方政府经济职能转换研究》，硕士学位论文，重庆大学，2007 年。

二、促进产业集聚，加快产业集群发展

（一）中小型城市的产业集聚

由于超大型城市和大城市的稀少，中小型城市在西部经济带的建设和发展中具有重要的地位，其产业集聚程度和产业集群发展状况在一定程度上决定了西部经济带的兴衰。但是，从西部区域经济发展的现实看，当前中小型城市的产业集聚程度并不高，产业集群的数量少、规模小、实力差，难以满足经济带发展对中小型城市的要求。究其原因，中小城市在产业集聚方面主要有六点不足。一是基础设施落后，紧张的地方财政不仅很难为企业提供配套的基础设施，而且还经常要求企业承担一部分的基础设施建设；二是制度环境落后，部分中小型城市存在"天高皇帝远"的思想，对中央和省区的方针政策置若罔闻，为提高地方财政收入横征暴敛；三是市场建设落后，生产要素与生产力的流动在很大程度上受到行政力量的干预，企业生产布局的调整和生产规模的扩大难以获得市场的有力支持；四是产业发展落后，西部部分中小型城市的主导产业在全国是有一定影响力的，但难以从落后的其他产业环境中获得向更高水平的规模化和专业化发展的支持；五是技术环境的落后，西部中小型城市的科研实力普遍不强，信息化水平普遍不高，既难以进行自主创新，又难以接受外部的技术传播；六是生活水平的落后，产业集聚的加强和产业集群的发展需要大量中高级人才，而西部中小型城市较低的生活水平特别是落后的文化氛围难以对中高级人才产生足够的吸引力。

为了促进西部中小型城市的产业集聚，加快产业集群发展，应该着力开展五个方面的工作。一是完善为企业发展服务的基础设施建设，要按照高标准建设和完善城市基础设施，以完善的能源、交通、通讯、网络服务降低企业的生产成本，吸引企业集聚；二是注重人力资源的开发和利用，要加大中高级人才的引进力度，并做到待遇留人、事业留人、感情留人，同时加强本地人力资源的开发和利用，避免"招来女婿气走儿"；三是致力于二次创新，要加强对引进技术的消化和吸收，并通过模仿和改进实现二次创新，为将来的自主创新积累经验和人才；四是大力发展为企业服务的中介和技术服务机构，以市场化和社会化的服务满足企业发展的需要，并以现代服务业的发展促进西部中小型城

市的产业结构调整升级；五是营造有利于产业集聚的文化环境，满足企业家和中高级人才的文化需求，并以优良的文化环境促进西部中小型城市国民素质的提高，为科学发展与技术创新创造条件。①

（二）民营经济的产业集聚

东部地区经济带成功发展的经验说明，民营经济不仅是国民经济发展的有益补充，而且是产业集聚的重要推动力量和产业集群的重要参与者。在产业集聚发展的中早期，民营企业可以充分发挥灵活多变的生产经营特色，迅速适应小批量、多品种的订单式柔性化生产方式；在产业集聚发展的成熟期，民营企业也可以充分发挥对市场变化反应敏锐的优势，提高产业集聚的经济效益。

作为区域经济发展落后的重要原因和表现，西部地区民营经济长期以来一直处于低水平状态，规模小、效率低、竞争力不强的民营企业在西部经济带产业集聚中的作用十分有限。因此，必须加快西部地区的民营经济发展，并引导和鼓励民营企业积极参与到产业集群的发展中，为提高西部经济带的产业集聚程度做出贡献。首先，西部地区各级政府必须给予民营经济与公有制经济与外资经济一样的公平待遇。在配套基础设施、优惠政策、项目审批等方面，民营企业应该享受与国有企业和外资企业同等的待遇，改变当前部分地区"国企老大，外企老二，民企后娘生"的状况。其次，加快相关行业协会建设，促进民营经济资源整合。依托产权明晰的特点，在相关行业协会的引荐和促进下，西部民营企业可以积极开展企业兼并和企业联合，通过民营经济的资源整合扩大生产规模，提高专业化程度，增强核心竞争力。再次，发挥比较优势，以特色产业发展促进产业集聚。民营企业要充分利用对市场需求的敏锐度和经营决策的灵活度，从西部地区具有比较优势的资源入手，通过特色产业的发展带动相关产业集群的发展。最后，培养本地化的企业家队伍，促进民营经济发展。当前西部地区绝大多数民营企业家综合素质不高，视野不够开阔，商品意识、市场意识和创业意识都比较淡薄。在政府和相关产业协会的引导下，通过研讨培训、交流考察等形式，可以开拓民营企业家的眼界，提高经营管理能

---

① 邱成利：《产业集聚与小城市发展战略研究》，博士学位论文，大连理工大学，2001年。

力，为民营经济的发展和西部经济带的产业集聚服务。①

（三）自主创新与产业集聚

作为产业集聚的核心要素，自主创新对产业集群发展和产业集聚程度提高的重要作用已经得到了国内外和社会各界的普遍认可。在自主创新能力不强的情况下，西部经济带的产业集聚固然不能放弃对资源优势的依托。但是，从长远角度考虑，为了实现稳定、协调和可持续发展，西部经济带必须要不断加强产业集聚对自主创新的依托。

当前，西部经济带产业集群普遍缺乏自主创新能力，主要是由六个方面的原因造成的。其一，创新和合作意识淡薄。西部经济带的产业集群大多处于同类企业的简单空间集中阶段，企业不同程度地存在追求"小而全"的倾向。较低的发展使大多数企业的创新意识不强，信用的缺失使企业之间的合作意识淡薄。其二，自主创新投入不足。西部经济带产业集群中的部分大企业并没有自己的研发中心，研发投入在产品销售收入中的比重很低；而大量中小企业虽然进行研发投入的热情很高，但是金融担保和风险投资机制的缺乏制约了其实际的资金投入。其三，跨区域公司的经营战略。作为西部经济带部分产业集群的龙头，部分跨区域公司为了保持垄断优势，一般都把核心技术和关键部件生产控制在母公司，西部经济带产业集群内的子公司只是简单的生产加工地，制约了先进技术的外溢。其四，创新人才高度缺失。在西部经济带部分传统的产业集群中，高素质的专业技术人才、产品设计人才和经营管理人才高度缺失，企业开展自主创新的基础非常不稳固。而普通员工的素质也普遍不高，导致企业缺乏自主创新的劳动力技能基础。其五，知识产权保护力度不足。由于自主创新能力的缺乏，西部经济带产业集群之内的企业模仿之风盛行，既挤占了新产品开发和生产的资源和空间，又导致了低水平生产重复和企业间的无序竞争，而知识产权保护的效果一直不佳。其六，品牌意识不强。虽然西部经济带的部分产业集群在扩大规模等方面取得了较大成效，但由于品牌意识不强、品牌开发力度不够，导致西部经济带的大多数产业集群至今仍处于"有品无牌"的尴尬局面，生产利润的大部分都被委托贴牌方拿走。

---

① 张继英、曾潮洁等：《产业集聚：民营经济发展的理性选择》，兰州大学学报（社会科学版），2005 年第 1 期。

为了增强西部地区的自主创新能力，提高自主创新对西部经济带产业集群发展的推动力，应该重点做好以下五个方面的工作。第一，大力发展高新技术产业集群。以西部经济带各中心城市现有的高新区、大学科学园等为载体，按照专业化、特色化、集群化的思路，大力发展高新技术产业集群，使之成为推动西部地区企业自主创新的重要基地。对产业集群内高新技术产业的自主创新活动，国家应给予加速折旧、税收减免优惠等政策支持。第二，促进低成本型产业集群向创新型产业集群转变。目前，西部经济带中的产业集群大多属于低成本型集群，产品档次较低，难以进入中高端市场。因此，要强化技术创新，推进柔性生产，依靠自主创新能力的增强推动产业集群由低成本型向创新型转变，走多品种、小批量、高质量的道路。第三，鼓励产业集群内企业的自主创新。要鼓励产业集群内企业加大研发投入，广泛吸引各种人才尤其是归国人员，并采取多种形式建立研发中心、设计中心和工程技术中心；要鼓励发展专业化的中小科技型企业，吸引跨区域公司在集群内设立研发中心，鼓励本地企业与外资建立合资研发中心；要完善金融担保、风险投资和创业基金，为中小企业提供必要的金融和配套服务，缓解中小企业在自主创新中面临的资金"瓶颈"矛盾。第四，搭建技术创新的公共平台。考虑到西部经济带总体发展水平不高，要鼓励采取多种模式，在产业集群内建立技术创新服务中心，强化信息服务、产品开发、设计示范、培训服务等功能，搭建关键共性技术和行业技术支撑平台，支持和服务于整个产业集群的技术创新活动，特别是支持中小企业的技术创新。同时，要建立科技成果转让交易市场，加快科技成果的转化和产业化，积极培育投资咨询、市场研究、技术信息服务、专利代理、法律服务等中介组织。第五，实施产业集群品牌工程。要强化技术创新，推进产业集群形象建设，逐步在西部各经济带培育一批有深厚技术创新能力支撑的区域集群品牌；要鼓励产业集群内现有贴牌企业发展自主品牌，支持现有知名品牌做大做强，逐步形成一批在西部地区乃至全国和世界都具有影响力的知名品牌；要加强知识产权的保护，打击仿冒侵权行为，加快对引进技术的消化、吸收和创新，增强西部经济带产业集群内企业的核心能力。[①]

---

① 魏后凯：《论我国产业集群的自主创新》，中州学刊，2006年第3期。

第六章

西部特殊经济地域与发展思路

第一节　特殊经济地域是西部区域经济协调发展的难点与制约

一、特殊经济地域的内涵与类别

（一）特殊经济地域的内涵

作为区域经济发展的空间载体，特定地域范围内的每个地区都是区域经济发展的有机组成部分，在区域经济发展中具有一定的功能和地位。受生态环境、自然禀赋、区位条件、历史沿袭等因素的综合影响，不同地区的功能和地位有所不同，并非所有地区都对区域经济的发展起着积极作用。因此，在区域经济格局中，还存在着除增长极和经济带之外的特殊经济地域。

所谓特殊经济地域，是指在生态环境、自然禀赋、区位条件等方面存在固有缺陷，发展能力严重不足，发展水平绝对落后，在区域经济关系中处于被协调和被带动地位，对区域经济整体发展有制约作用的特定经济地域。

对特殊经济地域内涵的理解可以从四个方面进行：一是缺陷之固有，意味着在当前的科技发展水平和社会发育程度之下，特殊经济地域在生态环境、自然禀赋、区位条件等方面的缺陷在短时间内是难以改变和克服的；二是落后之绝对，意味着在固有缺陷的影响下，特殊经济地域的发展能力严重不足，导致在区域经济发展中处于绝对而非相对的落后；三是地位之被动，区域经济的协调发展需要各个地区之间的网络式互动，但是严重不足的发展能力和绝对落后的发展水平使得特殊经济地域在与增长极和经济带的互动中只能处于被协调和被带动的地位；四是作用之制约，在固有矛盾、绝对落后和被动地位的共同影响下，特殊经济地域不仅难以对区域经济的整体发展起到促进作用，而且在一定程度上制约着区域经济整体发展水平的提高。

（二）特殊经济地域的主要类别

从不同的角度出发，特殊经济地域可以被甄别为不同的类别，主要有生态脆弱区、民族聚居区和三农集聚区三类。

所谓生态脆弱区，是指作为生态环境自然演进的结果或在人类不合理开发行为的破坏下，区域生态系统的稳定能力、缓冲能力、自然降解能力、抗逆能力和修复能力被严重弱化的特殊经济地域。由于区域生态系统极度脆弱、敏感且难以修复，生态脆弱地区的区域生态系统与区域经济系统难以实现有机耦合，区域经济生产的效率、水平和可持续能力不仅难以提高，而且极易造成生态环境的进一步恶化，并产生强烈的外部不经济效应。

所谓民族聚居区，是指少数民族人口在地区人口中占有较高比重且空间分布比较集中的特殊经济地域。受文化传承等因素的影响，少数民族人口的文化素质普遍不高，市场经济意识非常淡薄，参与经济建设的主动性和积极性不足，制约了区域经济的发展。同时，少数民族聚居区大多位置偏远，基础设施建设非常不完善，也增加了区域经济发展的难度。

所谓三农集聚区，是指农民、农业和农村同时在户籍结构、产业结构和社会结构中占较高比重的特殊经济地域。农民较低的文化素质、农业较低的生产效率和农村较低的社会发育程度使三农集聚区的经济发展难以摆脱落后的局面，而庞大的贫困人口、落后的产业结构和空心化的农村社会是三农集聚区难以摆脱的发展困境。

需要指出的是，虽然生态脆弱区、民族聚居区和三农集聚区是特殊经济地域的主要类别，但是并非所有的生态脆弱区、民族聚居区和三农集聚区都属于特殊经济地域。在先进的科学技术与合理的区域经济发展战略的作用下，部分国家和地区在区域经济发展中成功实现了生态脆弱区、民族聚居区和三农集聚区从特殊经济地域到其他经济地域的转型，这也是本部分研究的意义所在。

二、导致特殊经济地域形成的主要因素

（一）导致特殊经济地域形成的客观因素

一方面，生态环境的自然演化导致了特殊经济地域的形成。在几十亿年的时间里，地球发生了翻天覆地的变化，生态气候与地质地貌都经历了颠覆性的自然演化过程。部分寒冷干燥的高山峡谷演化为河流纵横的平原大川，孕育了灿烂的人类文明；而部分温暖潮湿的草原森林则演化为干旱少雨的沙漠戈壁，成为人类难以涉足的不毛之地。现代地质勘探表明，以青藏高原和罗布泊为代表的我国众多生态脆弱区在历史上都曾经森林密布，水草丰美，其生态环境的恶化是在很大程度上是自然演化的结果。

另一方面，人类社会的历史发展导致了特殊经济地域的形成。民族之间的争斗是人类社会发展的主线之一，在争斗中居于强势的民族将成为社会的统治者，活动范围不断扩大，在社会中的地位不断提升。而在争斗中处于弱势的民族则成为社会的少数群体和弱势群体，在流落颠沛中聚居于偏僻但安全的深山密林之中。为了保持民族文化的延续，他们强调自己文化的传承并刻意保持与社会主流文化的隔离。历史上，我国各地先后成立了数量众多、规模不等的少数民族政权。随着国家的统一和中央集权的加强，少数民族政权纷纷瓦解，少数民族人口以"大分散，小聚居"的形式分布开来。其对于封闭发展的追求和对于外来思想的排斥，造成部分民族聚居区成为特殊经济地域。

（二）导致特殊经济地域形成的主观因素

一方面，不合理的开发行为导致了特殊经济地域的形成。随着人口规模和生产规模的不断扩大，地域开发成为区域经济发展的必然要求。但是，部分不合理的开发行为对部分地区的生态环境造成了难以挽回的伤害，使之成为区域经济发展中的特殊经济地域。内蒙古的阿拉善地区曾经是水草丰美、牛羊成群的草原，在以粮为纲的要求下于 20 世纪六七十年代进行了大规模的垦荒运动，结果造成严重的土地沙化，剩余的草原也由于过度放牧而严重退化，使之成为典型的生态脆弱区。淮河流域曾经是我国水资源最为丰富的地区之一，在改革开放的大潮中于 20 世纪八九十年代诞生了大量以小造纸、小化工和小皮革为主业的乡镇企业，结果造成严重的水体污染，使其也成为典型的生态脆弱区。

另一方面，不合理的制度安排导致了特殊经济地域的形成。新中国成立后，我国在很长的时间内实行的是"先城市后农村、先工业后农业、先市民后农民"的二元结构资源配置政策，造成了农民的贫穷、农业的落后和农村发展的停滞不前。改革开放后，我国又实行了东部地区优先发展的区域经济非均衡发展战略，在东部地区实现经济腾飞的同时造成了西部地区发展的严重滞后。作为这两项制度安排的双重受害者，西部地区的三农集聚区成为典型的特殊经济地域。另外，到目前为止我国仍然没有建立较为完善的生态补偿机制，生态改善的外部经济效应得不到应有的补偿，造成部分地区开展生态保护和生态建设的热情不高，生态产业发展严重滞后，部分生态脆弱区有扩大的迹象。

三、特殊经济地域在西部区域经济协调发展中的地位

（一）特殊经济地域是实现西部区域经济协调发展的难点

作为我国生态意义最为重要、少数民族分布最为集中、三农难题最为突出的地区，西部地区的特殊经济地域无论在规模上还是在类别上无疑都居全国四大经济区域之首。在西部区域经济实现协调发展的过程中，特殊经济地域已经成为最大的难点。一方面，在生态补偿机制尚未建立的情况下，西部生态脆弱区的生态保护、生态建设和生态产业发展缺乏足够的投入。中央政府的财政投入乃杯水车薪，西部地方政府的财政能力捉襟见肘，企业由于缺乏经济回报的制度保障也不愿意进行投入。在生态环境得不到明显改善的情况下，西部生态脆弱区的经济发展将仍然处于困境之中。另一方面，由于建设全面小康社会任务的艰巨，西部三农集聚区的发展还需要较长的时间。西部三农集聚区不仅是西部区域经济协调发展的难点，而且也是我国建设全面小康社会的重点和难点，需要在国家的层面从经济、生态、制度、社会、文化等方面进行综合治理。在这一注定漫长的过程中，三农集聚区的综合治理又要与其他地区的发展相联系，无疑加大了西部区域经济协调发展的难度。

（二）特殊经济地域是实现西部区域经济协调发展的制约

作为西部区域经济协调发展的难点，特殊经济地域在一定程度上也制约着西部区域经济协调发展的实现。一方面，特殊经济地域的发展有可能影响到增长极和经济带的发展。由于经济自生能力严重不足，特殊经济地域的发展对政府有非常强的依赖性。生态脆弱区的生态治理、民族聚集区的人力资源开发和基础设施建设、三农集聚区的农业产业化与扶贫都需要政府的财政支持与政策扶持。对于政府而言，一旦不能实现有限的财政和政策资源在特殊经济地域与增长极和经济带之间的合理配置，既可能威胁到增长极与经济带的进一步发展，又可能使特殊经济地域的情况更为恶化，必然会制约西部区域经济协调发展的实现。另一方面，主体功能区的提出有可能增加特殊经济地域的发展难度。按照主体功能区的相关理论和基本原则，以生态脆弱区为代表的西部特殊经济地域很有可能被列为限制开发地区甚至禁止开发地区。一旦特殊经济地域被大规模列为限制开发和禁止开发地区，在相关政策制度特别是补偿机制不够完善的情况下，西部区域增长极与经济带就失去了重要的潜在依托，西部区域经济的协调发展将受到严重制约。

第二节　西部特殊经济地域典型分析

一、生态脆弱区典型分析

鄂尔多斯市位于内蒙古自治区西南部，地处鄂尔多斯高原腹地。东、南、西与晋、陕、宁接壤，北及东北与草原钢城包头以及自治区首府呼和浩特隔河相望。东、北、西三面被黄河环绕，南与黄土高原相连，地形复杂，地貌类型多样。在 8.7 万平方公里的面积中，毛乌素沙地占 28.8%，库布齐沙漠占 19.2%，波状高原占 28.8%，丘陵山区占 18.9%，平原占 4.3%。2014 年，全市地区生产总值 4 162.2 亿元，扣除价格因素，比去年增长 8.0%。①

（一）鄂尔多斯生态环境的恶化

作为人类文明的发源地之一，历史上的鄂尔多斯曾经是温暖湿润、植被茂密的富庶之地，孕育了灿烂的蒙古文化。从汉朝开始，在"移民实边"政策的要求下，历代封建王朝都大规模地向鄂尔多斯地区迁徙人口。随着人口的逐渐增加和人类经济活动范围的逐渐扩大，日益严重的伐林垦殖行为使鄂尔多斯的原始森林和草原面积日益减少，毛乌素沙地和库布其沙漠日益形成。新中国成立后，在"大跃进"运动特别是"以粮为纲""左"倾思想的影响下，鄂尔多斯在 20 世纪 60～70 年代开展了三次大规模的垦荒造田运动，原始森林和草原被进一步毁坏。这些违背自然规律的不合理开发行为，使鄂尔多斯的生态系统遭到了严重的破坏，成为典型的生态脆弱区。

作为我国荒漠化最为严重的地方之一，鄂尔多斯的沙漠和沙地面积已经占到总面积的 48%，丘陵山区与干旱硬梁区遍布的波状高原也占到了总面积的 47.7%。极高的荒漠化水平导致鄂尔多斯出现了干旱少雨的小气候，年平均降水量仅为 150～300 毫米，而年平均蒸发量高达 2 200～3 000 毫米，1998～2000 年的连续大旱使 80% 的草原出现了沙化和退化现象。恶劣的生态环境不仅严重困扰着当地的农牧业生产和区域经济发展，而且严重威胁着黄河中下游地区的生态安全。由于地势南高北低，一旦出现集中性降雨，山洪就沿着孔兑穿越库布齐沙漠，导致每年约有 1.6 亿吨泥沙倾泻进黄河，多次造成包头钢铁断水停产，并对下游地区的水利设施产生严重的损害。由于沙区面积高达 6 300 万亩，一旦出现强风天气，大量沙尘被席卷而起，使鄂尔多斯成为侵袭京津地区的沙尘暴的重要策源地。

（二）鄂尔多斯生态经济的发展

面对严峻的生态形势，鄂尔多斯市的政府和群众一直没有放松对生态治理的要求，坚持把以防沙治沙为主的生态建设作为区域经济发展的重要内容。但是，以生态效益和社会效益为主的传统生态建设在市场经济体系中很难发挥有

---

① 《鄂尔多斯统计年鉴 2013》，中国统计出版社 2013 年版。.

效作用。由于缺乏有效的利益激励，没有形成牢固的利益共同体，生态建设的管护脱节问题突出，大量生态建设项目出现"一年绿，二年黄，三年四年见阎王"的现象，投入巨大而产出甚微，农牧民生活依然贫困。为了把生态与生计问题兼顾，把绿起来与富起来统一，鄂尔多斯市立足本地生态环境特征，在钱学森沙产业理论指导下，以沙产业为主导发展生态经济，取得了显著的成绩，探索出了生态脆弱区生态经济发展的新模式。

沙柳是鄂尔多斯地区防沙治沙的主要植物，其地下根系发达，地表枝条茂盛，在防风固沙方面具有显著的生态效益。作为生长的必要条件，沙柳每3年必须进行一次平茬复壮，否则将干枯死亡。在很长的时间内，平茬产生的数量巨大的沙柳枝条只是被农牧民作为薪柴及简单的生活用料，对农牧民增收的作用极其有限。由于经济效益甚微，农牧民种植沙柳的热情逐渐减弱，大面积的沙柳自然枯死，刚刚有所好转的防沙治沙形势又陷入再次恶化的境地。在生态经济思想的指引下，以东达蒙古王集团为代表的一批龙头企业对沙柳进行了产业化开发，以沙柳综合开发利用为主体的沙产业在鄂尔多斯市获得了蓬勃发展。沙柳的柳叶与嫩枝富含蛋白质、脂肪、粗纤维和无氮浸出物，是优质的饲料加工原料，推动了畜牧养殖业的发展；沙柳柳枝的粗纤维和木素含量接近杨木与桉木，是优质的木质纤维原料，推动了造纸业和制板业的发展；沙柳的发热量与普通电煤相当，是优质的生物发电原料，推动了生物质能发电业的发展。

在沙柳产业的示范带动下，鄂尔多斯市的沙棘产业、中药材产业等也迅速成长，生态经济的规模不断扩大，产业链不断延伸，经济效益与生态效益都得到了显著提高。截至2012年年底，鄂尔多斯森林资源总面积达到了3 266万亩，森林覆盖率和植被覆盖度分别达到了25.06%和75%，毛乌素沙地治理率达70%，库布其沙漠治理率达到25%。全国第四次荒漠化和沙化土地监测结果显示，鄂尔多斯荒漠化土地面积较2004年减少了262万亩，年均减少52.4万亩，沙化土地面积减少16.92万亩，年均减少3.38万亩。粮食产量由2000年的6.67亿公斤增加到2012年的14.5亿公斤；牲畜头数由615万头增加到1 208.4万头。[①] 建成毛乌素生物质电厂、高原杏仁露、天骄资源、水域山等规模以上林沙产业企业20多家，其中销售收入100万元以上的13家，销售收入500万元以上的林沙企业11家。人造板年生产规模15万立方米，饲料

---

① 《鄂尔多斯统计年鉴2013》，中国统计出版社2013年版。

年生产规模 2 万吨，酱油、醋、杏仁露、沙棘饮料年生产规模 15 万吨，沙棘黄酮软胶囊年生产规模 3 000 万粒，生物质发电年 4.8 亿度；2012 年，全市林沙产业总产值达到了 42.7 亿元，带动农牧户 12 万户，农牧民来自林沙产业的人均纯收入 2 443 元，占当年农牧民人均纯收入的 22%。[①]

（三）鄂尔多斯生态经济成功发展的启示

生态建设与产业开发之间的关系始终是贯穿生态经济发展的一条主线，能否处理好二者之间的关系决定着生态经济是否能够顺畅发展，决定着是否可以实现生态改善与区域经济发展的共赢。在市场经济体系的框架内，为了保证生态建设的持续性与效果，必须要通过产业开发实现利益诱导。在产业主导发展模式下，在进行生态建设的规划与设计时，就要考虑到产业开发的前景。对于鄂尔多斯而言，沙柳种植并不是防沙治沙的唯一选择，其他植物品种与防治技术同样可以产生良好的生态效益。但与其他防沙治沙植物与防治技术相比，沙柳的产业开发前景更为广阔，经济效益更为显著，这才是其成为鄂尔多斯地区主要防沙治沙主要植物的关键原因。因此，产业开发应该成为生态建设的主导方向。对于生态脆弱区而言，在生态建设过程中，应该选取那些产业开发前景更为广阔、经济效益更为显著的种植品种和建设项目，将生态建设与产业开发紧密结合起来，有效促进生态经济的发展。

作为我国发展最为落后的区域，西部地区不仅经济发展水平落后，其制度建设也是非常落后的，生态脆弱区生态经济发展所需要的制度保障往往很难被满足。鄂尔多斯市从制度创新出发，为了调动社会各界参与生态建设的积极性，实施了"谁造谁有，长期不变，允许继承流转"的治沙政策，明确了企业与个人参与生态建设的财产权与收益权，形成了全社会参与、多元化投资的新格局。这不仅缓解了政府在生态建设方面的财政压力，拓宽了生态建设的投资渠道，而且培育了一大批防沙治沙典型企业和先进个人，有效带动了生态经济的发展，实现了沙漠增绿、沙柳增值、农牧民增收、企业增效和政府增税的"五增"目标。

鄂尔多斯市生态经济发展的成功实践还表明，生态经济的发展必须要依靠龙头企业的成长。随着社会主义市场经济体制的不断完善，政府在经济运行中

---

① 浩轩：鄂尔多斯蝶变：从风沙源头到绿色屏障．经济参考报，2013 年 11 月 7 日。

的地位将逐渐弱化，企业才是产业经济发展的主力军，在生态经济中也不例外。由于处于发展初期，生态经济领域的企业数量并不多。龙头企业不仅要承担较高的发展成本、肩负起实现生态建设的经济效益的责任，而且要作为成功范例吸引和带动其他企业进入生态经济领域，联手将生态经济不断做大做强。正是在东达蒙古王、亿利等龙头企业的带动下，鄂尔多斯的沙产业才成功走出"褴褛"，成为生态脆弱区生态经济发展的典范。由于受计划经济的影响较深，"有事找政府"的观点在西部地区还广泛存在。西部农村生态经济的发展，必须要打破这种传统观念的束缚，把龙头企业作为生态经济发展的骨干力量和主导力量。通过全力扶持龙头企业的发展，实现生态经济恢复生态、发展生产、改善民生的"三生"效果。

二、民族聚居区典型分析

怒江傈僳族自治州简称"怒江州"，位于云南省西北部，北接西藏自治区，东北临迪庆藏族自治州，东靠丽江市，西南连大理白族自治州，南接保山市，总面积 14 703 平方千米，人口约 54 万人。作为多民族聚居地区，怒江州居住着包括傈僳族、怒族、独龙族和普米族 4 个独有少数民族在内的 22 个民族的居民，少数民族人口约 50 万人，占全州总人口的 93%，其中傈僳族占51.6%，是中国民族族别成分最多和中国人口较少民族最多的自治州。①

（一）怒江州经济发展的优势与劣势

怒江州不仅是民族聚居区，同时也是资源富集地区，在经济发展上具有得天独厚的资源优势。其一，生物资源丰富。林立的高山峡谷形成的立体式气候孕育了多样性的动植物资源，很多动植物资源品种为怒江州独有或存量居全国之首。其二，矿场资源丰富。已探明锌、铅、锡、金、钨等 28 种矿产、294个矿床（点），仅兰坪金顶凤凰山 3.2 平方公里的范围内就蕴藏着铅锌矿 1 432万吨金属，占云南省铅锌矿总储量的 68.5%，是中国目前已探明的最大的铅锌矿床，也是世界特大铅锌矿床之一。其三，水能资源丰富。遍布的高山湖泊

---

① 《怒江傈僳族自治州年鉴2012》，云南民族出版社2012年出版。

和雪山使怒江州拥有极为丰富的水能资源，可开发装机容量达 4200 万千瓦，理论蕴藏量占云南省总量的 47%，是全国六大水电基地之一。其四，旅游资源丰富。怒江州位于怒江、澜沧江和金沙江"三江并流"世界自然遗产的核心腹地，拥有"三江并流"国家级风景名胜区和"中国大香格里拉生态旅游区"两顶殊荣，险、峻、奇、秀的自然景观与多民族交融的人文景观具有极大的开发价值。

作为云南省乃至西部地区和全国发展最为落后的地方之一，怒江州在资源优势之外还存在着一些难以克服的发展劣势。其一，自然条件恶劣。全州大部分地区都处于怒江大峡谷之内，山高、坡陡、谷深、缺地，农牧业发展的空间极其有限，条件极其恶劣。其二，生态系统脆弱。日益增多的人口在还不到全州面积一半的非自然保护区内集中生活和生产，严重超过了生态系统的承载量，造成山体滑坡、泥石流等地质灾害频繁发生；其三，劳动者文化素质低下。虽然 2013 年全州实现了基本扫除青壮年文盲和基本普及九年义务教育，但是由于怒江州 62% 的少数民族人口是从原始社会到社会主义社会的"直过民族"，社会各类人才仅占人口总数的 3.5%，人均受教育年限仅为 7.2 年，自身文化素质非常有限且对外交流极少。相比汉族地区或者其他更为发达的少数民族地区的教育设施，傈僳族教育环境与条件依旧艰苦。①

（二）怒江州经济发展存在的主要问题

第一，基础设施升级困难。从新中国成立前没有一寸公路，到现在建成了通州达县至村的公路交通网络。至今，公路通车总里程达 5 019 公里，实现了县乡公路油路化，建制村通路率达 99%，硬化率达 54%。完成了全州索改桥工程，建成各类桥梁 129 座。② 2014 年独龙江公路高黎贡山隧道贯通，结束了独龙族每年大雪封山半年的历史。但是受山高谷深的地形地貌条件与偏僻的地理位置的限制，加上基础设施长期投入不足，重点项目建设投资大、建设周期长，地方政府财力有限，怒江州的基础设施建设特别是交通建设依然非常薄弱。怒江全州境内没有机场、铁路、航运、国道，道路等级低，通达能力差。

---

① 穆迪、李智环. 怒江傈僳族基础教育现状分析—以泸水县大兴地乡中心完小为例. 攀枝花学院学报，2013.04，30（2）：88 - 91.

② 中共怒江州委，怒江州人民政府. 谱写民族团结华章 铸就跨越发展辉煌——怒江傈僳族自治州成立 60 周年成就. 今日民族，2014 年第 11 期。

从发展的角度来看，怒江傈僳族自治州的基础设施条件在不断的完善；但从现实的角度来看，目前的基础设施条件又是远远不足的，还需要有系统化的规划和完善。

第二，制度建设落后。怒江州不仅拥有 450 公里的国境线，还拥有占自身面积约 60% 的国家自然保护区，在地域开发和经济发展方面受到诸多限制，"有树不能砍、有山不能动、有水不能用"，导致"富饶的贫穷"，而中央政府和云南省政府并没有出台相关的政策制度给予其适当的补偿，致使怒江州要承受非贫困地区可以承受的义务。同时，在国家和云南省的区域经济发展战略中，怒江州一直处于比较边缘的位置。在"稳定第一、发展第二"的思想方针指导下，怒江州的中央和省级财政投入缺乏制度保证，造成了严重的历史欠账。据统计，从 1954 年建州至 1995 年，国家对怒江州的投入累计仅为 9.7 亿元，还不到云南省总投入的 1%，造成了基础设施和公共服务建设的严重滞后。

第三，贫困根深蒂固。2012 年，怒江州生产总值完成 74.94 亿元，仅占全省的 0.7%，在 16 个州市中处于末位。人均 GDP 和农民人均纯收入仅为云南省平均水平的 1/2、全国的 1/3。按照 2 300 元的贫困标准，全州还有贫困人口 31.29 万人（785 元以下深度贫困人口 5.89 万人），贫困发生率达 70%，高出全省 20 个百分点、全国 30 个百分点，且返贫率高。傈僳族是云南省 4 个特困民族之一，96% 以上的独龙族、90% 以上的怒族、89% 以上的普米族群众还处于贫困状态。其贫困面、贫困程度和返贫率在全国同级别州市中是最高的，而且呈现出绝对贫困与相对贫困并存、长期贫困与暂时贫困并存、物质贫困与精神贫困并存、收入贫困与能力贫困并存的特点。[①]

第四，产业结构调整落后。2013 年全州国内生产总值是 1953 年的 822 倍，是 1978 年的 120 倍。第一产业增加值是 1953 年的 192 倍；第二产业增加值是 1953 年的 6 333 倍；第三产业增加值是 1953 年的 8 283 倍。三次产业结构由 1953 年的 88∶6∶6 提升为 2013 年的 16∶34∶50，[②] 第一产业比重明显下降，第二产业比重有较大提升，第三产业发展迅猛，经济结构更趋优化。但是怒江州的产业结构持续优化仍然面临着巨大的困难，在改革开放初期，由于恶劣的

①　李川南：《怒江州农村贫困原因透析及破解》，中共云南省委党校学报，2008 年第 2 期。

②　中共怒江州委，怒江州人民政府．谱写民族团结华章 铸就跨越发展辉煌——怒江傈僳族自治州成立 60 周年成就．今日民族，2014 年第 11 期。

交通条件和资源条件的不匹配，即能源的缺乏对于工业发展的制约，在云南全省大力发展工业的时代，怒江州错过了机会，以至于第一产业比重远远高于第二产业和第三产业的比重，可是随后的 30 年里，怒江州的工业化发展仍然没有跟上云南全省的步伐，唯独第三产业迅猛发展，使得产业结构的演变轨迹未遵循一般规律。从产业内部变化看，怒江州的轻工业水平始终处于未发展阶段，而重工业比重因为受兰坪县矿产开发的影响较不稳定，其中泸水县、福贡县除了种植业和其他产业的大幅度变动，林业、畜牧业、渔业、工业、建筑业发展均较为缓慢，可以说产业发展较为单一。[①] 同时，怒江州由于工业发展滞后，支柱产业尚未形成，县域经济发展严重不足，财政收支矛盾突出。矿产、水能等优势资源的大规模开发刚刚起步，支柱产业培育尚需时日，财政自给率低，多年来未做过建设预算，难以提供维持项目建设和正常运转所需的配套资金和工作经费，陷入"前期工作滞后——投资不足——发展缓慢"的不良循环。[②]

（三）怒江州经济发展的目标和对策

怒江州区域经济的发展，是经济、社会、地域、民族等客观条件和主观因素相互作用的动态过程；怒江州发展道路的选择，是国家发展、民族发展和地方发展的有机统一。从自然禀赋和比较优势来看，怒江州只有紧紧围绕努力构建两个国家级基地、打造一个世界级品牌的战略目标，才能实现跨越式发展，这也是怒江州构建社会主义和谐社会、建设全面小康社会的必然选择。

构建两个国家级基地，是指构建怒江国家级水电基地和兰坪国家级有色金属基地。以怒江水电开发和兰坪铅锌矿开发为基础，加快高新技术产业和特色产业的有机结合，以信息化带动工业化，走具有怒江特色的新型工业化道路。打造一个世界级品牌，是指打造三江并流和东方大峡谷的世界旅游品牌。通过对怒江州旅游业的发展思路、产业布局、产品开发、营销宣传等问题进行深入研究，加快旅游支柱产业建设的步伐。依托水电基地、有色金属基地和对外口岸建设，实现旅游基础设施的配套跟进，按照"借鉴与创新结合、传统与现

---

① 李嘉佳、熊理然. 怒江州产业结构演替及生态环境效益研究. 中国经贸导刊, 2012 年第 12 期。
② 赵晓彪, 李玉树, 毛宝荣. 怒江州工业经济发展情况及今后发展措施的思考. 民族时报, 2012 - 10 - 24.

代融合、自然与人文和谐、经济与文化协调"的要求，高起点、上档次、重特色，建设一批旅游景点和景区；突出怒江旅游的特色，开发民族风情游、自然体验游、科学考察游、休闲度假游等特色旅游产品，全力加强旅游宣传和旅游合作，通过区域旅游产品的优化组合及与世界旅游市场的对接，与周边旅游目的地形成资源互补、市场互动、信息互通、品牌互享、共同发展的旅游合作机制。[①]

为了战略目标的顺畅实现，怒江州要从多个方面做出战略对策，其中两个方面要予以特别的注意：一方面，基础设施的建设必须要加强。以交通为代表的基础设施建设在怒江州区域经济发展中具有非常重要的作用，不仅可以为以两个国家级基地为代表的新型工业化道路提供公共服务保障，也可以通过乘数效应的发挥带动整个区域经济的发展并加强内部各地区之间和内部与外界的经济联系，更可以在提高少数民族生活水平的同时促进民族团结和社会安定。另一方面，人力资源的开发必须要加强。无论是国家级水电基地和有色金属基地的建设和发展，还是世界级旅游品牌的培育和运营，都需要有大量的专业人才参与到其中，并需要全社会科技文化水平的提高和文化氛围的改善作为区域经济发展的文化环境。为了提高怒江州的人民文化素质和劳动者素质，要在尊重少数民族文化传统、保护少数民族文化传承的同时加强少数民族的现代科技知识和市场经济知识教育。在全面普及九年义务教育的同时，将职业教育和劳动者培训结合起来，为区域经济发展提供越来越多的高水平劳动者，并带动怒江州科技文化水平的整体提高和文化氛围的整体改善，为区域经济发展创造良好的人力资源和社会文化条件。

三、"三农"集聚区典型分析

西海固位于宁夏回族自治区南部山区，包括固原市的原州区、西吉县、隆德县、泾源县、彭阳县，吴忠市的盐池县、同心县、红寺堡开发区和中卫市的海原县。由于并不是特定的行政区域而是在经济社会发展过程中形成的自然区域，因此具有天然的经济区域性质。作为西部三农集聚区的典型，2012 年，西海固实现国内生产总值 279.13 亿元，其中以农业为主的第一产业为 65.15

---

① 李强、王小霞、邓道勇：怒江发展需要突破性政策支持. 中国经济时报，2013 – 07 – 31（07）.

亿元，占地区生产总值的 23.34%，第二产业为 89.04 亿元，占地区生产总值的 31.9%，第三产业为 124.93 亿元，占地区生产总值的 44.76%。到 2012 年年底，西海固共有总人口 231.71 万，其中回族人口 127.79 万，占地区总人口的 55.15%，汉族人口 103.64 万，占地区总人口的 44.73%，其他少数民族人口 0.29 万，占地区总人口的 0.12%。①

（一）西海固的基本特征

第一，地质地貌复杂，自然条件恶劣。西海固大部分属温带大陆型季风气候，具有春迟、夏短、秋早、冬长的气候特征。气温由南向北递增，温差较大。年平均降水量在 240~650 毫米，且时空分布不均，有"春寒、夏迟、秋雨多，大雨下在七八月"之说。由于地质地貌复杂且处于黄土高原与风沙干旱区的过渡地带，西海度的自然条件非常恶劣。土壤贫瘠、水资源匮乏、土地沙化、草原退化和水土流失非常严重，干旱、霜冻、冰雹、沙尘暴等地质灾害和极端气候频繁发生，可谓"十年一大旱，五年一中旱，三年两头旱"。据历史记载，西海固在新中国成立前的 685 年间共发生较大规模的自然灾害 200 次，平均 10 年 3 遇。其中，旱灾 135 次，占 67.5%；冰雹和霜冻 58 次，占 29%；连旱时间最久的长达 5 年。新中国成立后，在政府和群众的综合治理下，自然灾害发生的频率虽有所下降，但是仍然保持 4 年一次的频率，尤以旱灾最为严重。②

第二，发展水平落后，产业结构不合理。作为全国最落后的地方之一，西海固的经济发展非常落后。2012 年，地区人均国内生产总值为 12 046.43 元，是宁夏人均水平的 33.1%，是全国平均水平的 31.35%；红寺堡区和海原县人均国内生产总值仅为 6 430.43 元和 7 335.38 元，分别是宁夏平均水平的 17.67% 和 20.16%，分别是全国平均水平的 16.74% 和 19.09%。作为经济发展落后的主要原因和重要表现，西海固的产业结构还处于较低的发展阶段。2012 年，西海固地区除了盐池县和原州区以外所有地区的第一产业比重都在 20% 以上，其中，红寺堡区、彭阳县和海原县分别为 33.25%、32.38% 和 30.86；第二产业比重除了盐池县和红寺堡区以外所有地区均低于 40%，其中，海原县和西吉县只有 19.85% 和 22.04%；近年来，西海固地区的第三产

---

①② 基础数据来自《宁夏统计年鉴 2013》，中国统计出版社 2013 年版。

业比重均有大幅度提高，但是除了原州区，其余地区的三产比重均低于 50%。[①]

第三，人口增长过快，贫困问题突出。在落后的生产方式、保守的思想观念和不完善的社会保障制度等因素的综合影响下，计划生育政策在西海固并没有得到很好的执行。由于生育和抚养成本较低，为了增加农业劳动力和"养儿防老"，多生多育在西海固具有很强的普遍性，人口增长处于高出生率和高自然增长率的两高阶段。随着人口规模的不断扩大，生态压力逐渐加大，生活和生产空间日益紧张，教育、卫生等公共事业供给难以满足人民群众的需要，西海固陷入"越生越穷，越穷越生"的恶性循环之中，贫困问题日益突出。2004 年，西海固的贫困发生率为 14.06%，而三胎以上家庭的贫困发生率则高达 19.13%，在全国贫困地区中位居前列。[②]

（二）西海固三农困境的形成原因

首先，西海固三农困境的形成是 PPE 怪圈即"贫困—人口过度增长—环境退化—贫困"恶性循环作用的结果。西海固生态环境的恶化并不是一种孤立的现象，既与西部整体恶劣的生态环境相联系，又与西海固贫困落后的区域经济发展状况相联系。严重的贫困使农民只能顾及眼前的生存需要，很难从长远考虑去顾及长远利益。由于贫困，农民无力解决农村的生态环境问题，也难以有效制止自己对生态环境的破坏行为。同样，由于自然条件恶劣，农民缺乏解决贫困问题的有效途径，造成生活更加贫困。因此，正是由于生态环境问题与农民、农业和农村发展之间相互影响和相互制约关系的存在，使得西海固生态环境的改善必须以贫困问题的解决为前提，而农民、农业和农村发展条件的改善则需要以生态环境的改善为前提。同样，贫困造成的环境退化，使人口素质很难提高，而低素质的人口要摆脱贫困和改善生态环境就愈加困难。显而易见，贫困和生态环境退化状况下的人口过度增长必然会引发进一步的贫困和生态环境退化。

其次，西海固三农困境的形成也是 RAP 怪圈即"农村社会发育程度低—传统农业所占份额大、农业经济结构单一—农民文化素质低"恶性循环作用的结果。西海固社会发展的低程度突出表现在人口素质较低、人口居住分散且

---

① 王帆：《宁夏西海固地区反贫困战略研究》，宁夏党校学报，2008 年第 3 期。
② 杨国涛：《村级贫困类型划分及其特征分析》，经济问题探索，2007 年第 7 期。

社会分工发育不良、市场化水平与城镇化程度低、基础设施落后、社会保障体系不完善等方面，而信息的闭塞和文化知识的缺乏则是其形成的主要原因。较低的农村社会发育程度既使农业发展缺乏良好的社会经济环境条件，也使农民素质的提高缺乏良好的社会条件。在西海固的产业结构中，以种植业为主的传统农业还占有较高比重，特色农业发展缓慢，致使以农产品加工业为中心的乡镇企业发展困难，农业产业化进程难以展开。这严重地影响着西海固农民收入的增加和农村社会经济的发展。由于人力资本投资长期不足，西海固的农民文化素质比较低，科技知识匮乏，农村剩余劳动力中的绝大多数没有进城谋生的劳动技能。又因为农村九年制义务教育没有完全普及，造成贫困辍学的儿童数一直居高不下，这势必会影响到以后几代农民素质的提高。这种规模大、质量低、结构不合理的人力资源状况不但影响着西海固农民家庭的实际收入，而且还会对西海固的农村社会进步和农业经济发展产生现实的不利影响，更不利于西海固的长远发展。

最后，西海固三农困境的形成更是 PPE 怪圈和 RAP 怪圈耦合作用的结果。一方面，交通和信息闭塞造成的西海固农村经济和农业生产的落后，直接影响到教育、文化等社会事业的发展，使农村人口的文化素质很难得以提高。特别是分布在六盘山区的一些农民，由于生存条件十分恶劣，教育、文化事业非常落后，造成其文化水平远远低于全国平均水平；另一方面，贫困和环境退化造引发的人口过度增长，使农村产生了大量"剩余人口"，构成了低素质的农民队伍。而低素质的农民队伍不仅制约了农村社会经济发展和农业经济发展，又会进一步产生大量的农村"剩余人口"，从而加剧了贫困和环境退化。这样，西海固过度人口增长状况下的低素质农民队伍就构成了 PPE 怪圈和 RAP 怪圈的耦合节点。事实上，人口过度增长形成的低素质农民队伍已成为制约西海固农村和农业经济发展的关键因素，也是造成贫困和环境退化的基本因素。从这一意义上或从长效机制上看，控制人口过度增长、提高农民文化素质就成为了解决西海固三农困境的关键环节。[①]

（三） 加快西海固扶贫开发的战略重点

一方面，加强防灾减灾，发展生态经济。在防灾减灾上，要全面开展自然

---

① 聂华林、拜琦瑞：《西部"三农"问题的特殊性及解决思路》，改革，2005 年第 6 期。

灾害发生发展规律及其与可持续发展关系的研究，并把防灾减灾纳入可持续发展战略及国民经济总体规划之中；要加强舆论宣传的引导力度，转变社会观念，加大对防灾减灾的资金和技术投入力度，并制定综合减灾体系和对策，推动减灾活动的全面开展。① 在生态经济上，要全面推进区域生态系统与区域经济系统的耦合，以生态改善和经济发展的共赢实现生态效益、经济效益和社会效益的共存；要以骨干企业为龙头，以重点产业为主导，以规模化、科技化和专业化为支撑，为西海固经济的发展创造具有更强市场经济色彩的内部动力。

另一方面，控制人口增长，提高人口素质。要建立以经济手段为主、行政手段为辅的计划生育利益导向机制，将人口控制从事后惩罚转移到事前引导，严格控制住人口快速增长的势头；要通过社会保障体系的完善和生产方式的转变，从源头上促进生育思想的变革，加强优生优育的舆论宣传；要适当地开展生态移民，缓解区域生态系统的承载压力。在控制人口增长的同时，要大力开展人力资源开发，提高人口素质。要加大教育投入力度，多方筹措资金改善办学条件；要继续实施贫困地区的义教工程、危房改造工程、远程教育扶贫工程和职业教育扶贫工程，建设一批窗口学校和示范学校；要开展"两基"攻坚，加快普及九年义务教育，大力发展民办教育特别是职业教育，进一步提高教育水平；要努力提升中小学教师学历层次和业务素质，提高教学质量和水平。通过人口增长的控制和人力资源的开发，为西海固的经济发展提供有力的人力资源和社会文化依托。

第三节　西部特殊经济地域发展思路

一、以主体功能区规划为契机，全面推进生态补偿机制建设

（一）主体功能区的内涵与影响

我国"十一五"规划纲要提出，根据资源环境承载能力、现有开发密度

---

① 李陇堂：《防灾减灾：西海固地区可持续发展的基础》，中国人口、资源与环境，2000 年第 3 期。

和发展潜力，统筹考虑未来我国人口分布、经济布局、国土利用和城镇化格局，将国土空间分为优化开发、重点开发、限制开发、禁止开发四类主体功能区，并按照主体功能定位调整完善区域政策和绩效评价，规范空间开发秩序，形成合理的空间开发结构。

关于主体功能区的内涵，目前社会各界还没有达成统一且广泛的共识。本书认为，主体功能区是一种兼具地理性质、经济性质和制度性质的地域空间复合体。作为地理性质的地域空间，主体功能区的地域范围、自然禀赋和生态环境等地理组成要素在一定时期可以被认定为是客观的、稳定的、不可改变的；作为经济性质的地域空间，主体功能区的发展条件、经济水平和区域经济职能等经济组成要素是主观的、动态的、易变的；作为制度性质的地域空间，主体功能区的发展战略、政策定位和法律保障等制度组成要素可能是刚性的，也可能是柔性的。三种性质之间互相促进、互相制约，形成了主体功能区的丰富内涵。

作为优化国土空间开发格局的重大举措，主体功能区的划分和定位对我国区域经济的协调发展有着深远的积极影响。[①] 其一，促进人与自然和谐发展。我国虽然幅员辽阔，但并不是每一块国土都适合开发，都适合进行大规模工业化和城市化的生产建设活动。受生态环境或区位条件的限制，部分国土不适宜也不应该进行盲目的开发。从这个角度看，主体功能区的划分和定位就是对我国国土开发进行的适宜性评价，明确适宜开发区域的空间范围。作为新时期贯彻科学发展观的一种区域发展新思路，有利于促进人与自然的和谐发展，全面协调经济、社会、人口、资源和环境之间的关系，引导经济布局、人口分布与资源环境承载力相适应。其二，有利于实行空间管制。在很长的一段时间内，在错误的经济发展观和政绩观的引导下，众多地区在片面追求国内生产总值增长的过程中，脱离自身实际过分强调工业化和城市化水平的提升，导致开发区和工业园遍地开花，工业项目散乱布局，城市规模无限制扩张。这种无序的空间开发并不符合强调以人为本的科学发展观的要求。因此，主体功能区的划分和定位有利于实行并强化空间管治，规范和优化空间开发秩序，逐步形成合理的空间开发结构。其三，优化资源空间配置。主体功能区建设的核心，是根据不同的发展条件和优势，赋予不同地区不同的主体功能定位。"十一五"规划纲要明确指出，优化开发区要继续成为"带动全国经济社会发展的龙头和我

---

① 魏后凯：《对推进形成主体功能区的冷思考》，中国发展观察，2007 年第 3 期。

国参与经济全球化的主体区域"，重点开发区要成为"支撑全国经济发展和人口集聚的重要载体"，限制开发区是"全国或区域性的重要生态功能区"，而禁止开发区则承担自然保护功能，实行强制性保护。因此，主体功能区的划分和定位有利于优化资源空间配置，提高资源空间配置效率，推动形成各具特色的区域结构和分工格局。其四，便于分类管理和调控。我国不同地区的情况千差万别，在区域经济发展中所承担的主体功能也应该有所区分。但是，以往的宏观调控和区域管理并没有对这种差异性进行很好的体现，没有真正做到"区别对待、分类指导"。曾经广泛出现的无序开发现象，就与当时一些不合理的体制、政绩考核和相关政策密切相关。因此，从科学发展和适宜性评价的角度，主体功能区的划分和定位有利于贯彻"区别对待、分类指导"的思想，对不同类型的区域实行分类管理和调控，避免过去宏观调控中长期存在的"一刀切"现象。

（二）西部特殊经济地域的主体功能区归类

"十一五"规划纲要明确指出，限制开发区域是指资源环境承载能力较弱、大规模集聚经济和人口条件不够好并关系到全国或较大区域范围生态安全的区域；禁止开发区域是指依法设立的各类自然保护区域。按照这一原则，绝大部分的西部特殊经济地域都将被列为限制开发区域和禁止开发区域。如表 6-1 所示，在"十一五"规划纲要初步确定的 22 个限制开发区域中，有 18 个与西部地区有关，其中 15 个完全在西部地区范围内。而作为禁止开发区域的国家级自然保护区、世界文化遗产、国家重点风景名胜区、国家森林公园和国家地质公园的相当一部分也在西部地区的范围内。

主体功能区的划分和定位对于国家整体而言无疑具有显著的积极意义，但是对于西部地区尤其是特殊经济地域而言则意味着严峻的挑战。由于区域开发受到严格限制甚至被禁止，西部特殊经济地域的发展将更加困难。在绝对落后的经济基础之上，以生态经济发展为重点的产业升级不可能在短时间之内完成；而以成渝、关中、北部湾和天山北麓等地区为代表的西部极少数重点开发区域还不具备接纳特殊经济地域大规模人口转移特别是劳动力转移的能力。对于西部特殊经济地域来说，在新的政策框架下，区域经济发展的门槛进一步提高，发展难度进一步加大。加快生态补偿机制建设，促进西部特殊经济地域发展成为西部乃至全国区域经济协调发展的必然要求和当务之急。

表 6－1　　　　　　　"十一五"规划纲要初步确定的限制开发区域

区域名称	归属地
大小兴安岭森林生态功能区	东北地区/西部地区
长白山森林生态功能区	东北地区
川滇森林生态及生物多样性功能区	西部地区
秦巴生物多样性功能区	西部地区/中部地区
藏东南高原边缘森林生态功能区	西部地区
新疆阿尔泰山地森林生态功能区	西部地区
青海三江源草原草甸湿地生态功能区	西部地区
新疆塔里木河荒漠生态功能区	西部地区
新疆阿尔金草原荒漠生态功能区	西部地区
藏西北羌塘高原荒漠生态功能区	西部地区
东北三江平原湿地生态功能区	东北地区
苏北沿海湿地生态功能区	东部地区
四川若尔盖高原湿地生态功能区	西部地区
甘南黄河重要水源补给生态功能区	西部地区
川滇干热河谷生态功能区	西部地区
内蒙古呼伦贝尔草原沙漠化防治区	西部地区
内蒙古科尔沁沙漠化防治区	西部地区
内蒙古浑善达克沙漠化防治区	西部地区
毛乌素沙漠化防治区	西部地区
黄土高原丘陵沟壑水土流失防治区	西部地区/中部地区
大别山土壤侵蚀防治区	东部地区/中部地区
桂黔滇等喀斯特石漠化防治区	西部地区

资料来源:《中华人民共和国国民经济和社会发展第十一个五年规划纲要》,新华网授权发布。

（三）全面推进生态补偿机制建设

为了全国生态环境的改善,以特殊经济地域为代表的西部地区付出了很大的代价,经济发展受到了严重的制约,却很难从中央政府和作为生态环境改善受益者的东部等发达地区获得符合市场价值标准的经济补偿,加剧了区域经济的失衡发展，这充分说明我国的生态补偿机制存在着很多的不足。① 一是基础研究薄弱，如何科学准确地界定较为抽象的生态补偿标准和对象，是制约生态补偿机制全面实施的重要因素；二是补偿方式单一，资金渠道以中央财政转移支付为主，补偿形式以重大生态保护和建设工程及其配套措施为主，资金使用以分散为主，造成资金的低效使用和严重浪费；三是财税政策不完善，以资源税为代表的税费政策的不足②在一定程度上限制了生态补偿机制的建立；四是征收和使用方式不合理，收费和使用主要以部门或行业为界，其他相关行业和部门的生态环境保护投入得不到补助，在一定程度上影响相关单位保护生态环境的积极性；五是全国还没有形成统一、规范的管理体系，缺乏有效的监督，资金的收取和利用都存在很大的漏洞，高额的管理成本对生态补偿项目的顺利实施具有严重的威胁；六是法律法规体系不健全，《防沙治沙法》、《土地承包法》、《草原法》、《环境保护法》等法律虽然对植树造林、草地保护做出了明确规定，但约束力不强，法律条款之间存在着矛盾，影响了生态补偿制度的实施。

在"分类指导、区别对待"原则的指引下，作为限制开发区域分类政策重要组成部分的生态补偿机制必须要明确利益补偿的重点和领域，才能对西部特殊经济地域的发展切实发挥促进作用。其一，加强生态环境保护和建设。作为限制开发和禁止开发区域的西部特殊经济地域承担着重要的生态功能，对于西部乃至全国的生态安全都具有重要的保障作用。因此，利益补偿的首要内容和当务之急就是加大用于西部特殊经济地域的生态环境保护和建设的投入，逐步建立持续稳定的保障机制，确保两类区域生态功能的保护和发挥。其二，确保基层政权正常运转。由于区域内经济活动的开展受到严格限制甚至被禁止，造成作为限制开发和禁止开发区域的西部特殊经济地域的发展机会大幅减少，导致地区政府税源萎缩，财政收入减少。因此，要逐步加大西部特殊经济地域政府的财政转移支付和专项投入力度，确保政府机构人员的工资按时足额发放，控制并缩小与其他地区的工资差距，并逐渐增加地方政府工作人员的公用事业经费。其三，促进基本公共服务均等化。作为限制开发和禁止开发区域的西部特殊经济地域面临的最重要也是最长期的补偿任务就是基本公共服务均等

---

① 姚明宽：《建立生态补偿机制的六点建议》，中国改革报，2006年7月31日。
② 我国现行的资源税政策的计税依据是销售量或自用量而不是开采量，客观上鼓励了企业对资源的滥采滥用，造成了资源和生态环境的破坏。

化方面的投入，这是从长远和根本上维护限制开发和禁止开发区域主体功能定位、促进人与自然和谐发展的重要保障。西部特殊经济地域为了西部乃至全国的生态安全做出了巨大的牺牲，应该通过加大转移支付确保基本公共服务与周边地区或所在省、市大致均等化，从长远看还要实现与全国基本公共服务的大致均等化。其四，扶持特色优势产业发展。要对西部特殊经济地域的生态农业、生态林业、生态旅游、可再生能源开发等特色优势产业的发展给予扶持，探索应用银行信贷、贷款担保、财政贴息、投资补贴、税费减免、技改扶持等一系列优惠政策，为地方政府的税收和当地居民的就业做出贡献。[①]

作为限制开发和禁止开发区域的西部特殊经济地域的利益补偿是一项长期任务和系统工程，需要各级政府和各种经济主体的广泛参与，可以从以下五个战略重点入手，实现生态补偿机制的全面建设和发展。

第一，发展生态税制，建立生态补偿的税收机制。当前，我国税制中还没有出于生态目的的税种，现行税制中侧重于保护生态环境的税种仅有对矿产资源征收的资源税。在财政部新一轮税制改革方案中，将按照生态补偿思路，充分运用税收政策促进资源节约利用和生态环境保护，适当扩大消费税和资源税的征收范围，调整税额税率和计征办法，加大资源环境消耗的价值补偿。同时，对清洁生产和生态服务等环境友好型活动给予税收优惠激励，做到有促有抑。由于生态税制的设计原则涉及到人们对不同的税赋制度公平性的判断，所以按受益原则还是按能力原则征税还存在较大分歧。受益原则体现了横向平等的思想，坚持人们应该根据他们从公共服务中得到的福利来纳税，即福利与义务相对称。而能力原则代表纵向平等的思想，认为高收入人群应该比低收入人群承担更多的社会义务，税赋的公平性应按每个人的"牺牲平等"来体现。现在，还没有办法能够证明这两种思想哪一种更体现公平，只能通过公共选择过程来证明支持某一种思想的人或政治势力比支持另一种思想的人或政治势力更多或更强大。[②]

第二，整体筹划，明确责任，把握生态补偿的基本思路。在空间尺度上，可以分为国家、区域或流域两个尺度。就国家尺度而言，西部地区是我国重要的生态屏障区，对维护国家和东部地区生态环境安全至关重要，应该是生态补

---

① 宏观经济研究院国土所课题组：《限制和禁止开发区域利益补偿基本思路》，宏观经济管理，2008 年第 6 期。

② 张金泉：《生态补偿机制与区域协调发展》，兰州大学学报（社会科学版），2007 年第 3 期。

偿的重点区域；就区域或流域尺度而言，作为限制开发和禁止开发区域的特殊经济地域承担了维护国家生态安全的生态功能保护任务，受益者主要是国家；上游地区为保护流域水环境平衡做出了更多的努力，受益者是整个流域，这两类地区应作为主要的生态补偿区域。在补偿方式上，可以分为纵向和横向补偿两种方式。纵向补偿主要指国家对地方、上级对下级的补偿，包括资金的转移、税赋的调整和项目的实施等。横向补偿主要指区域间的补偿，如东部对西部的对口支援、流域下游对上游的补偿。在补偿手段上，可以分为政府引导和市场调控两种手段。政府引导手段主要是通过财政手段对保护生态环境的行为予以支持和补贴，或是直接实施生态保护和建设项目。市场调控手段即包括政府通过制定相关政策使生态环境成本内部化，也包括创造条件，将一些生态环境保护的行为推入市场，如配额交易。两种手段都是实施生态补偿的有效手段，针对不同的问题各有侧重。

第三，选取优先领域和区域开展试点示范，争取实现重点突破。为了尽快推动生态补偿取得实质性发展，可以根据目前的研究基础和实际情况，在西部特殊经济地域中选取一些条件适合的地域优先开展研究和示范，实现重点突破。进而在实践中对生态补偿制度加以完善，并以点带面，推动社会管理的改变和管理制度的创新。作为限制开发和禁止开发区域，西部特殊经济地域的建设投资渠道比较单一，建设经费严重短缺，在一定程度上影响了西部区域经济的发展。相关部门和机构应尽快完善以西部特殊经济地域为重点和示范的生态补偿制度，提高地方和当地居民生态保护的积极性。同时，作为天然的区域单元，西部特殊经济地域中的流域上下游的关系比较密切，各自责任也比较明确。由于流域上下游之间在水权分配和水体污染方面的矛盾比较突出，因而研究与探索经验也比较多，因此也可以作为建立生态补偿机制的优先领域之一。[1]

第四，建立公正合理的绩效评价、考核和奖惩体制，发挥有效的激励和约束作用。对于作为限制开发和禁止开发区域的西部特殊经济地域的发展绩效考核应更多地评价其生态保护和建设、基本公共服务、特色产业发展等方面的成效，建立相对有利于生态文明的指标体系，弱化对经济总量、产业项目、招商引资、财政税收等经济指标的考核，逐步引导和建立适应两类区域主体功能定位和发展要求的考评机制和指标体系。同时，根据考核结果建立严格规范的问

---

① 吴晓青：《加快建立生态补偿机制，促进区域协调发展》，求是，2007 年第 19 期。

责、奖惩和激励机制。各级组织部门、统计部门应会同相关经济管理部门加快研究制定适应本地限制开发和禁止开发区域实际的发展绩效考评办法和指标体系，并可以考虑在西部特殊经济地域中选择部分典型地域开展先行试点。

第五，探索动态调整和相对稳定相结合的长效机制，确保利益补偿机制的持续稳定运行。根据利益补偿机制中生态保护和建设、基层政权运转、公共服务均等化推进等方面工作的进展情况和取得的成效，可以适时进行生态补偿的评估和考核，探索建立动态调整和反馈机制，分阶段、有重点地明确和调整利益补偿的政策范围、标准、规模、速度和时限。同时，考虑到绝大多数作为限制开发和禁止开发区域的西部特殊经济地域都是欠发达地区，而生态保护和建设、基本公共服务均等化等项目投入又具有周期长、见效慢的特点，因此需要建立相对稳定的长效机制，不能过于频繁地调整变化相关政策，这是确保禁止开发和限制开发区域利益补偿顺利实施、西部特殊经济地域的主体功能得以维护的重要基础。[①]

二、实施区域系统重建，破解西部特殊经济地域"三农"难题

(一) 经济重建

首先，以市场为导向加快农业产业结构调整，提高西部特殊经济地域的农业综合生产能力。要大力发展节水农业，减少水资源消耗，遏制土地沙化和盐渍化趋势；要大力发展立体农业，提高土地利用效率，构建循环农业模式；加大力度发展精品农业，积极生产低残留、无污染和无公害的食品生产；要大力发展畜禽及水产品养殖业，丰富农产品结构，加强农产品的经济转化，促进农民增收。

其次，加大农业投入力度，推动西部特殊经济地域的农业发展。在取消农业税之后，各级政府要继续加大预算内农业基本建设投资力度，把扩大农业公共品供给范围与中央政府扩大内需、刺激投资的宏观经济政策结合起来，通过中小型农田水利设施和节水灌溉设施、生态环境治理与建设、农业科技开发与

---

① 国家发展改革委国土开发与地区经济研究所课题组：《我国限制开发和禁止开发区域利益补偿研究》，宏观经济研究，2008 年第 5 期。

技术推广服务、乡村道路、人畜饮水工程、电网改造、通讯、广播电视和农产品交易市场设施等重点公共基础设施的建设推动西部特殊经济地域的农业发展。

最后，加快农村集体土地流转制度改革，提高西部特殊经济地域农业生产经营的规模化和市场化水平。通过适度深化农村土地产权制度改革，为农村土地流转提供必要的产权基础；通过继续稳定家庭联产承包责任制，稳定土地承包关系；通过进一步完善《农村土地承包法》，增强土地承包经营权的商品性；通过开放、公平、规范的土地市场的建立和农用地使用权流转市场运行机制的建立，建立和完善农用地使用权流转市场体系。[①] 在农村集体土地流转制度改革推进的过程中，随着农业产业化水平的提高特别是龙头企业的发展壮大，农业生产经营的规模化和市场化水平将不断提高，农业产业链条不断延长，附加值空间不断增大，可以有效促进西部特殊经济地域的农业发展、农民增收和农村进步。

（二）生态重建

生态重建不等于简单的生态恢复，而是通过提高人工生态经济系统的模拟水平实现生态发展，并将生态发展作为解决西部特殊经济地域的生态环境与农村经济发展问题的突破口。其基本内涵是：以生态建设为基础，以人工生态模拟为条件，并通过一定的生态技术、生物技术、化学技术、工程技术、经济技术等手段建立起来的生态经济系统，不仅具有维持人类生态条件、提高人民生活质量的效用，而且还有较高的经济产出能力，并随着经济产出的增加对农村的经济结构和收入结构产生显著积极的变化，有利于生态产业、水土保持产业、沙产业、林产业、草产业等新型产业的形成，通过新型产业的形成与发展促进西部特殊经济地域特色经济的发展，从而达到充分地科学地利用水、土、热、光等自然资源，激活西部特殊经济地域贫困地区的造血功能以解决贫困落后之目的。

与传统发展模式相比，生态发展模式更多关注的是生态经济系统中的生态子系统与经济子系统的协调一致性，即如何充分利用生态经济系统中的生态功能性实现经济性目标。特别强调运用生态工程等技术规划、设计生态经济系统

---

① 朱文：《新农村建设中农村集体土地流转制度改革与创新》，农村经济，2007 年第 9 期。

并以经济手段加强对生态系统的管理，特别关注如何通过人为地规划、设计充分发挥生态系统的经济生产力这一对于西部农村经济发展和脱贫致富更具现实意义的关键问题。

西部特殊经济地域的生态重建，要以防护林体系、水源涵养林体系、水土保持林体系为重心，以改善中小气候为核心，同经济林、薪炭林和草山、草坡建设相结合，建立区域农业生态系统的环境系统，以期达到改善农业生产系统的生态条件并提高其经济效益的目的。要根据生物种群的互惠共生、边际效应等协同作用的原理，对农业生态系统的种群结构进行科学的配置。对种植业、畜牧业、林业、渔业等，应根据其生态特性、空间的容量、物质能量循环利用的需要和生物种群互惠共生、互惠互利的原则，安排作物的布局。需要强调的是，在西部特殊经济地域的生态建设中，不应强调单纯出于生态目的的种草种树，而应结合经济目的进行，如紫花苜蓿等经济草种和果树等经济树种。在小流域治理上，要以水土保持为中心，发展生态经济型的坝系农业。[①]

（三）社会重建

社会重建的目的是提高西部特殊经济地域的社会发育程度，为西部特殊经济地域的经济发展创造良好的社会环境。西部特殊经济地域社会发育程度低的突出表现是社会分工的欠发育，进而导致市场经济发展的迟缓。

首先，基础设施的完善是西部特殊经济地域社会重建的物质基础。自身经济的发展和与外界的经济文化交流是促进社会发展的重要动力，而交通、通信、广播电视、水电管道等基础设施的缺失不仅会制约自身经济的发展，而且还制约与外界地区的交流，必然会造成社会发育的迟缓。因此，各级政府要加大对西部特殊经济地域的基础设施投资力度。与其他地区相比，由于地理位置偏僻、地质地貌复杂、人口居住分散，西部特殊经济地域基础设施的建设成本较高、使用率较低，但是在促进民族团结、加强扶贫开发、改善人民生活质量等方面则具有非常重要的意义。

其次，多类型移民的开展是西部特殊经济地域社会重建的快捷路径。对于居住地极度偏僻且极度稀疏、自然条件极度恶劣的人群，或者生活在禁止开发区域的人群，要开展生态移民、扶贫移民、梯度移民等多类型的移民工程，使

---

① 聂华林、拜琦瑞：《西部"三农"问题的特殊性及解决思路》，改革，2005 年第 6 期。

他们向生存与发展条件相对较好的村镇、小城市集中。与在传统居住地的社会发育进程相比，由于历史沉淀的消极作用微弱，移民地区的社会发育速度更快、成本更低，效果更好。

再次，加强市场建设，发展农村集市贸易，促进西部特殊经济地域的社会分工的发育。农村集市贸易的发展能够刺激农产品需求，促进农产品流通，有助于提高农民收入和繁荣农村市场。通过发展农村集市贸易加强市场建设，要尊重农村经济发展的客观规律，以农民聚居地为中心；要在硬件上建设好场地、软件上制定好规范，建好、放活农村集市；要建立健全市场法规体系，创造良好的市场运行环境；要调整优化农村经济结构，促进农村生产资料消费市场的启动；要构建多元化的参与主体，实现西部特殊经济地域农村集市贸易的繁荣。[①]

最后，加快城镇化建设，重视西部特殊经济地域生产力的适度集中。在工业化的进程中，结合户籍改革的推进和多类型移民工程的开展，加快城镇化建设，提高城镇化水平。在生产力布局上，引导重点项目和重点企业以城镇为中心适度集中，避免城镇出现产业空洞化倾向，在鼓励产业集聚和规模经济效应发挥的同时为"洗脚上田"的农民提供更多的就业机会。

（四）制度重建

从一定程度上说，城乡二元经济制度是中国"三农"问题产生的根源，只是西部地区比其他地区更为严重。在这种制度安排下，农民在政治上缺少平等的参与机会，在政策上是被动的接受者，在行政上是被管理的对象，在经济上缺少公平竞争与发展的机会，在就业上缺少与城市居民相等的就业机会，在公共服务上，与农村和农业同样属于最后被考虑的范畴，在社会保障与福利上是最容易被遗忘的角落。因此，西部特殊经济地域的"三农"难题破解必须要进行制度重建。

首先，从制度创新的角度来看，解决西部特殊经济地域"三农"问题的核心是要还农民以"国民待遇"，给农民以平等的经济发展权利，使农民可以分享到国家经济发展的成果。西部特殊经济地域的"三农"难题具有矛盾的

---

① 张其春：《城市化进程中农村集市贸易的演变及政策取向分析》，江西农业大学学报（社会科学版），2007年第3期。

多重性、复杂性与积累性，必须依靠政府的积极干预，适时做出政策调整，支持农业，扶持农村，帮助农民。

其次，要把稳步推进现行户籍制度改革与稳定农村土地承包关系结合起来。在今后相当长的一段时期内，对于生活在西部特殊经济地域特别是贫困山区的农民而言，土地仍将是生存与发展的基本生产要素。他们并不急于解决户籍问题，而是要稳定农村土地承包制度。对于发展条件较好或城镇附近的农民而言，则可以加快户籍制度改革，推进城镇化。由于西部特殊经济地域的农民居住比较分散，人口的集聚需要较长时间，只有随着地区经济发展水平和社会发育程度的不断提高才能逐步完成。

再次，大力推进西部特殊经济地域农村经济体制改革，探索西部特殊经济地域农村集体经济的新组织形式。在西部某些特殊经济地域中，传统的农村集体经济已经沦落为腐败的温床，而且成为一些地方官员寻租的筹码，以集体经济组织名义任意向农民乱收费、乱摊派、乱集资的行为屡禁不止，集中反映了传统农村集体经济体制上的众多弊端。

最后，启动和建立西部特殊经济地域包括农民失业保险、养老保险、医疗保险等在内的农村社会保障制度。西部大开发以来，随着工业化进程的加快，西部特殊经济地域的失地农民越来越多，已经初步形成为一种社会现象，还没有引起政府和理论界的足够重视。对于失地农民而言，不能仅给予合理的失地补偿，还应考虑长远的生存保障与发展保障的问题。

（五）文化重建

从广义上讲，文化重建的目的是提高西部特殊经济地域农民的文化素质，塑造新型农民，提高西部农村文明程度。农村人口的受教育程度和文化素质水平不提高，无论什么样的制度安排农民都无法保障其自身的权益；无论什么样的对策措施，"三农"问题的解决都是暂时的、急功近利的。

第一，大力发展西部农村基础教育和职业技术教育。政府要不断加大对基础教育的投资力度，严格推行九年制义务教育，并考虑在个别地区实行十二年制义务教育，使其人才状况有一个根本的改善。要重视各种类型职业技术学校的建立，对农民进行终身职业技术教育与培训，使农民在进城谋生时有一技之长；第二，要注意对妇女的教育与培训，保护妇女受教育的权利，关心妇女健康，发挥妇女在农村文明建设中的作用，使妇女充分参与经济与社会发展；第三，各级政府应加强农村文明建设的教育与宣传，搞好农村广播、电视等现代媒体的建设与发展，使农民不出大山就能了解外面的大千世界；要通过科技集市和科技专业户来普及农业科技知识，以农民喜闻乐见的形式提高其农业科技水平；第四，实施"文化扶贫"，通过文化下乡、思想教育到户、科技扶贫到户、九年制义务教育落实到户、劳动技能培训到户等形式，使西部特殊经济地域农民的文化、思想、技能有一个真正的提高，达到提高农村贫困人口文化素质的目的；第五，实施"管理扶贫"，在扶贫的过程中把提高贫困农民的经营管理意识和经营管理知识放在重要地位，把职业劳动技能的培训与市场经济和经营管理知识教育结合起来，为他们所掌握实用技术的进一步开发创造条件；第六，把农村人力资源开发作为一项准公共服务纳入公共财政框架，加大农村基础教育特别是农民教育与培训的投资力度，以公共财政支持来完善农村职业教育体系，并制定农村人力资源开发的相应法规，实现这项工作的经常化、制度化、规范化。①

---

① 聂华林、拜琦瑞：《西部"三农"问题的特殊性及解决思路》，改革，2005 年第 6 期。

参 考 文 献

［1］马歇尔．经济学原理［M］．北京：商务印书馆，1964.

［2］赫尔希曼．经济发展战略［M］．北京：经济科学出版社，1981.

［3］毛泽东著作选读（下册）［M］．北京：人民出版社，1986.

［4］十二大以来重要文献选编（中册）［M］．北京：人民出版社，1986.

［5］赵德馨．中华人民共和国经济史［M］．郑州：河南人民出版社，1989.

［6］Porter. M. The competitive advantage of nations［M］．The Free Press，1990.

［7］建国以来重要文献选编（第三册）［M］．北京：中央文献出版社，1992.

［8］建国以来重要文献选编（第九册）［M］．北京：中央文献出版社，1993.

［9］建国以来重要文献选编（第十一册）［M］．北京：中央文献出版社，1993.

［10］国务院发展研究中心．中国区域协调发展战略［M］．北京：中国经济出版社，1994.

［11］刘再兴．中国生产力总体布局研究［M］．北京：中国物价出版社，1995.

［12］魏后凯．区域经济发展的新格局［M］．昆明：云南人民出版社，1995.

［13］国家计委国土开发与地区经济研究所．我国地区经济协调发展研究［M］．北京：改革出版社，1996.

［14］孙健．中国经济通史［M］．北京：中国人民大学出版社，1999.

［15］方创琳．区域发展战略论［M］．北京：科学出版社，2000.

参考文献

［16］张敦富. 中国区域经济差异与协调发展［M］. 北京：中国轻工业出版社，2001.

［17］洪银兴，刘志彪. 长江三角洲地区经济发展的模式和机制［M］. 北京：清华大学出版社，2003.

［18］陈秀山，张可云. 区域经济理论［M］. 北京：中国商务出版社，2005.

［19］聂华林，王成勇. 区域经济学通论［M］. 北京：中国社会科学出版社，2006.

［20］倪鹏飞. 中国城市竞争力报告 NO.6［M］. 北京：社会科学文献出版社，2008.

［21］聂华林，马红瀚. 中国区域经济格局与发展战略［M］. 北京：中国社会科学出版社，2009.

［22］倪鹏飞. 中国城市竞争力报告 NO.11［M］. 北京：社会科学文献出版社，2013.

［23］Grafton D J. S mall. Scale Growth Cebtres in Remote Rural Region［J］. The Case of Alpine Switerl and Applied Geography，1984（2）.

［24］Krugman. P. Increasing returns and economic geography［J］. Journal of Economics，1991（106）.

［25］姚士谋. 我国城市群的特征、类型与空间布局［J］. 城市问题，1992（1）.

［26］周茂权. 点轴开发理论的渊源与发展［J］. 经济地理 1992（12）.

［27］费洪平. 产业带边界划分的理论与方法［J］. 地理学报 1994（3）.

［28］郭振淮，金陵，李丽萍. 论产业密集带［J］. 经济地理 1995（3）.

［29］李仁贵. 增长极思想在世界各地的实践透视［J］. 甘肃社会科学，1995（4）.

［30］胡长顺. 中国地区经济发展政策研究［J］. 经济研究参考，1995（145）.

［31］安虎森. 增长极理论评述［J］. 南开经济研究，1997（1）.

［32］申金升，王意冈. 区域经济系统交通运输间接效益的一种分析方法［J］. 经济地理，1998（4）.

［33］曾坤生. 佩鲁增长极理论及其发展研究［J］. 广西社会科学，1999（2）.

[34] 杨荫凯，韩增林．交通经济带的基本理论探讨［J］．人文地理，1999（2）．

[35] 惠中．建国以来我国区域经济发展战略的演变及思考［J］．毛泽东邓小平理论研究，1999（6）．

[36] Krugman. P. The role of geography in development［J］．International Regional Science Review，1999（22）．

[37] 李陇堂．防灾减灾：西海固地区可持续发展的基础［J］．中国人口、资源与环境，2000（3）．

[38] 张悦．西部大开发与成渝经济圈建设的综合研究［J］．重庆大学学报（社会科学版），2001（1）．

[39] 张艳．关于西部大开发战略的反思［J］．内蒙古大学学报（社会科学版），2001（2）．

[40] 冯邦彦，叶穗瑜．从增长极理论看我国区域经济的梯度开发［J］．暨南学报（哲学社会科学版），2001（4）．

[41] 郑长德．论西部民族地区人力资源的开发与人力资本的形成［J］．人口与经济，2001（3）．

[42] 龚晓宽．中国西部地区城市贫困与社会稳定问题探析［J］．四川大学学报（哲学社会科学版），2002（1）．

[43] 高新才，张馨之．论中国西北城市经济带的构建［J］．兰州大学学报（社会科学版），2002（4）．

[44] 李国璋，钱秉中．3000万农村贫困人口如何从根本上摆脱贫困［J］．软科学，2002（6）．

[45] 李宗植．民族地区贫困的地缘经济思考［J］．中央民族大学学报（哲学社会科学版），2002（6）．

[46] 颜鹏飞，马瑞．经济增长极理论的演变和最新进展［J］．福建论坛（人文社会科学版），2003（1）．

[47] 聂华林，高凯山．小西北区域主导产业选择与制度创新［J］．青海社会科学，2003（2）．

[48] 于存海．论中国西部贫困特区建设的内涵与制度性建构［J］．内蒙古社会科学，2003（2）．

[49] 朱英名．产业集聚研究述评［J］．经济评论，2003（3）．

[50] 赵家田．加快铁路建设，促进西陇海兰新线经济带发展［J］．铁道

经济研究，2003（3）.

[51] 颜鹏飞. 西部开发经济增长极的选择和构筑 [J]. 新疆师范大学学报（哲学社会科学版），2003（4）.

[52] 方创琳，张小雷. 西陇海兰新经济带节点城市的发展方向与产业分工 [J]. 地理研究，2003（4）.

[53] 聂华林，赵超. 小西北地区经济一体化研究 [J]. 兰州大学学报（社会科学版），2003（6）.

[54] 涂妍. 论南贵昆经济区的后发优势 [J]. 贵州财经学院学报，2003（6）.

[55] 张平军. 加快西陇海兰新线中的城镇化建设 [J]. 甘肃农业，2003（12）.

[56] 高凯山. 地区经济一体化："小西北"欠发达地区经济发展的战略 [J]. 科学经济社会，2004（1）.

[57] 李兴江，褚清华. 兰州中心西陇海"一体两翼"发展战略 [J]. 中国城市经济，2004（1）.

[58] 戴宾. 成渝经济区：成都、重庆共同发展的历史契机 [J]. 学术动态，2004（1）.

[59] 谢晓波. 区域经济理论十大流派及其评价 [J]. 山东经济战略研究，2004（1）.

[60] 毛笑文. 西部民族地区人力资源开发现状及对策研究 [J]. 西北民族研究，2004（1）.

[61] 庄万禄. 论西部民族地区特色经济发展战略 [J]. 中南民族大学学报（人文社会科学版），2004（1）.

[62] 李俊峰，李江玲. 民族地区引进外资的投资环境分析 [J]. 贵州民族研究，2004（1）.

[63] 马贤慧，颜勇. 民族地区民营经济发展空间与对策研究 [J]. 贵州民族研究，2004（2）.

[64] 汪一鸣，杨汝万等. 兰州—西宁—银川城市带与西部开发 [J]. 地理学报，2004（2）.

[65] 朱化友，丁四保. 长春—吉林经济带的形成与空间结构特点研究 [J]. 人文地理，2004（3）.

[66] 萨茹拉，曹仁祥. 西部民族地区人力资源开发问题探索 [J]. 黑龙

江民族丛刊，2004（3）.

[67] 张志新. 试论民族地区人力资源开发 [J]. 贵州社会科学，2004（4）.

[68] 杨聪. 积极引导西部民族地区民营经济的发展 [J]. 中央民族大学学报（哲学社会科学版），2004（4）.

[69] 康晓玲，师耀武. 发展战略、自生能力与西部城市新贫困 [J]. 西北大学学报（哲学社会科学版），2004（6）.

[70] 张继英，曾潮洁等. 产业集聚：民营经济发展的理性选择 [J]. 兰州大学学报（社会科学版），2005（1）.

[71] 甘露. 论西部大开发中生态脆弱区的旅游资源开发战略 [J]. 贵州民族研究，2005（1）.

[72] 胡仪元. 西部生态经济开发的利益补偿机制 [J]. 社会科学辑刊，2005（2）.

[73] 高新才，童长凤. 西部民族地区特色经济研究综述 [J]. 兰州商学院学报，2005（4）.

[74] 杨云红. 怒江州经济社会跨越式发展研究 [J]. 中共云南省委党校学报，2005（4）.

[75] 廖元和. 关于成渝经济区的探讨 [J]. 探索，2005（6）.

[76] 聂华林，拜琦瑞. 西部"三农"问题的特殊性及解决思路 [J]. 改革，2005（6）.

[77] 王永莉. 西部民族地区贫困问题的现状透析 [J]. 西南民族大学学报（人文社科版），2005（7）.

[78] 彭继民. 成渝经济区形成机制与发展战略规划 [J]. 西部论丛，2006（1）.

[79] 邓玲. 加快提升西安城市竞争力的对策研究 [J]. 特区经济，2006（1）.

[80] 胡长顺. 南贵昆经济区面临的机遇与挑战 [J]. 探索，2006（1）.

[81] 刘朝明，董晖等. 西部增长极与成渝经济区战略目标定位研究 [J]. 经济学家，2006（2）.

[82] 郝寿义，高进田. 试析国家综合配套改革试验区 [J]. 开放导报，2006（2）.

[83] 张优智. 西陇海—兰新经济带经济一体化进程中的制度建设问题研

究［J］．中国地质大学学报（社会科学版），2006（2）．

［84］李红．边境区、产业带、自贸网：中国—东盟区域经济合作的三级发展系统［J］．亚太经济，2006（2）．

［85］魏后凯．论我国产业集群的自主创新［J］．中州学刊，2006（3）．

［86］闵晓楠，庄振信等．借鉴三大区域增长极模式培育西部经济增长极［J］．长春大学学报，2006（3）．

［87］陈祖海．西部循环经济战略：产业生态化重组与政策选择［J］．中南民族大学学报（人文社会科学版），2006（4）．

［88］郭云玮．浅谈西部地区经济增长极的培育［J］．黑龙江对外经贸，2006（5）．

［89］史向军．建立生态的循环经济发展模式是西部大开发的关键［J］．生产力研究，2006（5）．

［90］苟三勇，张优智．西陇海—兰新经济带区域经济整合条件及其发展战略研究［J］．特区经济，2006（6）．

［91］朱丽娜，马家余．论西部地区经济增长极的培育及政府对策［J］．经济师，2006（8）．

［92］张建军，蒲伟芬．西部区域层级增长极网络发展战略构想［J］．科技进步与对策，2006（9）．

［93］怒江的现实［J］．创造，2006（9－10）．

［94］高云虹．我国西部贫困农村可持续发展研究［J］．经济问题探索，2006（12）．

［95］王志军，刘红叶．西部民族地区人力资源开发问题研究［J］．西北民族大学学报（哲学社会科学版），2007（1）．

［96］那颖．对西部民族地区利用外资问题的探讨［J］．西北师大学报（社会科学版），2007（1）．

［97］《区域发展趋势和科学评价体系》课题组．中国区域发展趋势与科学评价体系总报告［J］．改革，2007（2）．

［98］吴传清，孙智君等．点轴系统理论及其拓展与应用［J］．贵州财经学院学报，2007（2）．

［99］魏后凯．对推进形成主体功能区的冷思考［J］．中国发展观察，2007（3）．

［100］吕晓芳，王仰麟等．西部生态脆弱地区农业功能区划及模式探讨

［J］．自然资源学报，2007（3）．

［101］张金泉．生态补偿机制与区域协调发展［J］．兰州大学学报（社会科学版），2007（3）．

［102］张其春．城市化进程中农村集市贸易的演变及政策取向分析［J］．江西农业大学学报（社会科学版），2007（3）．

［103］杨凤，秦书生．城市经济带的理论渊源及概念辨析［J］．经济纵横，2007（4）．

［104］高新才．青藏铁路串起经济新增长极［J］．西部论丛，2007（5）．

［105］王国敏．西部农村生态环境重建的补偿机制研究［J］．四川大学学报（哲学社会科学版），2007（5）．

［106］袁瑛．论西部民族地区特色经济发展［J］．特区经济，2007（5）．

［107］王继虎．"增长极"理论与西部大开发［J］．合作经济与科技，2007（5）．

［108］关伟．产业带的研究进展与展望［J］．地理教育，2007（6）．

［109］高进田．区域、区域经济与区域经济学的发展轨迹［J］．改革，2007（7）．

［110］杨国涛．村级贫困类型划分及其特征分析［J］．经济问题探索，2007（7）．

［111］余希．基于循环经济的西部农业可持续发展模式研究［J］．商场现代化，2007（8）．

［112］徐承红，刘攀．成渝经济区与西部大开发［J］．工业技术经济，2007（8）．

［113］张琴．统筹城乡综合配套改革试验区为何"花落"成渝［J］．金融博览，2007（8）．

［114］朱文．新农村建设中农村集体土地流转制度改革与创新［J］．农村经济，2007（9）．

［115］王雪．西陇海—兰新产业带产业布局研究［J］．现代商贸工业，2007（10）．

［116］谢守红，刘春腊．中心城市崛起：西部大开发的引擎［J］．中国科技论坛，2007（11）．

参考文献

[117] 赵曦，严红等．西部农村扶贫开发战略模式研究［J］．经济问题探索，2007（12）．

[118] 张洋东，赵永刚．推进统筹城乡综合配套改革须解决的问题［J］．新重庆，2007（12）．

[119] 陈斐，陈秀山．促进区域协调发展的两大重点［J］．生产力研究，2007（13）．

[120] 王芹．国外产业集群理论研究综述［J］．生产力研究，2007（19）．

[121] 吴晓青．加快建立生态补偿机制，促进区域协调发展［J］．求是，2007（19）．

[122] 王元京，刘立峰．如何实施主体功能区基本公共服务均等化政策［J］．宏观经济管理，2008（1）．

[123] 王永莉．主体功能区划背景下生态脆弱地区的功能探讨［J］．社会科学家，2008（1）．

[124] 黄信灶，刘雯．构建西部增长极的必要性．哈尔滨商业大学学报（哲学社会科学版），2008（2）．

[125] 李梵，孟庆红．云南怒江州发展现状研究［J］．云南社会主义学院学报，2008（2）．

[126] 李川南．怒江州农村贫困原因透析及破解［J］．中共云南省委党校学报，2008（2）．

[127] 张从果，刘贤腾．产业带内涵界定与发展演化探讨［J］．特区经济，2008（3）．

[128] 勾昆．破解"怒江问题"［J］．西部大开发，2008（3）．

[129] 王帆．宁夏西海固地区反贫困战略研究［J］．宁夏党校学报，2008（3）．

[130] 国家发展改革委国土开发与地区经济研究所课题组．我国限制开发和禁止开发区域利益补偿研究［J］．宏观经济研究，2008（5）．

[131] 宏观经济研究院国土所课题组．限制和禁止开发区域利益补偿基本思路［J］．宏观经济管理，2008（6）．

[132] 段世德，寿厉冰．漂移与叠加——增长极的两种成长模式及启示［J］．湖北社会科学，2008（5）．

[133] 贺圣达．中国—东盟自由贸易区建设与大西南的参与［J］．贵州

财经学院学报，2009（1）．

[134] 罗香妹．从资源依附到创新驱动——广西资源型产业的竞争力分析与思考[J]．企业经济，2011（09）．

[135] 刘芯邑．"深闺"中的新怒江[J]．民生周刊，2012（36）．

[136] 李嘉佳，熊理然．怒江州产业结构演替及生态环境效益研究[J]．中国经贸导刊，2012（12）．

[137] 穆迪，李智环．怒江傈僳族基础教育现状分析——以泸水县大兴地乡中心完小为例[J]．攀枝花学院学报，2013（4）．

[138] 潘彩霞，尚明瑞．宁夏西海固地区反贫困问题研究[J]．山西农业大学学报，2014（13）．

[139] 中共怒江州委，怒江州人民政府．谱写民族团结华章，铸就跨越发展辉煌——怒江傈僳族自治州成立60周年成就[J]．今日民族，2014（11）．

[140] 李清泉．论区域协调发展战略[D]．中共中央党校，2000．

[141] 邱成利．产业集聚与小城市发展战略研究[D]．大连理工大学，2001．

[142] 涂妍．南贵昆经济区开发研究[D]．四川大学，2004．

[143] 张存平．市场经济条件下宁夏西海固地区扶贫开发问题研究[D]．中国农业大学，2005．

[144] 李博．西安都市圈发展战略研究[D]．西北工业大学，2006．

[145] 肖陆军．论服务型政府建设[D]．中央民族大学，2006．

[146] 王成勇．基于产业集群的区域经济发展战略研究[D]．兰州大学，2007．

[147] 文华．成渝经济区协同发展与地方政府经济职能转换研究[D]．重庆大学，2007．

[148] 刘博．区域金融发展与区域经济增长关系研究[D]．中共四川省委党校，2011．

[149] 王强．成渝经济区县域差距及县域经济聚类发展研究[D]．重庆工商大学，2013．

[150] 陈胜男．低碳经济背景下的贵州资源型产业发展研究[D]．贵州财经大学，2013．

[151] 汤文姬．云南资源型城市产业结构升级中的人力资本研究[D]．云南财经大学，2014．

参考文献

[152] 国务院西部地区开发领导小组办公室.不平凡的五年——西部大开发战略实施五年来进展情况［N］.中国西部开发网，2007 年 8 月 15 日.

[153] 姚明宽.建立生态补偿机制的六点建议［N］.中国改革报，2006年 7 月 31 日.

[154] 佚名.追踪：钱学森沙产业理论设想正在鄂尔多斯变现实［N］.中广网，2008 年 1 月 28 日.

[155] 赵晓彪，李玉树，毛宝荣.怒江州工业经济发展情况及今后发展措施的思考［N］.民族时报，2012 年 10 月 24 日.

[156] 浩轩.鄂尔多斯蝶变：从风沙源头到绿色屏障［N］.经济参考报，2013 年 11 月 7 日.

[157] 李强，王小霞，邓道勇.怒江发展需要突破性政策支持［N］.中国经济时报，2013 年 7 月 31 日.

[158] 刘晓伟.怒江州成就展：一个甲子跨越千年［N］.神州，2014 年第 37 期.

后　记

　　西部，面积广袤但区划复杂，资源丰富但生态脆弱，人口稀少但民族众多，历史悠久但思想保守，国境线长但邻国落后，对我国的民族团结、生态文明、国防安全和社会稳定具有重要的战略意义。攻读博士学位期间，在聂华林先生的指导下，以聂华林先生主持的国家社科基金重大项目《西部全面建设小康社会中的"三农"问题及对策研究》为依托，我开始对西部区域经济格局与发展战略开展研究，完成了博士学位论文《中国西部区域经济格局研究》。"十二五"时期，我国经济社会发展出现了诸多的新趋势，西部区域经济格局也出现了诸多新特点，经过对博士学位论文进行修改、调整和补充，最终形成了此书。

　　感谢我的博士生导师、兰州大学聂华林先生，以及博士后导师、南开大学周立群先生，把我从一名经济学的小学生培养为区域经济学的"青椒"；感谢天津财经大学副校长于立教授和天津财经大学优秀青年学者计划，为我提供了学术研究的良好氛围和优质平台；感谢天津财经大学科研处与经济学系的领导和同事们，为我的学术研究提供了诸多支持和便利；感谢天津财经大学西方经济学硕士研究生颜骥、张宇，区域经济学硕士研究生李鹏凯，以及企业管理硕士研究生卢赛，为本书的资料收集和文字校对付出了辛勤的工作。

　　朝中熙熙，既为利来；宫中攘攘，多为利往；唯讲堂犹在，青松翠然。

　　是以为记。

马红瀚

2015 年 7 月于恨兰斋